CARTAS DE UM RESILIENTE

SÊNECA

CARTAS DE UM RESILIENTE

LIVRO 1

PERCEBER O MUNDO E NÃO SER CONTROLADO POR ELE

TRADUÇÃO DE
ALEXANDRE
PIRES VIEIRA

COPYRIGHT © ALEXANDRE PIRES VIEIRA, 2022
COPYRIGHT © FARO EDITORIAL, 2022

Todos os textos de Sêneca são domínio público.

Todos os direitos reservados.
Nenhuma parte deste livro pode ser reproduzida sob quaisquer meios existentes sem autorização por escrito do editor.

Diretor editorial **PEDRO ALMEIDA**
Coordenação editorial **CARLA SACRATO**
Revisão **BARBARA PARENTE E THAÍS ENTRIEL**
Projeto gráfico e diagramação **SAAVEDRA EDIÇÕES**
Capa **OSMANE GARCIA FILHO**

Dados Internacionais de Catalogação na Publicação (CIP)
Angélica Ilacqua CRB-8/7057

Sêneca
    Cartas de um resiliente : perceber o mundo e não ser controlado por ele / Sêneca ; tradução de Alexandre Pires Vieira. — São Paulo : Faro Editorial, 2022.
    240 p.

ISBN 978-65-5957-107-9
Título original: Epistulae morales ad Lucilium

1. Filosofia 2. Desenvolvimento pessoal I. Título II. Vieira, Alexandre Pires

21-5468   CDD 100

Índice para catálogo sistemático:
1. Filosofia

1ª edição brasileira: 2022
Direitos de edição em língua portuguesa, para o Brasil, adquiridos por **FARO EDITORIAL**

Avenida Andrômeda, 885 – Sala 310
Alphaville – Barueri – SP – Brasil
CEP: 06473-000
www.faroeditorial.com.br

SUMÁRIO

07 Apresentação

09 I. Sobre aproveitar o tempo
11 II. Sobre a falta de foco na leitura
13 III. Sobre a verdadeira e a falsa amizade
15 IV. Sobre os terrores da morte
18 V. Sobre a virtude do filósofo
21 VI. Sobre compartilhar conhecimento
23 VII. Sobre multidões
26 VIII. Sobre o isolamento do filósofo
29 IX. Sobre filosofia e amizade
35 X. Sobre viver para si mesmo
37 XI. Sobre o rubor da modéstia
40 XII. Sobre a velhice
43 XIII. Sobre medos infundados
48 XIV. Sobre as razões para se retirar do mundo
53 XV. Sobre força bruta e cérebros
56 XVI. Sobre filosofia, o guia da vida
59 XVII. Sobre filosofia e riquezas
62 XVIII. Sobre festivais e jejum
66 XIX. Sobre materialismo e retiro
70 XX. Sobre praticar o que se prega
74 XXI. Sobre o reconhecimento que meus escritos lhe trarão
78 XXII. Sobre a futilidade de meias medidas
82 XXIII. Sobre a verdadeira alegria que vem da filosofia
85 XXIV. Sobre o desprezo pela morte
92 XXV. Sobre a mudança
95 XXVI. Sobre a velhice e a morte
98 XXVII. Sobre o bem que permanece
101 XXVIII. Sobre viajar como cura para o descontentamento
104 XXIX. Sobre evitar ajudar os não interessados
107 XXX. Sobre conquistar o conquistador (a morte)

112 XXXI. Sobre o canto da sereia
116 XXXII. Sobre progresso
118 XXXIII. Sobre a futilidade de aprender axiomas
121 XXXIV. Sobre um aluno promissor
122 XXXV. Sobre a amizade entre mentes semelhantes
124 XXXVI. Sobre o valor da aposentadoria
127 XXXVII. Sobre a lealdade à virtude
129 XXXVIII. Sobre o ensinamento tranquilo
130 XXXIX. Sobre aspirações nobres
132 XL. Sobre o estilo apropriado para o discurso de um filósofo
136 XLI. Sobre o Deus dentro de nós
139 XLII. Sobre valores
142 XLIII. Sobre a relatividade da fama
144 XLIV. Sobre filosofia e *pedigrees*
146 XLV. Sobre argumentação sofística
150 XLVI. Sobre um novo livro de Lucílio
152 XLVII. Sobre mestre e escravo
157 XLVIII. Sobre trocadilhos como indignos ao filósofo
161 XLIX. Sobre a brevidade da vida
165 L. Sobre nossa cegueira e sua cura
168 LI. Sobre Baiae e a moral
172 LII. Escolhendo nossos professores
176 LIII. Sobre as falhas do espírito
180 LIV. Sobre asma e morte
182 LV. Sobre a Vila de Vácia
185 LVI. Sobre silêncio e estudo
189 LVII. Sobre as provações de viagem
192 LVIII. Sobre ser, existir e eutanásia
202 LIX. Sobre prazer e alegria
207 LX. Sobre orações prejudiciais
209 LXI. Sobre encontrar a morte alegremente
211 LXII. Sobre boa companhia
212 LXIII. Sobre sofrimento por amigos perdidos
216 LXIV. Sobre a tarefa do filósofo
219 LXV. Sobre a primeira causa (Deus/Logos)

225 Notas

APRESENTAÇÃO

Este primeiro volume de *Cartas de um resiliente – a filosofia estoica* contém 65 cartas escritas por Sêneca entre os anos de 62 e 65 e são dirigidas ao seu discípulo Lucílio. Foram redigidas nos três últimos anos de sua vida, após se aposentar da sua função como um dos principais conselheiros do imperador Nero.

Nessas cartas, Sêneca descreve maneiras de percebermos o mundo e não sermos controlados por ele por meio de uma prosa coloquial e acessível. Aconselha a nunca pararmos de aprender e a valorizarmos todas as conquistas.

Apesar de uma carreira política frequentemente sobrecarregada e atribulada, Lúcio Aneu Sêneca também se dedicou à filosofia e foi um dos três principais filósofos estoicos romanos, ao lado de Marco Aurélio e Epicteto. Além disso, enveredou pela literatura, tornando-se autor de diversas obras essenciais e seminais a respeito do estoicismo, sendo venerado como um mestre do estilo literário por pensadores da estatura de Thomas Morus, Michel de Montaigne, René Descartes e Ralph Emerson.

Cartas de um estoico – nesta edição intituladas CARTAS DE UM RESILIENTE – é o seu livro mais famoso e mais lido, servindo como importante porta de entrada para a filosofia estoica e expondo a busca de Sêneca pela perfeição ética. Representando uma espécie de testamento filosófico para a posteridade, as 124 cartas que compõem a obra, escritas em latim, e não em grego, que era a língua do discurso filosófico na época de Sêneca, tratam de uma série de problemas morais e são um guia inestimável e atemporal do modo pelo qual uma pessoa pode viver uma vida virtuosa e gratificante.

Além de *Cartas de um resiliente*, entre suas outras obras literárias, destacam-se nove tratados a respeito de tópicos específicos (tais como *Sobre a ira*, *Sobre a brevidade da vida*, *Sobre a constância do sábio*, *Sobre o ócio*, entre outros); três consolações; oito tragédias teatrais; uma sátira; e *Naturales quaestiones*, enciclopédia composta por sete livros a respeito de cosmologia, meteorologia e assuntos afins do mundo natural.

Credita-se a Sêneca o mérito de tornar o estoicismo acessível a um público mais amplo, já que ele era dotado de um notável talento literário, que atraiu imediatamente o leitor romano. Dono de uma prosa coloquial, que mais se assemelhava a uma conversação, e também de grande poder de síntese, seu estilo era original e bastante popular, com o emprego de frases curtas, epigramas, metáforas e ironias.

Estas cartas apresentam muitos temas do interesse de filósofos e não filósofos. Ademais, o bom senso prevalece em grande parte da narrativa. Como o próprio Sêneca resume: "Nenhum homem é bom por acaso. A virtude é algo que deve ser aprendido. O prazer é vil, mesquinho, deve ser considerado inútil, compartilhado até mesmo por animais – o mais ínfimo e o mais mesquinho também busca o prazer. Glória é uma coisa vazia e fugaz, mais leve do que o ar. (...) A morte não é um mal, porque você precisa perguntar? Só a morte é o privilégio igualitário da humanidade".

A perspectiva filosófica de Sêneca deve ser contextualizada em termos de suas circunstâncias específicas. Como muitos filósofos romanos da sua época, ele estava mais interessado na filosofia moral do que nos outros dois ramos da filosofia, ou seja, a dialética e a lógica. O foco de Sêneca na filosofia moral apresenta uma ênfase prática clara. Embora as discussões e as controvérsias teóricas estejam muito presentes nas *Cartas de um resiliente* e em outras obras, a questão principal é a maneira pela qual o estoicismo pode ser aplicado à vida de uma pessoa.

Cartas de um resiliente é uma obra que contém uma quantidade considerável de material, incluindo desde discussões aparentemente mundanas (por exemplo, cartas a respeito de multidões, força bruta e cérebros, festivais e jejuns, banhos públicos, e mestres e escravos) até discussões avançadas referentes à teoria estoica. Sêneca costuma fazer uso de algo da vida cotidiana para direcionar a discussão para uma questão ética ou alguma recomendação moral.

Em seus escritos, Sêneca apresenta discussões teóricas e conselhos práticos, enfatizando que ambos são distintos, mas interdependentes. Em relação à teoria, ele considera as discussões filosóficas um bálsamo para as feridas da vida. Quanto à prática, Sêneca acredita que os conselhos ajudam o leitor a desenvolver a coragem necessária para encarar a realidade e lidar com ela da melhor maneira possível.

I.
SOBRE APROVEITAR O TEMPO

Saudações de Sêneca a Lucílio.

01. Continue a agir assim, meu querido Lucílio: liberte-se por conta própria; poupe e aproveite seu tempo, que até recentemente tem sido retirado à força de você ou roubado ou simplesmente escapado de suas mãos. Faça-se acreditar na verdade de minhas palavras: que certos momentos são arrancados de nós, que alguns são removidos suavemente e que outros fogem além de nosso alcance. O tipo mais triste de perda, no entanto, é aquele devido ao descuido. Além disso, se você prestar atenção ao problema, verá que a maior parte de nossa vida passa enquanto estamos fazendo coisas desagradáveis, uma boa parte enquanto não estamos fazendo nada e tudo isso enquanto estamos fazendo o que não deveríamos fazer.

02. Qual homem você pode me mostrar que coloca algum valor em seu tempo, que dá o devido valor a cada dia, que entende que está morrendo diariamente? Pois estamos equivocados quando pensamos que a morte é coisa do futuro; a maior parte da morte já passou. Quaisquer anos atrás de nós já estão nas mãos da morte. Portanto, Lucílio, faça como você me escreve que está fazendo: mantenha cada hora ao seu alcance. Agarre a tarefa de hoje e você não precisará depender tanto do amanhã. Enquanto estamos postergando, a vida corre.

03. Nada, Lucílio, é nosso, exceto o tempo. A natureza nos deu o privilégio dessa única coisa, tão fugaz e escorregadia que qualquer um pode privar tal posse. Que tolos esses mortais são! Eles permitem que as coisas mais baratas e inúteis, que podem ser facilmente substituídas, sejam contabilizadas depois de terem sido adquiridas; mas nunca se consideram em dívida quando recebem parte dessa preciosa mercadoria, o tempo! E, no entanto, o tempo é o único empréstimo que nem o mais agradecido destinatário pode pagar.

04. Você pode desejar saber como eu, que prego a você, estou praticando. Confesso francamente: meu saldo em conta-corrente é como o esperado de alguém generoso mas cuidadoso. Não posso vangloriar-me de não desperdiçar nada, mas pelo menos posso lhe dizer o que estou desperdiçando, a causa e a maneira de desperdício; posso lhe dar as razões pelas quais sou um homem pobre. Minha situação, no entanto, é a mesma de muitos que são reduzidos à miséria sem culpa própria: todos os perdoam, mas ninguém vem em seu socorro.

05. Qual é o estado das coisas, então? É isto: eu não considero um homem como pobre, se o pouco que lhe resta lhe é suficiente. Contudo, aconselho-o a preservar o que é realmente seu; e nunca é cedo demais para começar. Pois, como acreditavam os nossos antepassados, é demasiado tarde para gastarmos quando chegarmos à raspa do tacho.[1] Daquilo que permanece no fundo, a quantidade é pouca e a qualidade é vil.

Mantenha-se Forte. Mantenha-se Bem.

II.
SOBRE A FALTA DE FOCO NA LEITURA

Saudações de Sêneca a Lucílio.

01. Julgando pelo que você me escreve e pelo que eu ouço, estou formando uma boa opinião a respeito de seu futuro. Você não corre para cá e para lá e se distrai mudando sua morada; pois tal inquietação é o sinal de um espírito desordenado. A principal indicação, na minha opinião, de uma mente bem ordenada é a habilidade de um homem em permanecer em seu lugar e ficar bem em sua própria companhia.

02. Tenha cuidado, no entanto, porque esta leitura de muitos autores e livros de qualquer espécie tendem a torná-lo dispersivo e instável. Você deve permanecer entre um número limitado de mestres pensadores e digerir suas obras, para que construa ideias firmes em sua mente. Estar em todo lugar significa também estar em lugar nenhum. Quando uma pessoa gasta todo o seu tempo em viagens ao estrangeiro, ela termina por ter muitos conhecidos, mas nenhum amigo. E a mesma coisa deve ser válida para os homens que não procuram o conhecimento íntimo de um único autor, mas visitam todos de uma maneira precipitada e apressada.

03. O alimento não faz bem e não é assimilado pelo corpo se ele deixa o estômago assim que é comido; nada impede uma cura tanto quanto a mudança frequente de medicamento; nenhuma ferida cicatrizará quando for tentado um bálsamo após outro; uma planta que é movida frequentemente nunca pode crescer forte. Não há nada tão eficaz que possa ser útil enquanto está sendo deslocado. E na leitura de muitos livros há distração. Por conseguinte, uma vez que não é possível ler todos os livros que você pode possuir, é suficiente possuir apenas tantos livros quanto você pode ler.

04. "Mas", você responde, "eu desejo mergulhar primeiramente em um livro e então em outro". Eu lhe digo que é sinal de gula brincar com muitos pratos; pois quando são múltiplos e variados, eles enfastiam, mas não alimentam. Então você deve sempre ler autores de qualidade; e quando você anseia por uma mudança, retroceda àqueles que leu antes. Cada dia adquira algo que o fortaleça contra a pobreza, contra a morte e contra outros infortúnios; e depois de ter examinado muitos pensamentos, selecione um para ser completamente digerido naquele dia.

05. Esta é minha própria prática; das muitas coisas que li, eu reivindico uma parte para mim. A reflexão para hoje é uma que descobri em Epicuro. Isso porque sou acostumado a entrar até mesmo no campo do inimigo,[2] não como um desertor, mas como um batedor.

06. Ele diz: "É um bem desejável conservar a alegria em plena pobreza".[3] Na verdade, se estiver satisfeito, não é pobreza. Não é o homem que tem pouco, mas o homem que anseia por mais, que é pobre. De que importa o que um homem tem guardado em seu cofre, ou em seu armazém, quão grandes são os seus rebanhos e quão gordos são os seus dividendos, se ele cobiça a propriedade do vizinho e não conta os seus ganhos passados, mas as suas esperanças de ganhos vindouros? Você pergunta qual é o limite adequado para a riqueza? É, primeiro, ter o que é necessário e, segundo, ter o que é suficiente.

Mantenha-se Forte. Mantenha-se Bem.

III.
SOBRE A VERDADEIRA E A FALSA AMIZADE

Saudações de Sêneca a Lucílio.

01. Você enviou uma carta para mim por intermédio de um "amigo nosso", como você o chama. E na frase seguinte você me adverte para não discutir com ele todos os assuntos que lhe dizem respeito, dizendo que você mesmo não está acostumado a fazer isso; em outras palavras, você, na mesma carta, afirmou e negou que ele seja seu amigo.

02. Agora, se você usou esta palavra no sentido popular e o chamou de "amigo" da mesma maneira que chamamos todos os candidatos nas eleições de "senhores honoráveis" ou que saudamos como "meu caro senhor" a todos os homens que encontramos casualmente e cujos nomes nos faltam por um momento, assim seja. Mas se considera qualquer homem em quem você não confia como confia em si mesmo como sendo um amigo, você está muito enganado e não entende o suficiente o que significa a verdadeira amizade. Na verdade, gostaria que discutisse tudo com um amigo, mas antes de tudo discuta o próprio homem. Quando a amizade é estabelecida, você deve confiar; antes que a amizade seja formada, você deve julgar. Essas pessoas, de fato, invertem essa ordem e confundem seus deveres, pois, violando as regras de Teofrasto,[4] julgam um homem depois de terem feito dele seu amigo, em vez de torná-lo seu amigo depois de o julgarem. Pondere por muito tempo se você deve admitir uma pessoa ao seu círculo de amizade; mas quando você decide admiti-la, acolha-a com todo o seu coração e alma. Fale tão abertamente com ela quanto com você mesmo.

03. Quanto a você mesmo, embora deva viver de tal maneira que confie a si mesmo todos os assuntos, uma vez que certas questões convencionalmente são mantidas secretas, você deve compartilhar com um amigo pelo menos todas suas preocupações e reflexões. Considere-o como leal e você o fará leal. Alguns, por exemplo, temendo ser enganados, ensinaram os homens a enganar. Por suas suspeitas deram a seu amigo o direito de suspeitar. Por que preciso reter alguma palavra na presença do meu amigo? Por que não me considerar sozinho quando em sua companhia?

04. Há uma classe de homens que comunicam, a quem eles encontram, assuntos que devem ser revelados aos amigos apenas e descarregam sobre o ouvinte tudo o que os aborrece. Outros, mais uma vez, temem confiar em seus mais íntimos amigos e, se fosse possível, não confiariam nem sequer em si próprios, enterrando seus segredos no fundo de seus corações. Mas não devemos fazer nem uma coisa nem outra. É igualmente falho confiar em todos e não confiar em ninguém. No entanto, a primeira falha é, eu diria, a mais ingênua, a segunda, a mais segura.

05. Do mesmo modo, você deveria repreender estes dois tipos de homens, tanto os que sempre carecem de repouso como os que estão sempre em repouso. Porque o amor ao agito não é diligência, é apenas a inquietação de uma alma sobre-excitada. E a verdadeira tranquilidade não consiste em condenar todo o movimento como mero aborrecimento, esse tipo de conforto é preguiça e inércia.

06. Portanto, você deve observar o seguinte ditado, tirado da minha leitura de Pompônio:[5] "Alguns homens se refugiam na escuridão com a ideia de que tudo quanto está em plena luz é marcado pela confusão". Não, os homens devem combinar essas tendências e quem descansa deve agir e quem age deve descansar. Discuta o problema com a natureza: ela lhe dirá que criou dia e noite.

Mantenha-se Forte. Mantenha-se Bem.

IV.
SOBRE OS TERRORES DA MORTE

Saudações de Sêneca a Lucílio.

01. Mantenha-se como você começou e se apresse a fazer o que é possível, de modo que possa ter o prazer de uma alma aperfeiçoada que esteja em paz consigo mesma. Sem dúvida, você vai auferir prazer durante o tempo em que estiver melhorando a sua mente e estará em paz consigo mesmo, mas é bem superior o prazer que vem da contemplação quando a alma está tão limpa que brilha.

02. Você se lembra, é claro, que alegria sentiu quando deixou de lado as vestes de infância e vestiu a toga viril[6] e foi escoltado ao fórum; no entanto, você pode ansiar a uma alegria maior quando deixar de lado a mente da infância e quando a sabedoria lhe tiver inscrito entre os homens. Porque não é a infância que ainda permanece em nós, mas algo pior, a infantilidade, e essa condição é tanto mais séria quando possuímos a autoridade da velhice em conjunto com a insensatez da infância, sim, até mesmo as tolices da infância. Os meninos temem coisas sem importância, as crianças temem sombras, nós tememos ambos.

03. Tudo que você precisa fazer é avançar. Compreenderá que algumas coisas são menos temíveis, precisamente porque elas nos estimulam com grande medo. Nenhum mal é tão grande quanto o último mal de todos. A morte chega; seria uma coisa a temer, se pudesse ficar com você. Mas a morte não deve vir, ou então deve vir e passar.

04. "É difícil, entretanto," você diz, "trazer a mente a um ponto onde pode menosprezar a vida." Mas você não vê que razões insignificantes impelem os homens a desprezar a vida? Um homem enforca-se diante da porta de sua amante; outro se atira da casa para não mais ser obrigado a suportar as provocações de um mestre mal-humorado; um terceiro, para ser salvo da prisão, enfia uma espada em seus órgãos vitais. Você não acha que a virtude será tão eficaz quanto o medo excessivo? Nenhum homem pode ter uma vida pacífica quando pensa demais em alongá-la, quando acredita que viver por muitas atribuições é uma grande bênção ou quando considera entre os bens mais preciosos um grande número de anos.

05. Repasse este pensamento todos os dias, para que você possa sair da vida contente; pois muitos homens se apegam e agarram-se à vida, assim como aqueles que são levados por uma correnteza e se apegam e agarram-se a pedras afiadas. A maioria dos homens anda à deriva e flui em miséria entre o medo da morte e as dificuldades da vida; eles não estão dispostos a viver e ainda não sabem como morrer.

06. Por esta razão, torne a vida como um todo agradável para si mesmo, banindo dela todas as preocupações. Nenhuma coisa boa torna seu possuidor feliz, a menos que sua mente esteja harmonizada com a possibilidade da perda; nada, contudo, se perde com menos desconforto do que aquilo que, quando perdido, não se dá falta. Portanto, encoraje e endureça seu espírito contra os percalços que afligem até os mais poderosos.

07. Por exemplo, o destino de Pompeu foi estabelecido por um menino e um eunuco, o de Crasso, por um Império Parta cruel e insolente. Gaio César[7] ordenou Lépido[8] a desnudar seu pescoço para o machado de Dexter; e ele mesmo ofereceu a própria garganta a Cássio Quereia.[9] Nenhum homem jamais foi tão guiado pela fortuna que ela não o ameaçou tão grandemente como o havia favorecido anteriormente. Não confie na aparência de calma, em um momento o mar se agita até suas profundezas. No mesmo dia em que os navios fizeram uma exibição valente nos jogos, eles foram engolidos.

08. Reflita que um bandido ou um inimigo pode cortar sua garganta e, embora não seja seu senhor, cada escravo exerce o poder da vida e da morte sobre você. Portanto, eu lhe declaro: é senhor de sua vida aquele que a despreza. Pense naqueles que morreram por meio de conspiração em sua própria casa, mortos abertamente ou por artimanha. Você perceberá que tantos foram mortos por escravos raivosos como por reis irados. O que importa, portanto, quão poderoso é quem você teme, quando cada pessoa possui o poder que inspira o seu medo?

09. "Mas," você dirá, "se você acaso cair nas mãos do inimigo, o conquistador ordenará que você seja levado", sim, para onde você já estava sendo conduzido. Por que você voluntariamente se engana e exige que lhe digam agora pela primeira vez qual é o destino que há muito tempo o aguarda? Acredite em mim: desde que nasceu você está sendo conduzido para lá. Devemos refletir sobre esse pensamento, ou outros pensamentos similares, se desejamos ter calma enquanto aguardamos esta última hora, o medo dela faz todas as horas anteriores desconfortáveis.

10. Mas preciso terminar minha carta. Deixe-me compartilhar com você o provérbio que me agradou hoje. Ele também é selecionado do jardim de outro homem:[10] "Pobreza colocada em conformidade com a lei da natureza é grande riqueza."[11] Você sabe quais os limites que a lei da natureza ordena para nós? Apenas evitar a fome, a sede e o frio. A fim de banir a fome e a sede, não é necessário para você cortejar às portas dos ricos ou submeter-se ao olhar severo ou à bondade que humilha; nem é necessário para você percorrer os mares ou ir à guerra; as necessidades da natureza são facilmente fornecidas e estão sempre à mão.

11. São supérfluas as coisas pelas quais os homens labutam, as coisas supérfluas que desgastam nossas togas a farrapos, que nos obrigam a envelhecer no acampamento militar, que nos levam às costas estrangeiras. O que é suficiente está pronto e ao alcance das nossas mãos. Aquele que fez um justo pacto com a pobreza é rico.

Mantenha-se Forte. Mantenha-se Bem.

V.
SOBRE A VIRTUDE DO FILÓSOFO

Saudações de Sêneca a Lucílio.

01. Eu o elogio e me encho de contentamento pelo fato de você ser persistente em seus estudos e que, colocando tudo de lado, você a cada dia se esforça para se tornar um homem melhor. Não me limito a exortá-lo a continuar, eu realmente imploro que você faça isso. Advirto-o, no entanto, a não agir de acordo com a moda daqueles que desejam ser notáveis em vez de melhorar, fazendo coisas que despertarão comentários sobre suas vestes ou seu estilo geral de vida.

02. Devem ser evitados trajes repulsivos, cabelos desgrenhados, barba desleixada, desprezo aberto ao uso de talheres e quaisquer outras formas pervertidas de autoexibição. O mero conceito de filosofia, ainda que silenciosamente perseguido, é objeto de suficiente desprezo. E o que aconteceria se começássemos a nos afastar dos costumes de nossos semelhantes? Internamente, devemos ser diferentes em todos os aspectos, mas nosso exterior deve estar em conformidade com a sociedade.

03. Não se vista demasiadamente elegante, nem ainda demasiadamente desleixado. Não se precisa de peitoral de prata, incrustado e gravado em ouro maciço; mas não devemos acreditar que a falta de prata e ouro seja prova de uma vida simples. Procuremos manter um padrão de vida mais elevado do que o da multidão, mas não um padrão contrário, caso contrário, assustaremos e repeliremos as mesmas pessoas que estamos tentando melhorar. Temos que compreender que eles estão relutantes a nos imitar em qualquer coisa, porque eles têm medo de que sejam compelidos a imitar-nos em tudo.

04. A primeira coisa que a filosofia se compromete a dar é o senso comum, a humanidade, o companheirismo entre todos os homens; em outras palavras, simpatia e sociabilidade. Nós nos diferenciamos se somos diferentes dos outros homens. Devemos velar para que os meios pelos quais desejamos atrair admiração não sejam absurdos e odiosos. Nosso lema, como você sabe, é "Viva de acordo com a Natureza",[12] mas é bastante contrário à natureza torturar o corpo, odiar a elegância espontânea, ser sujo de propósito, tomar comida que não é somente simples, mas repugnante e desagradável.

05. Assim como é um sinal de luxo procurar finas iguarias, é loucura evitar o que é habitual e pode ser comprado razoavelmente sem grande dispêndio. Filosofia exige vida simples, mas não de penitência, e podemos perfeitamente ser simples e asseados ao mesmo tempo. Este é o meio que eu sanciono. Nossa vida deve se guiar entre os caminhos de um sábio e os caminhos do mundo em geral, todos os homens devem admirá-la, mas devem compreendê-la também.

06. "Bem, então, agiremos como os outros homens? Não haverá distinção entre nós e eles todos?" Sim, distinção muito grande. Os homens descobrirão que somos diferentes do rebanho comum se olharem de perto. Se eles nos visitam em casa, eles devem nos admirar, em vez de admirar nossas mobílias. É um grande homem quem usa pratos de barro como se fossem de prata; mas é igualmente grande quem usa prataria como se de barro fosse. É o sinal de uma alma instável não poder tolerar riquezas.

07. Mas desejo compartilhar com você o saldo positivo de hoje também. Encontro nos escritos de nosso Hecato[13] que a limitação dos desejos ajuda também a curar medos: "Deixe de ter esperança", diz ele, "e deixará de temer". "Mas como", você vai responder, "coisas tão diferentes podem ir lado a lado?". Deste modo, meu caro Lucílio: embora pareçam divergentes, estão, contudo, realmente unidas. Assim como a mesma cadeia prende o prisioneiro e o carcereiro que o guarda, também a esperança e o medo, por mais dissimilares que sejam, caminham juntos; à esperança segue sempre o medo.

08. Não me surpreende que procedam dessa maneira. Ambos os conceitos pertencem a uma mente que está incerta, uma mente que está preocupada aguardando com ansiedade o futuro. Mas a causa principal de ambos os males é que não nos adaptamos ao presente, mas enviamos nossos pensamentos a um futuro distante. E assim, a capacidade de prever, a mais bela bênção da raça humana, torna-se pervertida.

09. Animais evitam os perigos que veem e quando escapam estão livres de preocupação; mas nós, homens, nos atormentamos sobre o que há de vir, assim como sobre o que é passado. Muitas de nossas bênçãos trazem a nós desgraça, pois a memória recorda as torturas do medo, enquanto a previsão as antecipa. O presente sozinho não faz nenhum homem infeliz.

Mantenha-se Forte. Mantenha-se Bem.

VI.
SOBRE COMPARTILHAR CONHECIMENTO

Saudações de Sêneca a Lucílio.

01. Sinto, meu caro Lucílio, que não só estou me corrigindo; além disso, me estou transfigurando. Entretanto, ainda não me asseguro, nem concedo a esperança de que não haja em mim elementos que precisem ser mudados. Claro que há muitos que devem ser feitos mais consistentes ou mais afiados ou ser conduzidos a maior destaque. E, realmente, esse mesmo fato é prova de que meu espírito está transformado em algo melhor, que ele pode ver suas próprias falhas, das quais antes era ignorante. Em certos casos, os doentes são parabenizados apenas porque eles perceberam que estão doentes.

02. Desejo, portanto, comunicar-lhe esta repentina mudança em mim: eu deveria então começar a depositar uma confiança mais segura em nossa amizade, a verdadeira amizade que a esperança, o medo e o interesse próprio não podem romper, a amizade em que e para a qual os homens podem encontrar a morte.

03. Eu posso mostrar-lhe muitos a quem têm faltado não um amigo, mas uma amizade; isso, no entanto, não pode acontecer quando as almas são unidas por inclinações idênticas em uma aliança de desejos honestos. E por que não pode acontecer? Porque em tais casos os homens sabem que têm todas as coisas em comum, especialmente suas aflições. Você não pode conceber o nítido progresso que eu percebo que cada dia me traz.

04. E quando diz: "Dá-me também uma parte destes dons que acha tão úteis", respondo que estou ansioso para empilhar todos esses privilégios sobre você e que estou feliz em aprender para que eu possa ensinar. Nada me agradará, não importa o quão excelente ou benéfico, se eu dever manter tal conhecimento exclusivo para mim. E se a sabedoria me for dada, sob a condição expressa de que ela deva ser mantida escondida e não pronunciada, eu deveria recusá-la. Nenhuma coisa boa é agradável de possuir sem amigos para compartilhá-la.

05. Vou, portanto, enviar-lhe os livros que utilizei e, para que não perca tempo procurando aqui e ali por tópicos proveitosos, vou marcar certas passagens, para que você possa voltar-se imediatamente para aquelas que eu aprovo e admiro. Naturalmente, porém, a voz viva e a intimidade de uma vida comum ajudarão você mais do que a palavra escrita. Você deve ir para o cenário da ação, primeiro, porque os homens colocam mais fé em seus olhos do que em seus ouvidos, e segundo, porque o caminho é longo se alguém segue conselhos, mas curto e útil, se segue exemplos.

06. Cleantes[14] não poderia ter sido a imagem expressa de Zenão se ele tivesse apenas ouvido suas palestras; não, ele compartilhou sua vida, viu em seus propósitos ocultos e observou-o para ver se ele vivia de acordo com suas próprias regras. Platão, Aristóteles e toda a multidão de sábios que estavam destinados a seguir cada um o seu caminho diferente tiraram mais proveito do caráter do que das palavras de Sócrates. Não era a sala de aula de Epicuro, mas viver juntos sob o mesmo teto, que fez grandes homens de Metrodoro, Hermarco e Polieno. Portanto, eu lhe insisto, não apenas para que aufira benefícios, mas para que conceda benefícios, pois podemos auxiliar-nos mutuamente.

07. Entrementes, estou em dívida da minha pequena contribuição diária; direi o que me agradou hoje nos escritos de Hecato. São estas palavras: "Que progresso, você pergunta, eu fiz? Eu comecei a ser um amigo de mim próprio". Isso foi realmente um grande auxílio! Tal pessoa nunca pode estar sozinha. Você pode ter certeza de que esse homem é amigo de toda a humanidade, toda a gente o pode ter.

Mantenha-se Forte. Mantenha-se Bem.

VII.
SOBRE MULTIDÕES

Saudações de Sêneca a Lucílio.

01. Você me pergunta o que você deve considerar evitar em especial? Eu digo: multidões. Porque ainda não pode confiar em si com segurança. Admito, de qualquer maneira, minha própria fraqueza, porque eu nunca trago de volta para casa o mesmo caráter que eu levei para fora comigo. Algo do que eu tenho forçado a ficar em paz dentro de mim é perturbado, alguns dos inimigos que eu havia eliminado voltam novamente. Assim como o homem doente, que tem estado fraco há muito tempo, está em tal condição que não pode ser tirado de casa sem sofrer uma recaída, então nós mesmos somos afetados quando nossas almas estão se recuperando de uma doença prolongada.

02. Ligar-se à multidão é prejudicial. Não há ninguém que não torne algum vício cativante para nós, nem o escancare sobre nós, nem nos manche inconscientemente com ele. Certamente, quanto maior a multidão com que nos misturamos, maior o perigo. Mas nada é tão prejudicial ao bom caráter como o hábito de frequentar algum espetáculo, pois é lá que o vício penetra sutilmente por uma avenida de prazer.

03. O que você acha que eu quero dizer? Quero dizer que volto para casa mais ganancioso, mais ambicioso, mais voluptuoso e ainda mais cruel e desumano. Isso porque eu estive entre os seres humanos. Por acaso, eu assisti a uma apresentação matutina, esperando um pouco de diversão, sagacidade e relaxamento, uma exposição na qual os olhos dos homens têm descanso do massacre de seus semelhantes. Mas foi exatamente o contrário. Antigamente esses combates eram a essência da compaixão, mas agora todo o trivial é posto de lado e resta apenas puro assassinato. Os homens não têm armadura defensiva.[15] Eles estão expostos a golpes em todos os pontos e ninguém nunca desfere golpes em vão.

04. Muitas pessoas preferem este programa aos duelos habituais e combates "a pedido". Claro que sim; não há capacete ou escudo para desviar o golpe. Qual é a necessidade de armadura defensiva ou de habilidade? Tudo isso significa adiar a morte. Pela manhã, lançam homens aos leões e aos ursos, ao meio-dia, os jogam aos espectadores. Os espectadores exigem que o assassino encare o homem que vai matá-lo e eles sempre reservam o último vitorioso para outro massacre. O resultado de cada luta é a morte e os meios são fogo e espada. Esse tipo de coisa continua enquanto a arena está vazia para o intervalo.

05. Você pode replicar: "Mas ele era um ladrão de estrada, ele matou um homem!" E daí? Admitido que, como assassino, merecia este castigo. Mas e você? Que crime você cometeu, pobre colega, que mereça sentar-se e ver esse espetáculo? Pela manhã, eles clamaram: "Mate-o, açoite-o, queime-o, porque ele usa a espada de uma maneira tão covarde, porque ele bate tão debilmente, porque ele não morre no jogo, chicoteie-o para arder suas feridas! Deixe-o receber golpe por golpe, com peitos nus e expostos ao ataque!" E quando os jogos param para o intervalo, eles anunciam: "Um pouco de gargantas sendo cortadas, para que possa haver algo acontecendo!" Convenhamos, você[16] não entende sequer esta verdade, que um mau exemplo retorna contra o agente? Agradeça aos deuses imortais que você está ensinando crueldade a uma pessoa que não pode aprender por si a ser cruel.

06. O jovem caráter, que não consegue se manter íntegro, deve ser resgatado da multidão: é muito fácil tomar o partido da maioria. Mesmo Sócrates, Catão e Lélio poderiam ter sido abalados em sua força moral por uma multidão que era diferente deles. Tão verdadeiro é que nenhum de nós, por mais que cultivemos nossas habilidades, pode resistir ao choque de falhas que se acercam, por assim dizer, de tão grande séquito.

07. Muito dano é feito por um único caso de indulgência ou ganância: o amigo da família, se ele é luxuoso, nos enfraquece e suaviza imperceptivelmente; o vizinho, se for rico, desperta nossa cobiça; o colega, se for calunioso, dissipa algo de seu bolor em cima de nós, mesmo que nós sejamos impecáveis e sinceros. Qual então você acha que será o efeito sobre o caráter, quando o mundo em geral o assalta? Você deve imitar ou abominar o mundo.

08. Mas ambos os cursos devem ser evitados; você não deve copiar o mau, simplesmente porque eles são muitos, nem deve odiar os muitos, porque eles são diferentes de você. Concentre-se em si mesmo, tanto quanto puder. Associe-se com aqueles que irão lhe fazer um homem melhor. Dê boas-vindas àqueles que podem fazer você melhorar. O processo é mútuo, pois os homens aprendem enquanto ensinam.

09. O vão orgulho em divulgar suas habilidades não deve induzi-lo para a notoriedade, de modo a fazê-lo desejar recitar ou discursar frente ao público. É claro que deveria estar disposto a fazê-lo se você tivesse uma habilidade que se adequasse a tal multidão; mas como ela é, não há um homem entre eles que possa lhe entender. Um ou dois indivíduos talvez aceitem sua maneira, mas mesmo estes terão que ser moldados e treinados por você de modo a compreendê-lo. Você pode dizer: "Com que propósito eu aprendi todas essas coisas?" Mas você não precisa recear ter desperdiçado seus esforços. Foi por si mesmo que você aprendeu.

10. No entanto, para que eu não tenha hoje aprendido exclusivamente para mim, compartilharei com você três excelentes ditados, do mesmo sentido geral, que me chamaram a atenção. Esta carta lhe dará um deles como pagamento da minha dívida; os outros dois você pode aceitar como um adiantamento. Demócrito[17] diz: "Um homem significa tanto para mim como uma multidão e uma multidão apenas tanto como um homem".

11. O seguinte também foi nobremente falado por ele ou outro, pois é duvidoso quem foi o autor. Eles perguntaram-lhe qual era o objeto de todo este estudo aplicado a uma arte que alcançaria muito poucos. Ele respondeu: "Estou contente com poucos, contente com um, contente com nenhum". O terceiro ditado – e também notável – é de Epicuro, escrito a um dos parceiros de seus estudos: "Eu escrevo isto não para muitos, mas para você, cada um de nós é o suficiente como público do outro".[18]

12. Coloque estas palavras no coração, Lucílio, que você pode desprezar o prazer que vem dos aplausos da maioria. Muitos homens o louvam; mas você tem alguma razão para estar satisfeito consigo mesmo se você é uma pessoa que muitos conseguem entender? Suas boas qualidades devem focar para dentro, seus autênticos bens são internos.

Mantenha-se Forte. Mantenha-se Bem.

VIII.
SOBRE O ISOLAMENTO DO FILÓSOFO

Saudações de Sêneca a Lucílio.

01. Uma objeção sua: "Você sugere que se evite a multidão, se retire do contato dos homens e contente-se com a sua própria consciência? Onde estão os conselhos da sua escola, que ordenam que um homem morra em meio ao trabalho produtivo?"[19] Quanto ao curso que eu lhe pareço incitar de vez em quando, meu objetivo em recolher-me e trancar a porta é ser capaz de ajudar um número maior.[20] Nunca passo um dia em ociosidade, aproveito até uma parte da noite para estudar. Não me dou tempo para dormir, mas me rendo ao sono quando preciso. E quando meus olhos estão cansados e prontos para caírem fechados, eu os mantenho em sua tarefa.

02. Tenho me afastado não só dos homens, mas dos negócios, especialmente dos meus próprios negócios. Estou trabalhando para gerações posteriores, escrevendo algumas ideias que podem ser de ajuda para eles.[21] Há certos conselhos sadios que podem ser comparados às prescrições de remédios; estes eu estou pondo por escrito, pois achei-os úteis para ministrar às minhas próprias feridas que, se não estão totalmente curadas, ao menos deixaram de se espalhar.

03. Aponto outros homens para o caminho certo, que eu encontrei tarde na vida, quando cansado de vagar. Eu clamo a eles: "Evite o que agrada à multidão: evite os presentes da fortuna, avalie todo o bem que o acaso lhe traz, em espírito de dúvida e de medo, pois são os animais que são enganados pela tentação". Você chama essas coisas de "presentes da fortuna"? São armadilhas. E qualquer homem dentre vocês que deseje viver uma vida de segurança evitará, ao máximo de seu poder, esses ramos favoráveis por meio dos quais os mortais, muito lamentavelmente neste caso, são enganados. Isso porque nós pensamos que as mantemos em nosso poder, mas são elas que nos prendem.

04. Tal curso nos leva a caminhos precipitados, e a vida em tais alturas termina em queda. Além disso, nem mesmo podemos nos levantar contra a prosperidade quando ela começa a nos conduzir a sota-vento, nem podemos descer, tampouco, "com o navio em seu curso". A fortuna não nos afunda, ela estufa nossas velas e nos precipita sobre as rochas.

05. Apegue-se, pois, a esta regra sadia e sólida para a vida: que você satisfaça seu corpo apenas na medida em que for necessário para a boa saúde. O corpo deve ser tratado mais rigorosamente, para que não seja desobediente à mente. Coma apenas para aliviar a sua fome, beba apenas para saciar a sua sede, vista-se apenas para manter fora o frio, abrigue-se apenas como uma proteção contra o desconforto pessoal. Pouco importa a casa ser construída de madeira ou de mármore importado, compreenda que um homem é abrigado tão bem por uma palha quanto por um telhado de ouro. Despreze tudo o que o trabalho inútil cria como um ornamento e um objeto de beleza. E reflita que nada além da alma é digno de admiração, pois para a alma, se ela for grandiosa, nada é grande.

06. Quando eu comungo em tais termos comigo e com as gerações futuras, você não acha que eu estou fazendo mais bem do que quando eu apareço como conselheiro na corte ou carimbo meu selo sobre uma decisão ou presto ajuda ao Senado ou por palavra ou ação presto meu apoio a um candidato qualquer? Acredite em mim, aqueles que parecem estar ocupados com nada estão ocupados com as maiores tarefas: eles estão lidando ao mesmo tempo com os planos humano e divino.

07. Mas devo parar e prestar minha contribuição habitual, para equilibrar esta carta. O pagamento não será feito de minha própria propriedade, pois ainda estou copiando Epicuro. Hoje leio, em suas obras, a seguinte frase: "Se você quiser desfrutar da verdadeira liberdade, deve ser escravo da Filosofia".[22] O homem que se submete e entrega-se a ela não é mantido esperando; ele é emancipado no ato. Pois o próprio serviço da filosofia é a liberdade.

08. É provável que você me pergunte por que cito tantas palavras nobres de Epicuro em vez de palavras tiradas de nossa própria escola. Mas há alguma razão pela qual você deve considerá-las como ditos de Epicuro e não domínio público? Quantos poetas exalam ideias que foram proferidas ou poderiam ter sido proferidas por filósofos! Não preciso falar sobre as tragédias e os nossos escritores de drama; porque estes últimos são também um pouco sérios e ficam a meio caminho entre comédia e tragédia. Que quantidade de versos sagrados estão enterrados na mímica! Quantas linhas de Publílio são dignas de serem declamadas por atores célebres, assim como pelos pés descalços![23]

09. Vou citar um versículo dele que diz respeito à filosofia e, particularmente, àquela frase sobre a qual discutimos há pouco, na qual ele diz que os dons do acaso não devem ser considerados como parte de nossas posses:

> **Ainda é alheio o que você ganhou do acaso.**
>
> **Alienum est omne, quicquid optando evenit.**[24]

10. Recordo que você mesmo expressou essa ideia de maneira muito mais feliz e concisa: "O que a Fortuna fez não é seu". E uma terceira, dita por você ainda, não deve ser omitida: "O bem que pode ser dado, pode ser removido". Eu não vou colocar isso em sua conta de despesas, porque eu a dei a partir de seu próprio patrimônio.

Mantenha-se Forte. Mantenha-se Bem.

IX.
SOBRE FILOSOFIA E AMIZADE

Saudações de Sêneca a Lucílio.

01. Você deseja saber se Epicuro está certo quando, em uma de suas cartas, repreende aqueles que sustentam que o sábio é autossuficiente e por isso não precisa de amizades.[25] Esta é a objeção levantada por Epicuro contra Estilpo e aqueles que acreditam que o bem supremo é uma alma insensível e impassível.

02. Estamos limitados a encontrar um duplo significado se tentarmos expressar resumidamente o termo grego *apatheia* (ἀπάθεια) em uma única palavra, tomando-o pela palavra latina *impatientia* (impaciência). Porque pode ser entendida no sentido oposto ao que desejamos que ela tenha. O que queremos dizer é uma alma que rejeita qualquer sensação de maldade, mas as pessoas interpretarão a ideia como a de uma alma que não pode suportar nenhum mal.[26] Considere, portanto, se não é melhor dizer "uma alma invulnerável, que não pode ser ofendida" ou "uma alma inteiramente além do reino do sofrimento".

03. Há essa diferença entre nós e a outra escola:[27] nosso sábio ideal sente seus problemas, mas os supera; o homem sábio deles nem sequer os sente. Mas nós e eles temos essa ideia, que o sábio é autossuficiente. No entanto, ele deseja amigos, vizinhos e associados, não importa o quanto ele seja suficiente em si mesmo.

04. E perceba quão autossuficiente ele é; pois de vez em quando ele pode se contentar com apenas uma parte de si. Se ele perde uma mão por doença ou guerra, ou se algum acidente fere um ou ambos os olhos, ele ficará satisfeito com o que resta, tendo tanto prazer em seu corpo debilitado e mutilado como ele tinha quando era sadio. Mas enquanto ele não se queixa por esses membros ausentes, ele prefere não os perder.

05. Nesse sentido, o homem sábio é autossuficiente, pode prescindir de amigos, mas não deseja ficar sem eles. Quando eu digo "pode", quero dizer isto: ele sofre a perda de um amigo com serenidade. Mas a ele nunca faltam amigos, pois está em seu próprio controle quão breve ele vai repor a perda. Assim como Fídias,[28] se ele perdesse uma estátua, imediatamente esculpiria outra, da mesma forma nossa habilidade na arte de fazer amizades pode preencher o lugar de um amigo perdido.

06. Se você perguntar como alguém pode fazer um amigo rapidamente, vou dizer-lhe, desde que concordemos que eu possa pagar a minha dívida de uma vez e zerar a conta e, no que se refere a esta carta, estaremos quites. Hecato diz: "Eu posso mostrar-lhe uma poção, composta sem drogas, ervas ou qualquer feitiço de bruxa: 'Para que você possa ser amado, ame!'" Agora, há um grande prazer, não só em manter amizades velhas e estabelecidas, mas também na aquisição de novas.

07. Existe a mesma relação entre conquistar um novo amigo e já ter conquistado, como há entre o fazendeiro que semeia e o fazendeiro que colhe. O filósofo Átalo costumava dizer: "É mais agradável fazer um amigo do que mantê-lo, pois é mais agradável ao artista pintar do que ter acabado de pintar". Quando alguém está ocupado e absorvido em seu trabalho, a própria absorção dá grande prazer; mas quando alguém retira a mão da obra-prima concluída, o prazer não é tão penetrante. Daí em diante, é dos frutos de sua arte que ele desfruta; era a própria arte que ele apreciava enquanto pintava. No caso de nossos filhos, na juventude produzem os frutos mais abundantes, mas na infância, eram mais doces e agradáveis.

08. Voltemos agora à questão. O homem sábio, eu digo, autossuficiente como é, no entanto, deseja amigos apenas para o propósito de praticar a amizade, a fim de que suas qualidades nobres não permaneçam dormentes. Não, todavia, para o propósito mencionado por Epicuro na carta citada acima: "Que haja alguém para sentar-se com ele enquanto doente, para ajudá-lo quando ele está na prisão ou em necessidade", mas sim para que ele possa ter alguém em cujo leito hospitalar ele próprio possa sentar, alguém prisioneiro em mãos hostis que ele mesmo possa libertar. Aquele que só pensa em si e estabelece amizades por razão egoísta, não pensa corretamente. O fim será como o início: se ele faz amizade com alguém que poderia libertá-lo da escravidão, ao primeiro barulho da corrente, tal amigo o abandonará.

09. Estas são as chamadas "amizades de céu de brigadeiro"[29]; aquele que é escolhido por causa da sua utilidade será satisfatório apenas enquanto for útil. Por isso os homens prósperos são protegidos por tropas de amigos, mas aqueles que faliram ficam em meio à vasta solidão, seus "amigos" fugindo da própria crise que está a testar seus valores. Por isso, também, vemos muitos casos vergonhosos de pessoas que, por medo, desertam ou traem. O começo e o fim não podem senão harmonizar. Aquele que começa a ser seu amigo por interesse também cessará a amizade por interesse. Um homem será atraído por alguma recompensa oferecida em troca de sua amizade se ele for atraído por algo na amizade além da amizade em si.

10. Para que propósito, então, eu faço um homem meu amigo? A fim de ter alguém para quem eu possa dar minha vida, que eu possa seguir para o exílio, alguém por quem eu possa apostar minha própria vida e pagar a promessa depois. A amizade que você retrata é uma negociata e não uma amizade. Ela considera apenas a conveniência e olha apenas para os resultados.

11. Sem dúvida, o sentimento de um amante tem algo semelhante à amizade, pode-se chamá-lo de amizade enlouquecida. Mas, embora isso seja verdade, alguém ama por vislumbrar lucro, ou promoção, ou renome? O amor puro, livre de todas as outras coisas, excita a alma com o desejo pelo objeto da beleza, não sem a esperança de uma correspondência ao afeto. E então? Pode uma causa que é mais elevada produzir uma paixão que é moralmente condenável?

12. Você pode replicar: "Estamos agora discutindo a questão de saber se a amizade deve ser cultivada por sua própria causa". Pelo contrário, nada mais urgente exige demonstração, pois se a amizade deve ser procurada por si mesma, pode buscá-la quem seja autossuficiente. "Como, então," você pergunta, "ele a procura?". Precisamente como ele procura um objeto de grande beleza, não atraído a ele pelo desejo de lucro, nem mesmo assustado pela instabilidade da fortuna. Aquele que procura a amizade com objetivo interesseiro, despoja-a de toda a sua nobreza.

13. "O homem sábio é autossuficiente." Essa frase, meu caro Lucílio, é incorretamente explicada por muitos, porque eles retiram o homem sábio do mundo e forçam-no a habitar dentro de sua própria pele. Mas devemos marcar com cuidado o que significa essa sentença e até onde ela se aplica. O homem sábio é autossuficiente para uma existência feliz, mas não para a mera existência. Pois ele precisa de muita assistência para a mera existência, mas para uma existência feliz ele precisa apenas de uma alma sã e reta, que menospreze a fortuna.

14. Quero também dizer a você uma das distinções de Crisipo, que declara que o sábio não deseja nada, ao mesmo tempo que precisa de muitas coisas.[30] "Por outro lado", diz ele, "nada é necessário para o tolo, pois ele não entende como usar nenhuma coisa, mas ele deseja tudo."[31] O homem sábio precisa de mãos, olhos e muitas coisas que são necessárias para seu uso diário; mas a ele nada falta. Porque o desejo implicaria uma necessidade não atendida e nada é necessário ao homem sábio.

15. Portanto, embora ele seja autossuficiente, ainda precisa de amigos. Ele anseia tantos amigos quanto possível, não, no entanto, para que ele possa viver feliz, pois ele viverá feliz mesmo sem amigos. O bem supremo não requer nenhum auxílio prático de fora. Ele é desenvolvido em casa e surge inteiramente dentro de si. Se o bem procura qualquer porção de si mesmo no exterior, começa a estar sujeito ao jogo da fortuna.

16. As pessoas podem dizer: "Mas que tipo de existência o sábio terá, se ele for deixado sem amigos quando jogado na prisão, ou quando encalhado em alguma nação estrangeira, ou quando retido em uma longa viagem, ou quando em lugar ermo?" Sua vida será como a de Júpiter que, em meio à dissolução do mundo, quando os deuses se confundem na unidade e a natureza descansa por um pouco, pode se retirar em si mesmo e entregar-se aos próprios pensamentos.[32] Da mesma maneira o sábio agirá: ele se retirará em si mesmo e viverá consigo.

17. Enquanto for capaz de administrar seus negócios de acordo com seu julgamento, será autossuficiente; enquanto se casa com uma esposa, é autossuficiente; enquanto educa os filhos, é autossuficiente; e ainda assim não poderia viver se tivesse que viver sem a sociedade dos homens. Conclamações naturais, e não suas próprias necessidades egoístas, o atraem às amizades. Pois, assim como outras coisas têm para nós uma atratividade inerente, também tem a amizade. Como odiamos a solidão e ansiamos por sociedade, à medida que a natureza atrai os homens

uns para os outros, existe também uma atração que nos faz desejosos de amizade.

18. Não obstante, embora o sábio possa amar seus amigos com carinho, muitas vezes contrapondo-os com ele mesmo e colocando-os à frente de si próprio, todo o amor será limitado a seu próprio ser e ele falará as palavras que foram faladas pelo próprio Estilpo, a quem Epicuro critica em sua carta. Pois Estilpo, depois que seu país foi capturado e seus filhos e sua esposa mortos, ao sair da desolação geral só e mesmo assim feliz, falou da seguinte maneira para Demétrio,[33] conhecido como "Cidade Sitiada" por causa da destruição que ele trouxe sobre elas, em resposta à pergunta se ele tinha perdido alguma coisa: "Eu tenho todos os meus bens comigo!"

19. Isto é ser um bravo e corajoso homem! O inimigo conquistou, mas Estilpo conquistou seu conquistador. "Não perdi nada!" Sim, ele forçou Demétrio a se perguntar se ele mesmo havia conquistado algo, afinal. "Meus bens estão todos comigo!" Em outras palavras, ele não considerou nada que pudesse ser tirado dele como sendo um bem. Ficamos maravilhados com certos animais, porque eles podem passar pelo fogo e não sofrer danos corporais, mas quão mais maravilhoso é um homem que marchou ileso e incólume através do fogo, da espada e da devastação! Você entende agora o quão mais fácil é conquistar uma tribo inteira do que conquistar um homem? Esse dito de Estilpo é comum com o estoicismo; o estoico também pode carregar de forma ilesa seus bens através de cidades devastadas, pois ele é autossuficiente. Basta-se a si mesmo: tais são os limites que ele estabelece para sua própria felicidade.

20. Mas você não deve pensar que nossa escola sozinha pode proferir palavras nobres. O próprio Epicuro, o crítico de Estilpo, usava semelhante linguagem. Coloco ao meu crédito, embora eu já tenha quitado minha dívida para o dia de hoje. Ele diz: "Quem não considera o que tem como riqueza mais ampla, é infeliz, embora seja o senhor do mundo inteiro". Ou, se a seguinte lhe parece uma frase mais adequada, porque devemos traduzir o significado e não as meras palavras: "Um homem pode governar o mundo e ainda ser infeliz se ele não se sente supremamente feliz".

21. Contudo, para que você saiba que esses sentimentos são universais, propostos, certamente, pela natureza, você encontrará em um dos poetas cômicos esta estrofe:

> **Infeliz é aquele que não se considera feliz.**
>
> **Non est beatus, esse se qui non putat.**[34]

O que importa a situação em que você se encontra, se ela é ruim a seus próprios olhos?

22. Você poderia dizer: "Se o homem rico, senhor de muitos, mas escravo de ganância por mais, chamar-se de feliz, sua própria opinião o tornará feliz?" Não importa o que ele diz, mas o que ele sente; não como se sente em um dia específico, mas como se sente em todos os momentos. Não há razão, porém, para que você tema que este grande privilégio caia em mãos indignas; somente o sábio está satisfeito com o que tem. O insensato está sempre perturbado com o descontentamento consigo mesmo.

Mantenha-se Forte. Mantenha-se Bem.

X.
SOBRE VIVER PARA SI MESMO

Saudações de Sêneca a Lucílio.

01. Sim, eu não mudo minha opinião: evite as multidões, evite os poucos, evite mesmo o indivíduo. Não conheço ninguém com quem eu esteja disposto a compartilhá-lo. E repare o juízo que eu tenho de sua opinião: ouso confiar você a si próprio. Crates,[35] dizem eles, o discípulo do mesmo Estilpo que mencionei em uma carta anterior, notou um jovem caminhando sozinho e perguntou-lhe o que ele estava fazendo sozinho. "Estou comungando comigo mesmo", respondeu o jovem. "Então, cuidado", disse Crates, "você está conversando com um homem mau!".

02. Quando as pessoas estão de luto ou têm medo de alguma coisa, estamos acostumados a observá-las para que possamos impedi-las de fazer um uso errado de sua solidão. Nenhuma pessoa imprudente deve ser deixada sozinha; em tais casos, ela só planeja loucura e acumula perigos futuros para si ou para os outros. Ela coloca em jogo seus instintos básicos, a mente mostra o que o medo ou a vergonha costumavam reprimir, ela aguça a sua ousadia, agita as suas paixões e incita a sua ira. E, finalmente, o único benefício que a solidão confere, o hábito de não confiar em nenhum homem e de não temer testemunhas, é desperdiçado pelo tolo porque ele trai a si mesmo. Lembre-se, portanto, de quais são minhas esperanças para você, ou melhor, do que eu estou prometendo, na medida em que a esperança é meramente o título de uma bênção incerta: não conheço ninguém com quem preferira que você se associasse, senão consigo mesmo.

03. Lembro-me da maneira grandiosa com que você lançou certas frases e quão cheias de força elas eram! Imediatamente me congratulei e disse: "Estas palavras não vieram da borda dos lábios, estas declarações têm uma base sólida. Este homem não é um dos muitos, ele tem consideração por seu real bem-estar".

04. Fale e viva desta maneira, cuide para que nada o retenha. Quanto às suas preces anteriores, você pode liberar os deuses de respondê-las. Ofereça novas orações, ore por uma mente sã e por uma boa saúde, primeiro de alma e depois de corpo. E é claro que você deve oferecer essas preces com frequência. Apele com ousadia a Deus, você não vai pedir a Ele o que pertence a outro.

05. Mas devo, como é meu costume, enviar um presente pequeno junto com esta carta. É um verdadeiro provérbio que encontrei em Atenodoro:[36] "Saiba que está livre de todos os desejos quando alcançar o ponto em que não pede nada a Deus senão o que você possa pedir publicamente". Mas como homens são tolos! Eles sussurram as mais vis orações ao céu, mas se alguém os ouve, eles calam-se imediatamente. O que eles não querem que os homens saibam, pedem a Deus. Não acredito, então, poder te dar algum conselho mais sério que este: "Viva entre os homens como se Deus os observasse, fale com Deus como se os homens estivessem ouvindo".

Mantenha-se Forte. Mantenha-se Bem.

XI.
SOBRE O RUBOR DA MODÉSTIA

Saudações de Sêneca a Lucílio.

01. Seu amigo e eu tivemos uma conversa. Ele é um homem de habilidade; suas primeiras palavras mostraram que espírito e compreensão possui, e o progresso que já fez. Ele me deu uma amostra de progresso no campo filosófico e não deixará de corresponder. Pois ele não falou de forma ensaiada, mas foi subitamente pego da surpresa. Quando tentava se recompor, mal podia banir aquela nuance de modéstia, que é um bom sinal em um jovem; o rubor que se espalhava pelo seu rosto parecia erguer-se das profundezas. E tenho certeza de que seu hábito de corar ficará com ele depois que tiver fortalecido seu caráter, retirado todos seus defeitos e se tornado sábio. Pois nenhuma sabedoria consegue remover as fraquezas naturais do corpo. O que é intrínseco e inato pode ser atenuado pelo treinamento, mas não totalmente superado.

02. O orador mais firme, quando diante do público, muitas vezes mostra-se em transpiração, como se estivesse esgotado ou exausto. Alguns tremem nos joelhos quando se levantam para falar, conheço alguns cujos dentes rangem, cujas línguas vacilam, cujos lábios tremem. Treinamento e experiência nunca podem livrar essas características. A natureza exerce seu próprio poder e por meio de tal fraqueza faz sua presença conhecida até mesmo para o mais forte.

03. Sei que o rubor também é uma característica desse tipo, espalhando-se repentinamente sobre os rostos dos homens mais dignos. É, de fato, mais prevalente na juventude, por causa do sangue mais quente e do rosto sensível; no entanto, ambos, homens experientes e homens idosos são afetados por isso. Alguns são mais perigosos quando se enrubescem, como se estivessem deixando escapar todo seu senso de vergonha.

04. Sula,[37] quando o sangue cobria suas bochechas, estava em seu humor mais feroz. Pompeu possuía o matiz mais sensível: ele sempre corava na presença de uma aglomeração e especialmente em uma assembleia pública. Fabiano também, lembro-me, ficava avermelhado quando aparecia como testemunha perante o Senado e seu embaraço tornou-se maravilhosamente notável.

05. Tal hábito não é devido à fraqueza mental, mas à novidade de uma situação. Uma pessoa inexperiente não é necessariamente confusa, mas é geralmente afetada, porque ela se desliza para este hábito por tendência natural do corpo. Assim como certos homens são cheios de sangue, outros são de um sangue rápido e móvel, que corre para o rosto de uma vez.

06. Como eu disse, a sabedoria nunca pode remover essa característica, pois se ela pudesse eliminar todas as nossas falhas, ela seria a dona do universo. Tudo o que nos é atribuído pelas cláusulas de nosso nascimento e a mistura em nossa constituição ficará conosco, não importa quão arduamente ou quanto tempo a alma possa ter tentado dominar a si mesma. E não podemos impedir esses sentimentos mais do que podemos invocá-los.

07. Atores no teatro imitam as emoções, retratam o medo e o nervosismo, retratam a tristeza, imitam a timidez, pendurando a cabeça, abaixando as vozes e mantendo os olhos fixos e enraizados no chão. Eles não podem, no entanto, invocar um rubor; pois o rubor não pode ser prevenido ou convocado. A sabedoria não nos assegurará um remédio, nem nos dará ajuda, o rubor vem ou vai espontaneamente e é uma lei em si mesma.

08. Mas a minha carta pede a sua frase de encerramento. Ouça e atente para este lema útil e saudável: "Estime um homem de grande caráter e mantenha-o sempre diante de seus olhos, vivendo como se ele estivesse observando você e arranjando todas as suas ações como se ele as tivesse visto".

09. Tal, meu caro Lucílio, é o conselho de Epicuro, ele nos deu um guardião e um criado. Podemos nos livrar da maioria dos pecados se tivermos uma testemunha que esteja perto de nós quando estivermos propensos a fazer algo errado. A alma deve ter alguém a quem possa respeitar, alguém por cuja autoridade possa tornar ainda mais sagrado o seu santuário interior. Feliz é o homem que pode fazer os outros melhores, não apenas quando ele está em sua companhia, mas mesmo quando ele está em seus pensamentos! E feliz também é aquele que pode assim reverenciar um homem como para acalmar-se e orientar-se, chamando-lhe à mente! Aquele que pode reverenciar a outro logo se tornará digno de reverência.

10. Escolha, portanto, um Catão, ou, se Catão lhe parece um modelo muito severo, escolha um Lélio, um espírito mais suave. Escolha um mestre cuja vida, discurso e expressão o tenham satisfeito. Imagine-o sempre para si mesmo como seu protetor ou seu exemplo. Pois precisamos ter alguém segundo o qual podemos ajustar nossas características: você nunca pode endireitar o que é torto, a menos que você use uma régua.

Mantenha-se Forte. Mantenha-se Bem.

XII.
SOBRE A VELHICE

Saudações de Sêneca a Lucílio.

01. Para onde quer que eu me vire, vejo evidências de meus avançados anos. Visitei recentemente a minha casa de campo e reclamei do dinheiro gasto na manutenção do prédio. Meu caseiro sustentou que as falhas não eram devidas a seu próprio descuido. Ele estava fazendo todo o possível, mas a casa era velha. E esta foi a casa que construí por minha própria labuta! O que me reserva o futuro, se as pedras de minha idade já estão se desintegrando?

02. Eu estava com raiva e usei a primeira oportunidade de exalar meu mau humor na presença do caseiro. "Está claro", exclamei eu, "que esses plátanos estão negligenciados, não têm folhas, seus ramos são tão retorcidos e enrugados, os caules estão ásperos e desalinhados! Isso não aconteceria se alguém afofasse a terra sob seus pés e os regasse." O caseiro jurou por meu gênio protetor[38] que "ele estava fazendo todo o possível e nunca relaxou seus esforços, mas aquelas árvores eram velhas". Só entre nós, eu havia plantado essas árvores, eu as tinha visto em sua primeira florada.

03. Então, virei-me para a porta e perguntei: "Quem é aquele quebrantado? Vocês fizeram bem em colocá-lo na entrada, porque ele já está de saída,[39] onde você o pegou?" Mas o escravo disse: "Você não me reconhece, senhor? Sou Felício, você costumava me trazer pequenas imagens,[40] meu pai era o Filósito, o zelador, e eu sou seu escravo querido". "O homem está louco", comentei. "Meu escravo de predileto tornou-se um menininho de novo? Mas é bem possível, seus dentes estão caindo."[41]

04. Estou obrigado a admitir que minha velhice se tornou aparente. Apreciemos e amemos a velhice, pois é cheia de prazer se alguém sabe como usá-la. As frutas são mais bem-vindas quando quase passadas.

A juventude é mais encantadora em seu fim, o último drinque deleita o ébrio: é o copo que o sacia e dá o toque final em sua embriaguez.

05. Cada prazer reserva para o fim as maiores delícias que contém. A vida é mais deliciosa quando está em declive, mas ainda não atingiu o fim abrupto. E eu mesmo acredito que o período que se encontra, por assim dizer, à beira do telhado, possui prazeres próprios. Ou então, o próprio fato de não desejarmos prazeres toma o lugar dos próprios prazeres. Como é reconfortante ter cansado o apetite e ter acabado com ele!

06. "Mas," você diz, "é um incômodo estar olhando a morte no rosto!". A Morte, no entanto, deve ser olhada no rosto por jovens e velhos. Nós não somos convocados de acordo com nossa classificação alfabética na lista do censor.[42] Além disso, ninguém é tão velho que seria impróprio para ele esperar mais um outro dia de existência. E um dia, lembre-se, é uma etapa na jornada da vida. Nosso escopo de vida é dividido em partes, consiste em grandes círculos que encerram menores. Um círculo abraça e limita o resto, atinge desde o nascimento até o último dia da existência. O próximo círculo limita o período de nossa juventude. O terceiro limita toda a infância em sua circunferência. Outra vez, há, em uma classe em si, o ano. Contém dentro de si todas as divisões de tempo pela adição da qual obtemos o total da vida. O mês é limitado por um anel mais estreito. O menor círculo de todos é o dia, mas mesmo um dia tem seu começo e seu término, seu nascer e seu pôr do sol.

07. Por isso Heráclito,[43] cujo estilo obscuro lhe deu seu sobrenome, observou: "Um dia é igual a todos os dias". Diferentes pessoas têm interpretado o ditado de maneiras diferentes. Alguns afirmam que os dias são iguais em número de horas, e isso é verdade, pois se por "dia" queremos dizer vinte e quatro horas de tempo, todos os dias devem ser iguais, na medida em que a noite adquire o que o dia perde. Mas outros sustentam que um dia é igual a todos os dias por meio da semelhança, porque o espaço de tempo mais longo não possui nenhum elemento que não possa ser encontrado em um único dia, a saber, a luz e a escuridão, e até a eternidade faz esses revezamentos mais numerosos, não diferentes quando é mais curto e diferente novamente quando é mais longo...[44]

08. Portanto, todos os dias deveriam ser regulados como se fechassem a série, como se estivessem completando nossa existência. Pacúvio,[45] que por muito tempo ocupava a Síria, costumava realizar um ritual de sepultamento em sua própria honra, com vinho e banquetes fúnebres, e depois ser levado da sala de jantar para seu sarcófago, enquanto os eunucos aplaudiam e cantavam em grego: "Ele viveu sua vida, ele viveu sua vida!"

09. Assim Pacúvio vinha enterrando-se todos os dias. Vamos, no entanto, fazer por um bom motivo o que ele costumava fazer por um motivo vil, vamos dormir com júbilo e alegria; deixe-nos dizer:

| Eu tenho vivido. O curso que a fortuna estabeleceu para mim está terminado. | Vixi et quem dederat cursum fortuna, peregi.[46] |

E se os deuses se agradam em acrescentar outro dia, devemos acolhê-lo com alegria. Esse homem é o mais feliz e está seguro em sua própria posse de si mesmo, pois pode esperar o amanhã sem receio. Quando um homem diz: "Eu tenho vivido!", toda manhã ao acordar, recebe um bônus.

10. Mas agora eu devo concluir a minha carta. "O que", você diz, "virá a mim sem qualquer contribuição?" Não tenha medo, trago algo e, melhor, mais do que algo, muito. Pois o que há de mais nobre do que o seguinte provérbio de que eu faço desta carta portadora: "É errado viver sob coação, mas ninguém é coagido a viver sob coação".[47] Claro que não. Em todos os lados encontram-se muitos caminhos curtos e simples para a liberdade e agradeçamos aos deuses que nenhum homem possa ser mantido na vida. Podemos desprezar os próprios constrangimentos que nos prendem.

11. "Epicuro", você responde, "disse essas palavras, o que você está fazendo com a propriedade de outrem?". Qualquer verdade, eu sustento, é minha propriedade. E continuarei a amontoar citações de Epicuro sobre você, para que todas as pessoas que juram pelas palavras de outrem, e que valorizam o orador e não o que é dito, compreendam que as melhores ideias são domínio público.

Mantenha-se Forte. Mantenha-se Bem.

XIII.
SOBRE MEDOS INFUNDADOS

Saudações de Sêneca a Lucílio.

01. Eu sei que você tem muita garra. Pois mesmo antes de você começar a equipar-se com máximas que eram saudáveis e poderosas para superar obstáculos, você estava se orgulhando de sua disputa com a Fortuna; e isso é ainda mais verdadeiro agora que você se atracou com a Fortuna e testou seus poderes. Pois nossos poderes nunca podem inspirar uma fé implícita em nós mesmos, a não ser quando muitas dificuldades tenham nos cortejado por inúmeros lados e ocasionalmente tenham se atracado conosco. Somente dessa maneira o verdadeiro espírito pode ser testado, o espírito que nunca consentirá em submeter-se à jurisdição de coisas externas a nós, aquele que nunca abdicará do seu livre-arbítrio.

02. Esta é marca de tal espírito. Nenhum lutador pode ir com alta expectativa para a luta se ele nunca foi espancado, o único concorrente que pode entrar com confiança na luta é o homem que viu o próprio sangue, que sentiu os dentes chocalharem sob o punho do adversário, que foi derrubado e sentiu toda a força da carga do adversário, que foi abatido não só no corpo, mas também em espírito, aquele que, quantas vezes cai, levanta-se novamente com maior teimosia do que nunca.

03. Então, para manter a minha analogia, a Fortuna foi muitas vezes no passado preponderante sobre você e mesmo assim você não se rendeu, mas saltou ereto e manteve a sua posição ainda mais determinadamente. Pois a virilidade ganha muita força ao ser desafiada. No entanto, se você aprovar, permita-me oferecer algumas salvaguardas adicionais pelas quais você pode se fortalecer.

04. Existem mais coisas, Lucílio, susceptíveis de nos assustar do que existem de nos derrotar; sofremos mais na imaginação do que na realidade. Eu não estou falando com você na linha estoica, mas em meu estilo mais suave. Pois é a nossa maneira estoica, falar de todas essas coisas que provocam gritos e gemidos, tanto sem importância como irrelevantes. Mas você e eu devemos proferir palavras grandiosas embora, os deuses sabem, verdadeiras. O que eu aconselho você a fazer é não ser infeliz antes que a crise chegue, já que pode ser que os perigos que o empalidecem como se o estivessem ameaçando agora nunca cheguem sobre você; eles certamente ainda não chegaram.

05. Assim, algumas coisas nos atormentam mais do que deveriam; algumas nos atormentam antes do que deveriam e algumas nos atormentam quando não deveriam nos atormentar. Temos o hábito de exagerar, imaginar e antecipar a tristeza. A primeira dessas três faltas pode ser adiada no momento, porque o assunto está em discussão e o caso ainda está no tribunal, por assim dizer. O que eu chamo de insignificante você considerará ser mais grave, pois é claro que eu sei que alguns homens riem enquanto são açoitados e que outros estremecem com um tapa na orelha. Consideraremos mais tarde se esses males derivam de seu poder, de sua própria força ou de nossa própria fraqueza.

06. Faça-me um favor: quando os homens o rodeiam e tentam convencê-lo a acreditar que você é infeliz, considere não o que ouve, mas o que sente e tome conselho com seus sentimentos e se questione independentemente, porque você sabe os próprios assuntos melhor do que qualquer um. Pergunte: "Há alguma razão por que essas pessoas devam compadecer-se de mim, por que elas deveriam estar preocupadas ou até mesmo temerem alguma contaminação de mim, como se problemas pudessem ser transmitidos? Existe algum mal envolvido ou é apenas uma questão de mau relato, em vez de um mal?" Coloque a pergunta voluntariamente a si mesmo: "Estou atormentado sem razão suficiente, estou melancólico e estou a converter o que não é mal no que é mal?"

07. Você pode retorquir com a pergunta: "Como vou saber se meus sofrimentos são reais ou imaginários?" Aqui está a regra para tais assuntos: somos atormentados por coisas presentes ou por coisas vindouras ou por ambas. Quanto às coisas presentes, a decisão é fácil. Avalie se sua pessoa goza de liberdade e saúde e que você não sofra de nenhuma violência física. Quanto ao que lhe acontecerá no futuro, veremos mais adiante. Hoje não há nada de errado.

08. "Mas," você diz, "algo vai acontecer." Em primeiro lugar, considere se suas provas dos problemas futuros são certas. Pois é mais comum que nos incomodemos com as nossas apreensões e que sejamos zombados por aquele zombador, o boato, que costuma instalar guerras, mas muito mais frequentemente liquida indivíduos. Sim, meu caro Lucílio, concordamos muito rapidamente com o que as pessoas dizem. Não colocamos à prova as coisas que causam o nosso medo, não as examinamos a fundo, titubeamos e nos retiramos exatamente como soldados que são forçados a abandonar seu acampamento por causa de uma nuvem de poeira levantada pelo estampido do gado ou são lançados em pânico pela divulgação de algum rumor não autenticado.

09. E, de alguma forma, é o relatório negligente que nos perturba mais. Pois a verdade tem os próprios limites definidos, mas o que surge da incerteza é entregue à adivinhação e à licença irresponsável de uma mente assustada. É por isso que nenhum medo é tão ruinoso e tão incontrolável como o medo causado pelo pânico. Pois alguns medos são infundados, mas este medo é imbecil.

10. Vejamos, pois, atentamente o assunto. É provável que alguns problemas nos acontecerão, mas não é um fato presente. Quantas vezes o inesperado aconteceu! Quantas vezes o esperado nunca chegou a passar! E mesmo que seja destinado a ser, o que é que vale correr para encontrar seu sofrimento? Você sofrerá em breve, quando chegar a hora, então, enquanto isso, olhe para a frente, para coisas melhores.

11. O que você ganhará fazendo isso? Tempo. Haverá muitos acontecimentos, entretanto, que servirão para adiar ou para terminar ou para transmitir a uma outra pessoa as experimentações que estão próximas ou mesmo em sua própria presença. Um incêndio abriu o caminho para a fuga. Os homens foram derrotados por uma catástrofe. Às vezes, o movimento da espada é parado na garganta da vítima. Alguns homens sobreviveram aos próprios carrascos. Mesmo a má Fortuna é inconstante. Talvez venha, talvez não, entrementes, agora, não está aqui. Então, esperemos coisas melhores.

12. A mente, às vezes, modela para si as formas falsas do mal quando não há sinais que apontem para algum mal, interpreta da pior forma alguma palavra de significado duvidoso ou imagina algum rancor pessoal ser mais sério do que realmente é, considerando não quão irritado o inimigo está, mas a que extensão poderá chegar sua ira. Mas a vida não vale a pena ser vivida, e não há limites para nossas dores, se entregarmos nossos medos ao máximo possível. Neste assunto, deixe a prudência ajudá-lo e despreze o medo com um espírito resoluto mesmo quando ele está à vista. Se você não pode fazer isso, combata uma fraqueza com outra e tempere o seu medo com esperança. Não há nada tão certo nesse assunto de medo como as coisas que tememos darem em nada e as coisas que esperamos que nos decepcionem, zombando de nós.

13. Consequentemente, pese com cuidado as suas esperanças assim como os seus temores, e sempre que todos os elementos estiverem em dúvida, decida em seu favor. Acredite no que você preferir. E se o medo ganha a maioria dos votos, incline-se na outra direção de qualquer maneira e deixe de incomodar sua alma, refletindo continuamente que a maioria dos mortais, mesmo quando não têm problemas realmente à mão, certamente os têm esperados no futuro, e tornam-se excitados e inquietos. Ninguém resiste ao próprio impulso que tomou, quando começa a ser incitado à frente; nem regula o seu medo de acordo com a realidade. Ninguém diz: "O autor da história é um tolo e quem crê nela é um tolo, assim como aquele que a fabricou". Nós nos deixamos derivar com cada brisa, estamos assustados com as incertezas, como se estivessem certas. Não observamos com moderação. A menor coisa vira o jogo e nos coloca imediatamente em pânico.

14. Mas eu tenho vergonha tanto de admoestá-lo severamente ou tentar iludi-lo com remédios tão suaves. Deixe outro dizer. "Talvez o pior não aconteça." Você mesmo deve dizer. "Bem, e se isso acontecer, vamos ver quem ganha, talvez isso aconteça para o meu melhor interesse, pode ser que tal morte derrame crédito sobre a minha vida." Sócrates foi enobrecido pelo chá de cicuta. Retire da mão de Catão[48] sua espada, que lhe assegurou a liberdade, e você o privará da maior parte de sua glória.

15. Estou lhe exortando por demasiado tempo, já que você precisa de recordação e não de exortação. O caminho para o qual lhe guiarei não é diferente daquele em que a sua natureza o guia, você nasceu para a conduta que eu descrevo. Portanto, há mais razão para reforçar e alegrar as boas qualidades que já existem em você.

16. Mas agora, para fechar a minha carta, tenho apenas de estampar o selo habitual, ou seja, consignar uma mensagem nobre a ser entregue a você: "O tolo, com todos seus outros defeitos, tem este também: ele está sempre se preparando para viver". Reflita, meu estimado Lucílio, o que significa essa palavra, e você verá quão revoltante é a inconstância dos homens que estabelecem cada dia novos fundamentos de vida e começam a construir novas esperanças mesmo à beira da sepultura.

17. Olhe dentro de sua própria mente para instâncias individuais, você pensará em homens velhos que estão se preparando naquela mesma hora para uma carreira política ou para viajar ou para o negócio. E o que é mais mesquinho do que se preparar para viver quando você já é velho? Eu não devo dar o nome do autor deste lema, exceto que é pouco conhecido e não é um daqueles ditos populares de Epicuro que eu me permiti elogiar e apropriar.

Mantenha-se Forte. Mantenha-se Bem.

XIV.
SOBRE AS RAZÕES PARA SE RETIRAR DO MUNDO

Saudações de Sêneca a Lucílio.

01. Confesso que todos temos um afeto inato por nosso corpo, admito que somos responsáveis por sua proteção, por cuidar bem dele. Eu não defendo que o corpo não deva ser saciado em tudo, mas mantenho que não devemos ser escravos dele. Será escravo de muitos aquele que faz de seu corpo seu mestre, que teme demasiadamente por ele, que julga tudo de acordo com o corpo.

02. Devemos nos conduzir não como se devêssemos viver para o corpo, mas como se não pudéssemos viver sem ele. Nosso grande amor por ele nos deixa inquietos de medo, nos sobrecarrega de cuidados e nos expõe a ofensas. A virtude é considerada inferior pelo homem que considera seu corpo muito importante. Devemos cuidar do corpo com o maior cuidado, mas também devemos estar preparados para quando a razão, o amor-próprio e o dever exigirem o sacrifício, para entregá-lo às chamas.

03. Contudo, na medida do possível, evitemos tanto os desconfortos como os perigos e retiremo-nos a um terreno seguro, pensando continuamente em como repelir todos os objetos do medo. Se não me engano, há três classes principais: temos medo da carestia, tememos a doença e tememos os problemas que resultam da violência dos mais fortes.

04. E de tudo isso, o que mais nos assusta é o pavor que paira sobre nós da violência de nosso vizinho, pois é acompanhada por grande clamor e tumulto. Mas os males naturais que eu mencionei, carestia e doença, nos furtam silenciosamente sem terror aos olhos ou aos ouvidos. O outro tipo de mal vem, por assim dizer, sob a forma de grande desfile militar. Em torno dele há um séquito de espadas, fogo, correntes e uma multidão de animais para ser solto sobre as entranhas evisceradas dos homens.

05. Imagine-se submetido à prisão, à cruz, à tortura, aos ganchos,[49] à forca e à empalação. Pense nos membros humanos rasgados por cavalos movidos em direções opostas, da camisa terrivelmente besuntada com materiais inflamáveis e de todos os outros aparelhos inventados pela crueldade, além daqueles que eu mencionei! Não é de admirar, então, se nosso maior terror é de tal sorte, porque ele vem em muitas formas e sua parafernália é aterrorizante. Pois, assim como o torturador conquista mais por conta da quantidade de instrumentos que exibe – de fato, o espetáculo vence aqueles que teriam pacientemente resistido ao sofrimento –, similarmente, de todos os agentes que coagem e dominam nossas mentes, os mais eficazes são aqueles ostensivos. Esses outros problemas não são, evidentemente, menos graves. Quero dizer fome, sede, úlceras do estômago e febre engolem nossas entranhas. Eles são, no entanto, secretos, eles não vociferam e se anunciam, mas os outros, com formidáveis vestimentas de guerra, prevalecem em virtude de sua ostentação e aparelhagem.

06. Vamos, portanto, cuidar para que nos abstenhamos de ofender. Às vezes, é o povo que devemos temer; às vezes, um grupo de oligarcas influentes no Senado, se o método de governar o Estado é tal que a maior parte do negócio é feita por esse grupo; e às vezes, indivíduos equipados com poder pelo povo e contra o povo. É oneroso manter a amizade de todas essas pessoas, basta não fazer deles inimigos. Assim o sábio nunca provocará a ira daqueles que estão no poder, mais que isso, o sábio vai mesmo mudar seu curso, exatamente como iria desviar-se de uma tempestade se estivesse conduzindo um navio.

07. Quando você viajou para a Sicília, você precisou atravessar o estreito. Seu capitão foi imprudente e desdenhou o violento vento sul – vento que encrespa o mar siciliano e cria correntes poderosas – ou ele procurou a costa à esquerda? A praia pedregosa, de onde Caríbdis[50] agita os mares em confusão. Seu capitão mais cuidadoso, entretanto, questiona aqueles que conhecem a localidade quanto às marés e ao significado das nuvens. Ele mantém seu curso longe daquela região notória por suas águas agitadas. Nosso sábio faz o mesmo, foge de um homem forte que pode ser nocivo a ele, fazendo questão de não parecer evitá-lo, porque uma parte importante de sua segurança reside em não buscar segurança abertamente; porque aquilo que se evita, se condena.

08. Portanto, devemos olhar ao redor e verificar como podemos nos proteger da multidão. E antes de tudo, não devemos ter ânsias como as dela, pois a rivalidade resulta em conflitos. Novamente, não possuamos nada que possa ser arrebatado de nós para o grande lucro de um inimigo conspirador. Permita que haja o menor espólio possível na sua pessoa. Ninguém se propõe a derramar o sangue de seus semelhantes por causa do sangue em si, ou de qualquer maneira, apenas muito poucos. Mais assassinos especulam sobre seus lucros do que em dar vazão ao próprio ódio. Se você está de mãos vazias, o salteador da estrada passa por você. Mesmo ao longo de uma estrada infestada, os pobres podem viajar em paz.

09. Em seguida, devemos seguir o velho ditado e evitar três coisas com especial cuidado: ódio, ciúme e desdém. E só a sabedoria pode mostrar-lhe como isso pode ser feito. É difícil seguir o meio termo, devemos ser cuidadosos para não deixar que o medo do ciúme nos leve a nos tornarmos desdenhosos, para que, quando escolhermos não menosprezar os outros, não deixemos que eles pensem que podem nos menosprezar. O poder de inspirar medo tem levado muitos homens a ter medo. Afastemo-nos de todas as maneiras, pois é tão nocivo ser desprezado quanto ser admirado.

10. Você deve, portanto, refugiar-se na filosofia. Essa busca, não só aos olhos dos homens bons, mas também aos olhos dos que são mesmo moderadamente maus, é uma espécie de emblema protetor. Pois o discurso no tribunal, ou qualquer outra busca por atenção popular, traz inimigos para um homem, mas a filosofia é pacífica e foca-se em seu próprio negócio. Os homens não podem desprezá-la, ela é honrada por cada profissão, até mesmo a mais vil entre elas. O mal nunca pode crescer tão forte e a nobreza de caráter nunca pode ser tão conspirada, que o nome da filosofia deixe de ser digno e sagrado. Filosofia em si, no entanto, deve ser praticada com calma e moderação.

11. "Muito bem, então," você responde, "você considera a filosofia de Marco Catão como moderada?". A voz de Catão se esforçou para reprimir uma guerra civil. Catão segurou as espadas de chefes de clãs enlouquecidos. Quando alguns pereceram, vítimas de Pompeu e outros de César, Catão desafiou as duas facções ao mesmo tempo!

12. Não obstante, alguém pode muito bem questionar se, naqueles dias, um sábio deveria ter tomado alguma parte nos assuntos públicos e perguntado: "O que você quer dizer, Marco Catão? Não é agora uma questão de liberdade, há muito tempo a liberdade foi desmoronada e arruinada. A questão é se César ou Pompeu controlam o Estado. Por que, Catão, você deve tomar partido nessa disputa? Não é assunto seu, um tirano está sendo escolhido. O melhor pode vencer, mas o vencedor será condenado a ser o pior homem". Refiro-me ao papel final de Catão. Mas, mesmo nos anos anteriores, o homem sábio não foi autorizado a intervir em tal pilhagem do Estado, pois o que poderia fazer Catão senão erguer a voz e pronunciar palavras em vão? Em certa ocasião, ele foi levado pelas mãos pela multidão, foi cuspido e forçosamente removido do foro e assinalado para o exílio, em outra, foi levado direto do Senado para a prisão.

13. Contudo, consideraremos mais tarde[51] se o sábio deve dar atenção à política, entretanto, peço-lhe que considere aqueles estoicos que, afastados da vida pública, se retiraram para a privacidade com o propósito de melhorar a existência dos homens e elaborar leis para a raça humana sem incorrer no descontentamento daqueles que estão no poder. O homem sábio não perturbará os costumes do povo, nem atrairá a atenção da população por quaisquer modos de vida novos.

14. "O que, então? Pode alguém que seguir este plano estar sempre seguro?" Não posso garantir-lhe isso mais do que posso garantir uma boa saúde no caso de um homem que observe a moderação embora, de fato, boa saúde resulte de tal moderação. Às vezes, um navio afunda no porto, mas o que você acha que acontece em mar aberto? E quão mais cercado de perigo estaria um homem, que mesmo em seu retiro não está seguro, se ele estiver ocupado trabalhando em muitas coisas! As pessoas inocentes às vezes perecem, quem negaria isso? Mas os culpados perecem com mais frequência. A habilidade de um soldado não é julgada se ele recebe o golpe de morte através de sua armadura.

15. E, finalmente, o homem sábio considera a razão de todas as suas ações, mas não os resultados. O começo está em nosso próprio poder, a Fortuna decide o assunto, mas eu não permito que ela passe sentença sobre mim mesmo. Você pode dizer: "Mas ela pode infligir uma medida de sofrimento e de problemas". Um bandido de estrada pode matar-me; condenar-me, isso jamais!

16. Agora você estende sua mão para o presente diário. Áureo, de fato, será o presente com o qual eu o agraciarei; e, na medida em que mencionamos o ouro, deixe-me dizer-lhe como o seu uso e gozo pode trazer-lhe maior prazer. "Aquele que menos precisa de riquezas desfruta mais das riquezas". "Nome do autor, por favor!", você diz. Agora, para mostrar o quão generoso eu sou, é minha intenção elogiar os ditos de outras escolas. A frase pertence a Epicuro, ou Metrodoro, ou alguém daquela escola de pensamento particular.[52]

17. Mas que diferença faz quem disse as palavras? Elas foram proferidas ao mundo. Aquele que anseia riquezas sente medo por conta delas. Nenhum homem, no entanto, goza de uma bênção que traz ansiedade. Ele está sempre tentando adicionar um pouco mais. Enquanto ele se intrica em aumentar sua riqueza, ele se esquece de usá-la. Ele recolhe suas contas, desgasta o pavimento do fórum, ele revira seus registros de juros, em suma, ele deixa de ser mestre e torna-se um guarda-livros.

Mantenha-se Forte. Mantenha-se Bem.

XV.
SOBRE FORÇA BRUTA E CÉREBROS

Saudações de Sêneca a Lucílio.

01. Os antigos romanos tinham um costume que sobreviveu até a minha época. Eles acrescentariam às primeiras palavras de uma carta: "Se você está bem, tanto melhor, eu estou bem". Pessoas como nós fariam bem em dizer. "Se você está estudando filosofia, está bem." Pois isso é exatamente o que significa "estar bem". Sem filosofia a mente é enferma, e o corpo, embora possa ser muito poderoso, é forte apenas como o de um louco é forte, é a saúde própria dos dementes, dos estúpidos.[53]

02. Este, então, é o tipo de saúde que você deve cultivar em primeiro lugar; o outro tipo de saúde vem em segundo lugar e envolverá pouco esforço, se você deseja estar bem fisicamente. É loucura, meu caro Lucílio, e muito impróprio para um homem culto trabalhar duro para desenvolver os músculos, e alargar os ombros, e fortalecer os pulmões. Pois embora a alimentação pesada produza bons resultados e seus tendões cresçam sólidos, você nunca poderá se sobressair, seja em força ou em peso, quando comparado com um touro. Além disso, ao sobrecarregar o corpo com comida você estrangula a alma e a torna menos ativa. Assim, limite o corpo, tanto quanto possível, e permita total liberdade ao espírito.

03. Muitos contratempos acossam aqueles que se dedicam a tais objetivos. Em primeiro lugar, eles precisam de seus exercícios, nos quais devem trabalhar e desperdiçar sua força vital tornando-a menos apta a suportar os estudos mais severos. Em segundo lugar, seu gume é cegado por comer demasiadamente. Além disso, eles precisam receber ordens de escravos do mais vil cunho, homens que alternam entre o frasco de óleo e a jarra,[54] cujo dia passa satisfatoriamente se tiveram uma boa transpiração e beberam grandes tragos para compensar o que eles perderam em suor, garrafas enormes de licor que sorverão profundamente por causa de seu jejum. Beber e suar: é a vida de um dispéptico!

04. Agora, existem exercícios curtos e simples que cansam o corpo rapidamente e assim economizam nosso tempo. E o tempo é algo do qual devemos manter estrita conta. Estes exercícios são correr, levantar pesos e saltar, saltos altos ou saltos largos, ou o tipo que eu posso chamar, "a dança dos sálios"[55], ou, em termos ligeiros, "o salto dos tintureiros".[56] Selecione para praticar qualquer um destes e você vai perceber ser simples e fácil.

05. Mas o que quer que você faça, volte logo do corpo à mente. A mente deve ser exercitada dia e noite, pois é alimentada pelo trabalho moderado. E essa forma de exercício não precisa ser atrapalhada pelo tempo frio ou quente, ou mesmo pela velhice. Cultive esse bem que melhora com os anos.

06. É claro que eu não ordeno que você esteja sempre curvado sobre seus livros e materiais de escrita. A mente necessita de variedade, mas uma variedade de tal natureza que não é irritante, mas simplesmente branda. Montar em uma liteira[57] sacode o corpo, mas não interfere com o estudo: pode-se ler, ditar, conversar ou ouvir alguém. A caminhada também não impede qualquer dessas coisas.

07. Você não deve desprezar o treino da voz, mas eu o proíbo de praticar levantar e abaixar sua voz por escalas e entonações específicas. Senão pode ser que você queira seguir aulas de marchar! Se você consultar o tipo de pessoa para quem a fome ensinou novos truques, você terá alguém para ajustar seus passos, vigiar cada bocado que você come, e chegar a tais extremos que você mesmo, por suportar e acreditar nele, terá encorajado seu desaforo. O quê, então? Você vai perguntar, "devo começar gritando e esticar os pulmões ao máximo?". Não, o natural é que seja despertado para tal passo por etapas fáceis, assim como as pessoas que estão discutindo começam com tons conversacionais comuns e, em seguida, passam a gritar no topo de seus pulmões. Nenhum orador grita: "Ajuda-me, Quirites"[58] no princípio de seu discurso.

08. Portanto, sempre que o instinto de seu espírito o induzir, crie um tumulto, alternando tons mais altos e mais suaves, de acordo com sua voz, assim como seu espírito, sugerir-lhe-á. Então segure sua voz e a

chame de volta a terra, desça suavemente, não colapse. Ela deve rastejar em tons a meio caminho entre alto e baixo e não deve abruptamente cair de seu frenesi na maneira rude dos compatriotas. Pois nosso propósito não é dar o exercício a voz, mas fazê-la nos dar exercício.

09. Você vê, eu o aliviei de uma preocupação grave e vou lançar-lhe um pequeno presente complementar, também grego. Aqui está o provérbio, é excelente: "A vida do tolo está vazia de gratidão e cheia de medos, seu curso está totalmente voltado para o futuro". Você questiona quem pronunciou essas palavras? O mesmo escritor que mencionei antes. E que tipo de vida você acha que significa a vida do tolo? A de Baba e Isio?[59] Não, ela significa a nossa própria, pois estamos mergulhados em nossos desejos cegos em empreendimentos que nos prejudicarão, mas certamente nunca nos satisfarão, pois se pudéssemos estar satisfeitos com qualquer coisa, teríamos sido satisfeitos há muito tempo. Também não refletimos o quão agradável é exigir nada, quão nobre é estar contente e não depender da Fortuna.

10. Portanto, lembre-se continuamente, Lucílio, quantas ambições você alcançou. Quando você vê muitos à frente de si, pense quantos estão atrás! Se você quiser agradecer aos deuses e se mostrar grato por sua vida passada, você deve contemplar quantos homens você superou. Mas o que você tem a ver com os outros? Você superou a si mesmo.

11. Fixe um limite que você não vai sequer desejar ultrapassar, se tivesse a capacidade. Finalmente, então, livre-se de todos estes bens traiçoeiros! Eles parecem melhores para aqueles que esperam por eles do que para aqueles que os alcançaram. Se houvesse algo substancial neles, mais cedo ou mais tarde eles o satisfariam; como são, eles apenas despertam a sede dos sedentos, quanto mais os saboreamos mais lhes sentimos a sede. Fora com trastes que apenas servem para exibição! Quanto ao que o futuro incerto tem reservado, por que eu exigiria da Fortuna que ela me dê em vez de exigir de mim mesmo que eu não deseje? E por que eu deveria desejar? Devo acumular meus ganhos e esquecer que o destino do homem é imaterial? Para que fim devo labutar? Eis que hoje é o último dia, se acaso não for, está perto do último. Meu fim já não está distante.

Mantenha-se Forte. Mantenha-se Bem.

XVI.
SOBRE FILOSOFIA, O GUIA DA VIDA

Saudações de Sêneca a Lucílio.

01. Tenho certeza de que está claro para você, Lucílio, que nenhum homem pode viver uma vida feliz, ou mesmo uma vida suportável, sem o estudo da filosofia; você sabe também que uma vida feliz é alcançada quando a nossa sabedoria é levada ao auge, mas que a vida é pelo menos suportável, mesmo quando a nossa sabedoria apenas começa. Essa ideia, no entanto, embora clara, deve ser fortalecida e implantada mais profundamente pela reflexão diária. É mais importante para você manter as resoluções que já fez do que ir e fazer novas. Você deve perseverar, deve desenvolver uma nova força por meio do estudo contínuo, até que o que era apenas uma boa disposição se torne um propósito bem estabelecido.

02. Por essa razão, você não precisa mais vir a mim com muita conversa e declarações solenes; sei que você fez grandes progressos. Eu entendo os sentimentos que originam suas palavras, não são palavras fingidas ou enganosas. No entanto, vou dizer-lhe o que penso, que no momento tenho esperanças para você, mas ainda não perfeita confiança. E gostaria que você adotasse a mesma atitude em relação a si mesmo. Não há nenhuma razão por que você deva colocar muita confiança em si mesmo rapidamente e sem grande esforço. Examine-se, investigue-se e observe-se de várias maneiras, mas antes de tudo diga se é na filosofia ou meramente na própria vida que você fez progresso.[60]

03. Filosofia não é um truque para fisgar o público, não é concebida para aparecer. É uma questão, não de palavras, mas de atos. Não é perseguida de modo que o dia possa render alguma diversão antes que seja extenuado, ou que nosso ócio possa ser aliviado de um tédio que nos irrita. Molda e constrói a alma, ordena nossa vida, guia nossa conduta, nos mostra o que devemos fazer e o que devemos deixar por fazer, ela senta ao leme e dirige o nosso curso enquanto nós titubeamos em meio a incertezas. Sem ela, ninguém pode viver intrepidamente ou em paz de espírito. Inúmeras coisas que acontecem a cada hora pedem conselhos e esses conselhos devem ser buscados na filosofia.

04. Talvez alguém diga: "Como pode a filosofia me ajudar, diante da existência da Fortuna? De que serve a filosofia, se Deus governa o universo? De que vale, se a Fortuna governa tudo? Não só é impossível mudar as coisas que são determinadas, mas também é impossível planejar de antemão contra o que é indeterminado; ou Deus já antecipou meus planos e decidiu o que devo fazer ou então a fortuna não dá liberdade aos meus planos".

05. Se a verdade, Lucílio, está em uma ou em todas essas perspectivas, nós devemos ser filósofos, se a Fortuna nos amarra por uma lei inexorável, ou se Deus, como árbitro do universo, providenciou tudo, ou se o acaso dirige e lança os assuntos humanos sem método, a filosofia deve ser nossa defesa. Ela nos encorajará a obedecer a Deus alegremente e a Fortuna desafiadoramente, ela nos ensinará a seguir a Deus e a suportar a Fortuna.

06. Mas não é meu propósito agora ser levado a uma discussão sobre o que está sob nosso próprio controle, se a presciência é suprema ou se uma cadeia de eventos fatais nos arrasta em suas garras ou se o repentino e o inesperado nos dominam. Volto agora ao meu aviso e à minha exortação, que não permita que o impulso do seu espírito se enfraqueça e fique frio. Mantenha-se firme nele e estabeleça-o firmemente, a fim de que o que é agora ímpeto, possa tornar-se um hábito da mente.

07. Se eu o conheço bem, você já está tentando descobrir desde o início da minha carta a pequena contribuição que ela traz para você. Peneire a carta e você a encontrará. Você não precisa se maravilhar com nenhum gênio meu, porque, ainda assim, eu sou pródigo apenas com a propriedade de outros homens. Mas por que eu disse "*outros homens*"? O que quer de bom que seja dito por alguém é meu. Este é também um dito de Epicuro: "Se você vive de acordo com a natureza, você nunca será pobre, se você viver de acordo com a opinião, você nunca será rico".[61]

08. Os desejos da natureza são leves, as exigências da opinião são ilimitadas. Suponha que a propriedade de muitos milionários seja entregue em sua posse. Suponha que a Fortuna leve você muito além dos limites de um rendimento privado, cubra-o com ouro, roupas em púrpura e traga-lhe a tal grau de luxo e riqueza que você possa cobrir a terra sob seus pés de mármore, que você possa não só possuir, mas andar sobre riquezas. Adicione estátuas, pinturas e tudo o que a arte tem concebido para o luxo, você só aprenderá com essas coisas a desejar ainda mais.

09. Os desejos naturais são limitados, mas aqueles que brotam da falsa opinião não têm ponto de parada. O falso não tem limites. Quando você está viajando em uma estrada, deve haver um fim, mas quando perdido, suas andanças são ilimitadas. Desista, portanto, de coisas inúteis, e quando você quiser saber se o que procura é baseado em um desejo natural ou em um desejo enganoso, considere se ele pode parar em algum ponto definido. Se você perceber, depois de ter viajado muito, que há um objetivo mais distante sempre em vista, você pode ter certeza de que essa situação é contrária à natureza.

Mantenha-se Forte. Mantenha-se Bem.

XVII.
SOBRE FILOSOFIA E RIQUEZAS

Saudações de Sêneca a Lucílio.

01. Elimine todas as coisas desse tipo se você é sábio. Ou melhor, para que seja sábio! Objetive uma mente sã, rápida e com toda a sua força. Se qualquer vínculo o retém, desfaça-o ou corte-o. "Mas", diz você, "minha propriedade me atrasa, desejo fazer tal arranjo, que me sustente quando não puder mais trabalhar, para que a pobreza não seja um fardo para mim, ou eu mesmo um fardo para os outros."

02. Você não parece, ao dizer isso, conhecer a força e o poder desse bem que está considerando. De fato, você compreende tudo o que é importante, o grande benefício que a filosofia confere, mas ainda não discerne com precisão suas várias funções, nem sabe quão grande é a ajuda que recebemos da filosofia em tudo. Para usar a linguagem de Cícero, "ela corre em nosso auxílio",[62] ela não só nos ajuda nas maiores questões, mas também desde a menor. Siga meu conselho, chame a sabedoria em consulta, ela irá aconselhá-lo a não sentar para sempre em seu livro-razão.

03. Sem dúvida, seu objetivo, que você deseja alcançar com tal adiamento de seus estudos, é que a pobreza não o aterrorize. Mas e se ela for algo a se desejar? As riquezas têm impedido muitos homens de alcançarem a sabedoria, a pobreza é desembaraçada e livre de cuidados. Quando a trombeta soa, o homem pobre sabe que não está sendo atacado, quando há um grito de "fogo", ele só procura uma maneira de escapar e não se pergunta o que pode salvar; se o homem pobre deve ir para o mar, o porto não ressoa, nem os cais são abalados com o séquito de um indivíduo. Nenhuma multidão de escravos envolve o homem pobre, escravos para cujas bocas o mestre deve cobiçar as plantações férteis de seus vizinhos.

04. É fácil preencher poucos estômagos, quando eles são bem treinados e anseiam nada mais, a não ser serem preenchidos. A fome custa pouco.

O escrúpulo custa muito. A pobreza está satisfeita com o preenchimento de necessidades urgentes. Por que, então, você deve rejeitar a Filosofia como uma amiga?

05. Mesmo o homem rico segue seu caminho quando é sensato. Se você deseja ter tempo livre para sua mente, seja um pobre homem ou se assemelhe a um pobre homem. O estudo não pode ser útil a menos que você se esforce para viver simplesmente, e viver simplesmente é pobreza voluntária. Então, fora com todas as desculpas como: "Eu ainda não tenho o suficiente, quando eu ganhar a quantidade desejada, então vou me dedicar inteiramente à filosofia". E, no entanto, esse ideal, que você está adiando e colocando em segundo lugar, deve ser assegurado em primeiro lugar. Você deve começar com ele. Você retruca: "Eu desejo adquirir algo para viver". Sim, mas aprenda enquanto você está adquirindo, pois se alguma coisa o impede de viver nobremente, nada pode impedi-lo de morrer nobremente.

06. Não há nenhuma razão pela qual a pobreza deva nos afastar da filosofia, não, nem mesmo a real carestia. Pois, quando se aprofunda na sabedoria, podemos suportar até a fome. Os homens suportaram a fome quando suas cidades foram sitiadas e que outra recompensa por sua resistência eles obtiveram a não ser não cair sob o poder do conquistador? Quão maior é a promessa de liberdade eterna e a certeza de que não precisamos temer nem aos deuses nem aos homens! Mesmo que morramos de fome, devemos alcançar essa meta.

07. Os exércitos suportam toda a maneira de carestia, vivem de raízes e resistem à fome com alimentos repugnantes demais para mencionar.[63] Tudo isso eles têm sofrido para ganhar um reino e, o que é mais assombroso, ganhar um reino que será de outro. Será que algum homem hesitaria em suportar a pobreza a fim de libertar sua mente da loucura? Portanto, não se deve procurar primeiro acumular riquezas. Pode-se chegar à filosofia, mesmo sem dinheiro para a passagem.

08. É mesmo assim. Depois de ter possuído todas as outras coisas, também deseja possuir sabedoria? É a filosofia o último requisito da vida, uma espécie de suplemento? Não, seu plano deve ser este: ser um filósofo agora, quer você tenha alguma coisa, quer não. Se você já tem alguma

coisa, como você sabe que já não tem muito? Mas se você não tem nada, procure o discernimento primeiro, antes de qualquer outra coisa.

09. "Mas," você diz, "eu irei carecer das necessidades da vida." Em primeiro lugar, você não pode carecer delas, porque a natureza exige pouco e o homem sábio adapta suas necessidades à natureza. Mas se maior necessidade chegar, o sábio rapidamente se despedirá da vida e deixará de ser um problema para si mesmo. Se, no entanto, seus meios de existência forem escassos e reduzidos, ele fará o melhor deles, sem se angustiar ou se preocupar com nada mais do que com as necessidades básicas. Fará justiça ao seu ventre e aos seus ombros com espírito livre e feliz, rir-se-á da agitação dos homens ricos e dos caminhos confusos daqueles que se abalam em busca da riqueza, e dirá: "Por que, por sua própria vontade, adia a vida real para o futuro distante? Para que algum juro seja depositado, ou por algum dividendo futuro ou para um lugar no testamento de algum velho rico, quando você pode ser rico aqui e agora? A sabedoria oferece a riqueza à vista e paga em dobro àqueles em cujos olhos ela tornou a riqueza supérflua". Estes comentários referem-se a outros homens; você está mais perto da classe rica. Mude a sua idade e você terá muito.[64] Mas em todas as idades, o que é necessário permanece o mesmo.

10. Eu poderia encerrar minha carta neste momento se não o tivesse acostumando mal. Não se pode cumprimentar a realeza sem trazer um presente e no seu caso eu não posso dizer adeus sem pagar um preço. Mas o que será? Tomarei emprestado de Epicuro: "A aquisição de riquezas tem sido para muitos homens não um fim, mas uma mudança, de problemas".[65]

11. Não me admiro. Pois a culpa não está na riqueza, mas na própria mente. Aquilo que fez da pobreza um fardo para nós torna as riquezas também um fardo. Assim como pouco importa se você coloca um homem doente em uma cama de madeira ou sobre uma cama de ouro, pois para onde quer que ele seja movido, ele vai levar sua doença com ele, também não é preciso se importar se a mente doente é outorgada às riquezas ou à pobreza. O padecimento vai com o homem.

Mantenha-se Forte. Mantenha-se Bem.

XVIII.
SOBRE FESTIVAIS E JEJUM

Saudações de Sêneca a Lucílio.

01. É quase dezembro e mesmo assim a cidade está neste momento em um mormaço. A licença é dada para a folia geral. Tudo ressoa com poderosos preparativos, como se as Saturnálias[66] diferissem do dia a dia usual! Tão verdadeiro é que a diferença é nenhuma, que considero correta a observação do homem que disse: "Uma vez dezembro foi um mês, agora é um ano".

02. Se eu tivesse você comigo, eu ficaria feliz em trocar ideias e descobrir o que você acha que deve ser feito, se não devemos mudar nada em nossa rotina diária, ou se, nem que por compaixão com os costumes populares, nós devamos jantar em uma maneira mais alegre e despir a toga. Tal como é, nós, os romanos, trocamos nossas roupas por causa do feriado,[67] embora em tempos antigos isso acontecia somente quando o Estado estava perturbado e caíra em desgraça.

03. Tenho a certeza de que, se eu o conheço bem, desempenhando o papel de um árbitro, teria desejado que não fôssemos nem como a multidão libertina em todos os sentidos, nem diferentes dela em absolutamente todos os aspectos, a menos que, talvez, esta seja apenas a época em que devamos estabelecer lei à alma e pedir que seja a única a abster-se de prazeres quando a multidão inteira se deixa ir em prazeres, pois esta é a prova mais segura que um homem pode obter de sua própria constância, se ele não busca as coisas que são sedutoras e o tentam ao luxo, nem é levado para elas.

04. Mostra-se muito mais coragem permanecendo-se abstêmio e sóbrio quando a multidão está bêbada e vomitando, mas mostra-se maior autocontrole ficar na multidão e recusar-se a fazer o que ela faz, agindo de uma maneira diferente, portanto, não sc tornando conspícuo nem se tornando apenas um dentre a multidão. Pois pode-se guardar os festivais sem extravagância.

05. Estou tão firmemente decidido, no entanto, a testar a constância de sua mente que, extraindo dos ensinamentos de grandes homens, eu também lhe darei uma lição: reserve um certo número de dias, durante os quais você se contentará com a alimentação mais barata e escassa, com vestes grosseiras e ásperas, dizendo a si mesmo: "É esta a situação que eu temia?"

06. É precisamente em tempos despreocupados que a alma deve endurecer--se de antemão para ocasiões de maior estresse e é enquanto a fortuna é amável que se deve fortalecer contra a violência. Em dias de paz, o soldado executa manobras, lança obras de terraplenagem sem inimigo à vista e se exercita, a fim de se tornar indiferente à labuta inevitável. Se você não quer que um homem recue quando a crise chegar, treine-o antes que ela chegue. Tal é o curso que esses homens seguiram que, em sua imitação de pobreza, quase todos os meses chegavam quase à miséria, de forma que eles nunca recuarão do que ensaiaram com tanta frequência.

07. Você não precisa supor que eu quero dizer refeições como Tímon,[68] ou "cabines de homem pobre",[69] ou qualquer outro dispositivo que luxuosos milionários usam para enganar o tédio de suas vidas. Deixe a cama de palha ser real e o manto, grosseiro; deixe o pão ser duro e sujo. Resistir a tudo isso por três ou quatro dias por vez, às vezes por mais, para que possa ser um teste de si mesmo em vez de um mero passatempo. Então, asseguro-lhe, meu querido Lucílio, que saltará de alegria quando obtiver um bocado de comida e compreenderá que a paz de espírito de um homem não depende da Fortuna, pois mesmo quando irritada ela concede o suficiente para as nossas necessidades.

08. Não há nenhuma razão, entretanto, para que você pense que está fazendo qualquer coisa grande; porque você estará apenas fazendo o que muitos milhares de escravos e muitos milhares de pobres estão fazendo todos os dias. Mas você pode beneficiar-se disso, pois não vai fazê-lo sob coação e que será tão fácil para você suportá-lo permanentemente tanto como para fazer experiência de vez em quando. Vamos praticar nossos golpes no "boneco"; nos fazer íntimos com a pobreza,

para que a Fortuna não nos pegue despreparados. Seremos ricos com mais conforto se uma vez descobrirmos que a pobreza está longe de ser um fardo.

09. Mesmo Epicuro, o grande mestre do prazer, costumava observar intervalos declarados, durante os quais ele satisfazia a sua fome de maneira sovina, desejava ver se, assim, ficava aquém da plena e completa felicidade e, se fosse assim, em que quantia ficava aquém, e se essa quantidade valia a pena comprar ao preço de um grande esforço.[70] De qualquer forma, ele faz tal declaração na conhecida carta escrita a Polieno.[71] Na verdade, ele se vangloria de que ele próprio viveu com menos de um asse (centavo),[72] mas que Metrodoro, cujo progresso ainda não era tão grande, precisava de um asse inteiro.

10. Você acha que pode haver plenitude em tal alimentação? Sim e há prazer também, não aquele prazer falso e fugaz que precisa de um estímulo de vez em quando, mas um prazer que é firme e seguro. Pois, embora a água, a farinha de cevada e as crostas de pão de cevada não sejam uma dieta alegre, no entanto, é o tipo mais elevado de prazer poder obter alegria deste tipo de alimento e ter reduzido suas necessidades a esse mínimo que nenhuma injustiça da Fortuna pode arrebatar.

11. Mesmo comida das prisões é mais generosa, e aqueles que foram condenados à pena de morte não são tão mal alimentados pelo homem que deve executá-los. Portanto, que alma nobre se deve ter, para descer de próprio arbítrio a uma dieta que mesmo aqueles que foram condenados à morte receariam! Isso é de fato prevenir-se das lanças da má Fortuna.

12. Comece então, meu caro Lucílio, a seguir o costume destes homens, e separe determinados dias em que você se retirará de seus negócios e ficará em casa com a alimentação da mais escassa. Estabeleça relações diplomáticas com a pobreza: "Desafie, ó amigo meu, desprezar o ponto de vista da riqueza e molde-se com afinidade com seu Deus".[73]

13. Pois só aquele que está em afinidade com Deus pode desprezar a riqueza. É óbvio que não o proíbo de possuí-la, mas gostaria que chegasse ao ponto em que a possuísse intrepidamente. Isso só pode ser realizado persuadindo-se de que você pode viver feliz tanto sem ela quanto com ela, mas sempre considerando que as riquezas podem iludi-lo.

14. Mas agora devo começar a dobrar a minha carta. "Pague sua dívida primeiro!", você clama. Aqui está um texto de Epicuro; ele vai pagar a conta: "Raiva desgovernada produz loucura".[74] Você não pode evitar saber a verdade dessas palavras, já que você tem não só escravos, mas também inimigos.

15. Mas, de fato, esta emoção resplandece contra todas as espécies de pessoas, brota tanto do amor quanto do ódio e se mostra não menos em assuntos sérios do que em brincadeira e esporte. E não faz diferença a importância da provocação, mas em que tipo de alma ela penetra. Da mesma forma com o fogo: não importa quão grande é a chama, mas sobre o que ela cai. Pois madeiras sólidas têm repelido um fogo muito grande, por outro lado, matéria seca e facilmente inflamável nutre a menor chama em um incêndio. Assim é com a raiva, meu caro Lucílio: o resultado de uma raiva poderosa é a loucura, e, portanto, a raiva deve ser evitada, não apenas para que possamos escapar do excesso, mas para que possamos ter uma mente saudável.[75]

Mantenha-se Forte. Mantenha-se Bem.

XIX.
SOBRE MATERIALISMO E RETIRO

Saudações de Sêneca a Lucílio.

01. Pulo de alegria sempre que recebo suas cartas. Pois me enchem de esperança, não são meras presunções sobre você, mas garantias reais. E rogo que continue neste caminho, pois que melhor pedido eu poderia fazer a um amigo do que um que possa ser feito para seu próprio bem? Se possível, vá se retirando aos poucos de todos os negócios de que fala e se você não pode fazer isso, afaste-se de vez, mesmo com prejuízo. Já gastamos bastante do nosso tempo; vamos na velhice começar a arrumar nossa bagagem.

02. Certamente não há nada nisso que os homens possam cobiçar. Passamos nossa vida em alto-mar, que morramos no porto. Não que eu aconselhe você a tentar ganhar renome por seu retiro. O retiro não deve ser alardeado nem ocultado. Não ocultado, eu digo, porque não vou exortá-lo a rejeitar todos os homens como loucos e depois procurar a si mesmo um refúgio no ócio.[76] Em vez disso, que seu ócio não seja notável; que seu ócio, sem atrair atenções, não passe totalmente despercebido.

03. Em segundo lugar, aqueles cuja escolha é livre desde o início irão deliberar sobre essa questão: se eles querem ou não passar a vida em obscuridade. No seu caso, não há uma livre escolha. Sua habilidade e energia o empurraram para os negócios do mundo, assim temos o encanto de seus escritos e as amizades que você fez com homens famosos e notáveis. A fama já o conquistou. Você pode cair nas profundezas da obscuridade e se esconder completamente, contudo seus atos anteriores o revelarão.

04. Você não pode manter-se à espreita no escuro, muito do brilho anterior lhe seguirá aonde quer que vá. Você poderá, contudo, reivindicar para si mesmo a desejada paz sem ser detestado por ninguém, sem qualquer sensação de perda e sem dores da alma ou remorso. Por que você deixaria para trás algo que pode imaginar-se relutante em abandonar? Seus clientes? Mas nenhum desses homens o corteja por você mesmo, eles meramente cortejam algo de você. As pessoas costumavam caçar amigos, mas agora elas caçam o dinheiro; se um velho solitário muda seu testamento, o visitante assíduo se transfere para outra porta. Grandes coisas não podem ser compradas por pequenas somas, por isso considere se é preferível desistir do seu próprio verdadeiro eu, ou apenas de alguns de seus pertences.

05. Que você tivesse o privilégio de envelhecer em meio às circunstâncias limitadas de sua origem e que sua Fortuna não o tivesse elevado a tais alturas! Você foi afastado da oportunidade da vida saudável por sua rápida ascensão à prosperidade, pela sua província, pelo seu cargo de procurador[77] e por tudo o que tais coisas prometem. Em seguida, você vai adquirir responsabilidades mais importantes e depois delas, ainda mais. E qual será o resultado?

06. Por que esperar até que não haja nada para você desejar? Esse tempo nunca chegará. Nós sustentamos que há uma sucessão de causas, das quais o destino é tecido. Da mesma forma, você pode ter certeza, há uma sucessão em nossos desejos, pois cada um começa onde seu antecessor termina. Você foi empurrado para uma existência que nunca, por si só, porá fim a sua miséria e sua escravidão. Retire seu pescoço cansado do jugo; é melhor tê-lo cortado de uma vez por todas do que escoriado eternamente.

07. Se você se mantiver em privacidade, tudo estará em menor escala, mas você ficará abundantemente satisfeito; na sua condição atual, no entanto, não há satisfação na abundância que é jogada em cima de você por todos os lados. Você prefere ser pobre e saciado ou rico e faminto? A prosperidade não é apenas gananciosa, mas também é exposta à ganância dos outros. E desde que nada o satisfaça, você mesmo não pode satisfazer os outros.

08. "Mas", você diz, "como posso me retirar?". De qualquer maneira que lhe agrade. Reflita quantos riscos você correu por causa do dinheiro e quanto trabalho você empreendeu para um título! Você deve ousar algo para ganhar tempo livre também – ou então envelhecerá em meio às preocupações de atribuições no exterior e, posteriormente, a deveres cívicos em seu país, vivendo em agitação e em inundações de novas responsabilidades, que ninguém jamais conseguiu evitar por discrição ou por reclusão. Qual a influência no caso tem seu desejo pessoal de uma vida isolada? Sua posição no mundo deseja o oposto! E se, ainda agora, você permitir que essa posição cresça mais? Tudo o que for adicionado aos seus sucessos será adicionado aos seus medos e preocupações.

09. Neste ponto, gostaria de citar uma frase de Mecenas, que falou a verdade quando em seu auge: "É a própria altitude que fulmina os picos!" Se você me perguntar em que livro essas palavras são encontradas, elas ocorrem no volume intitulado Prometeu.[78] Ele simplesmente queria dizer que esses altos picos têm seus cumes rodeados de trovoadas. Mas será que qualquer poder vale tão alto preço que um homem como você jamais conseguiria, para obtê-lo, adotar um estilo tão pervertido? Mecenas era de fato um homem de recursos, que teria deixado um grande exemplo para o oratório romano seguir se sua boa fortuna não o tivesse tornado afeminado; não, se não o tivesse emasculado! Um fim como o dele também o espera, a não ser que você baixe imediatamente as velas e, diferentemente de Mecenas, esteja disposto a aproximar-se da costa! Mecenas só o fez tarde demais...

10. Este texto de Mecenas poderia ter quitado minha dívida com você, mas tenho certeza, conhecendo-lhe, de que obterá uma penhora contra mim e que não estará disposto a aceitar o pagamento da minha dívida em moeda tão grosseira e vil. Seja como for, devo recorrer ao relato de Epicuro. Ele diz: "Você deve refletir cuidadosamente com quem deve comer e beber, em vez do que você deve comer e beber, pois um jantar de carnes sem a companhia de um amigo é como a vida de um leão ou um lobo".[79]

11. Este privilégio não será seu a menos que você se afaste do mundo, caso contrário, você terá como convidados apenas aqueles que seu secretário selecionar na multidão de peticionários. No entanto, é um erro escolher o seu amigo no salão de recepção ou testá-lo na mesa de jantar. O infortúnio mais grave para um homem ocupado que é dominado por suas posses é quando ele acredita que os homens são seus amigos mesmo que ele próprio não seja um amigo para estes e que ele considere seus favores eficazes na conquista de amigos. Certos homens, quanto mais

devem, mais odeiam. Uma dívida insignificante torna um homem seu devedor, uma grande faz dele um inimigo.

12. "O quê?", você diz, "Bondades não estabelecem amizades?". Elas as estabelecem se tiverem o privilégio de escolher aqueles que devam recebê-las e se forem colocadas judiciosamente, em vez de serem espalhadas ao acaso. Portanto, enquanto você está começando a criar uma mente própria, aplique esta máxima do sábio: considere que é muito mais importante a pessoa beneficiada do que o montante do benefício!

Mantenha-se Forte. Mantenha-se Bem.

XX.
SOBRE PRATICAR O QUE SE PREGA

Saudações de Sêneca a Lucílio.

01. Se você está em boa saúde e se você se considera digno de finalmente se tornar seu próprio mestre, estou contente. Pois será minha a glória se eu puder salvá-lo das inundações de golpes sem esperança de fim. Porém, meu caro Lucílio, peço e suplico, por sua parte, que deixe a sabedoria penetrar em sua alma e teste seu progresso, não por mero discurso ou escrita, mas por força de coração e redução do desejo. Prove suas palavras por suas ações.

02. Diferente do propósito daqueles que discursam e tentam ganhar a aprovação de uma multidão de ouvintes, é o propósito daqueles que seduzem os ouvidos dos jovens e dos ociosos por meio de argumentação fluente. A filosofia nos ensina a agir, não a falar; exige de cada homem que viva de acordo com o próprio padrão, que a sua vida não esteja em desacordo com as suas palavras e que, além disso, sua vida interior não seja destoante, mas em harmonia com todas as suas atividades. Isto, eu digo, é o mais alto dever e a mais alta prova de sabedoria, que ações e palavras estejam em acordo, que um homem deva ser sempre o mesmo sob todas as condições. "Mas," você responde, "quem pode manter esse nível?". Muito poucos, com certeza, mas há alguns. É de fato um empreendimento árduo e não digo que o filósofo possa sempre manter o mesmo ritmo. Mas ele sempre pode seguir o mesmo caminho.

03. Observe-se, então, e veja se suas vestes e sua casa são inconsistentes, se você se trata generosamente, mas sua família mal, se você come frugalmente, mas ainda constrói casas luxuosas. Você deve aplicar, de uma vez por todas, um único padrão de vida e deve regular toda a sua vida de acordo com esse padrão. Alguns homens se restringem em casa, mas andam empertigados diante do público. Tal discordância é uma falha e indica uma mente vacilante que ainda não pode manter seu equilíbrio.

04. E eu posso dizer-lhe, ainda, de onde surge essa instabilidade e esse desacordo de ação e propósito: é porque nenhum homem decide o que deseja, e mesmo que o tenha feito, não persiste nisso, desiste, não só vacila, mas volta para a conduta que abandonou e repudiou.

05. Portanto, omitindo as antigas definições de sabedoria e incluindo todo o modo de vida humana, posso ficar satisfeito com o seguinte: "O que é sabedoria? Sempre desejar as mesmas coisas e sempre recusar as mesmas coisas".[80] Você pode acrescentar uma pequena condição, que o que se deseja, seja o certo, já que nenhum homem pode sempre estar satisfeito com a mesma coisa, a menos que esta seja a coisa certa.

06. Por isso os homens não sabem o que desejam, a não ser no momento em que desejam; nenhum homem decidiu de uma vez por todas desejar ou recusar. O julgamento varia de dia para dia e muda para o oposto, fazendo com que muitos homens passem a vida em uma espécie de jogo. Prossiga, portanto, como você começou; talvez você seja levado à perfeição, ou a um ponto no qual só você considere aquém da perfeição.

07. "Mas o que," você diz, "se tornará a minha casa cheia de gente sem uma renda?". Se você parar de apoiar essa gente, ela se sustentará, ou talvez vá aprender graças à pobreza o que não pode aprender por conta própria. A pobreza manterá com você seus amigos verdadeiros e provados, você será livrado dos homens que não o procuraram por você mesmo, mas por algo que você tem. Não é certo, no entanto, que você ame a pobreza, ainda que apenas por essa única razão, para mostrar por quem você é amado? Ou quando chegará esse ponto, quando ninguém disser mentiras para congratulá-lo!

08. Assim, deixe que seus pensamentos, seus esforços, seus desejos, ajudem a torná-lo satisfeito com seu próprio eu e com os bens que brotam de si mesmo e empenhe todas as orações à divindade! Que felicidade poderia se aproximar de você? Traga-se a uma posição humilde, da qual você não pode ser expulso e na qual possa estar com maior espontaneidade, a contribuição contida nesta carta irá se referir a esse assunto; eu a concederei imediatamente.

09. Embora você possa olhar com desconfiança, Epicuro, mais uma vez, ficará contente em liquidar meu endividamento: "Acredite! Suas palavras serão mais imponentes se você dormir em uma cama estreita e usar trapos, pois nesse caso você não estará simplesmente dizendo, você estará demonstrando sua verdade."[81] De qualquer modo, escuto com um espírito diferente as palavras de nosso amigo Demétrio, depois que o vi recostado sem sequer um manto para cobri-lo, e, mais do que isso, sem tapetes para deitar. Ele não é apenas um mestre da verdade, mas uma testemunha da verdade.

10. "Não pode um homem, no entanto, desprezar a riqueza quando ela está em seu próprio bolso?" Claro, também é de grande alma, quem vê riquezas amontoadas em torno de si e, depois de se perguntar longa e profundamente porque elas chegaram em sua posse, sorri e vê, em vez de sentir, que elas são suas. Significa muito não ser estragado pela intimidade com as riquezas e é verdadeiramente grande quem é pobre em meio às riquezas.

11. "Sim, mas eu não sei", vem a objeção, "como o homem de quem você fala sofrerá a pobreza, se cair nela de repente?". Nem eu, Epicuro, sei se o pobre de quem você fala vai desprezar as riquezas, se a pobreza, de repente, chegar a ele; portanto, no caso de ambos, é a mente que deve ser avaliada e devemos investigar se o seu homem está satisfeito com a sua pobreza e se o meu homem está descontente com suas riquezas. A cama estreita e os trapos são uma prova fraca de suas boas intenções se não for deixado claro que a pessoa referida sofre essas provações não por necessidade, mas por escolha.

12. É, contudo, a marca de um espírito nobre não se precipitar em tais coisas por serem melhores, mas pô-las em prática, porque são desse modo fáceis de suportar. E são fáceis de suportar, Lucílio. Quando, no entanto, você chegar a elas depois de uma longa prova, elas são ainda agradáveis, pois contêm uma sensação de liberdade, sem a qual nada é agradável.

13. Considero, conforme já lhe disse em outra carta,[82] essencial fazer o que os grandes homens fazem com frequência: reservar alguns dias para nos prepararmos para a pobreza real por meio da pobreza simulada. Há mais razão para fazer isso, porque estamos impregnados de luxo e consideramos todos os deveres árduos e onerosos. Em vez disso, deixe a alma ser despertada de seu sono, ser estimulada e ser lembrada de que a natureza prescreveu muito pouco para nós. Nenhum homem nasce rico. Todo homem, quando vê pela primeira vez a luz, é condenado a se contentar com leite e trapos. Tal é o nosso começo e ainda assim chegamos a pensar que os reinos todos são muito pequenos para nós![83]

Mantenha-se Forte. Mantenha-se Bem.

XXI.
SOBRE O RECONHECIMENTO QUE MEUS ESCRITOS LHE TRARÃO

Saudações de Sêneca a Lucílio.

01. Você conclui que está tendo dificuldades com aqueles homens sobre quem me escreveu? Sua maior dificuldade é com você mesmo, pois você é seu próprio obstáculo. Você não sabe o que quer. Você é melhor em escolher o curso correto do que em segui-lo. Você vê onde está a verdadeira felicidade, mas não tem coragem de alcançá-la. Deixe-me dizer-lhe o que o impede, visto que não o percebe.

02. Você acha que este cargo, que deseja abandonar, é de importância, e depois de decidir por aquele estado ideal de calma que espera atingir, você é retido pelo brilho de sua vida presente, a qual tem intenção de abandonar, como se estivesse prestes a cair em um estado de trevas e imoralidade. Isso é um erro, Lucílio. Passar de sua vida presente para outra é uma promoção. Há a mesma diferença entre essas duas vidas, como existe entre o mero reflexo e a luz real: a última tem uma fonte definida dentro de si, a outra toma seu brilho emprestado; a primeira é suscitada por uma claridade que vem do exterior e qualquer um que se coloque entre a fonte e o objeto transforma imediatamente este último em uma densa sombra, mas a outra tem um brilho que vem de dentro. São seus próprios estudos que o farão brilhar e o tornarão eminente, permita-me mencionar o caso de Epicuro.

03. Ele estava escrevendo a Idomeneu[84] e tentando levá-lo de uma existência exibicionista para uma reputação segura e firme. Idomeneu era naquele tempo um ministro do Estado que exercia uma autoridade severa e tinha assuntos importantes à mão. "Se", disse Epicuro, "você é atraído pela fama, minhas cartas o farão mais famoso do que todas as coisas que você estima e que o fazem estimado."[85]

04. Epicuro falou perfidamente? Quem hoje conheceria Idomeneu, se não tivesse o filósofo gravado seu nome nessas suas cartas? Todos os grandes senhores e sátrapas,[86] até mesmo o próprio rei, que foi peticionado pelo cargo que Idomeneu procurava, estão imersos em profundo esquecimento. As cartas de Cícero evitaram o perecimento do nome de Ático.[87] De nada teria aproveitado Ático ter Agripa como genro, Tibério como marido de sua neta e um Druso César como bisneto. Mesmo estando rodeado desses poderosos nomes, nunca se falaria seu nome se Cícero não o tivesse associado a si mesmo.

05. A força inexpugnável do tempo rolará sobre nós, alguns poucos grandes homens elevarão suas cabeças acima dela e, embora destinados derradeiramente aos mesmos reinos do silêncio, batalharão contra o esquecimento e manterão seu terreno por muito tempo. O que Epicuro podia prometer a seu amigo, o mesmo lhe prometo, Lucílio. Eu encontrarei benevolência entre gerações posteriores, posso levar comigo nomes que durarão tanto quanto o meu. Nosso poeta Virgílio prometeu um nome eterno a dois heróis e está mantendo sua promessa:

> Bem-aventurado par de heróis!
> Se minha canção tem poder,
> O registro de seus nomes
> nunca será apagado
> do livro do Tempo,
> enquanto ainda
> A tribo de Eneias
> mantiver o Capitólio,
> Aquela rocha impassível
> e a majestade Romana,
> O império se manterá.

> Fortunati ambo! Siquid
> mea carmina possunt,
> Nulla dies umquam
> memori vos eximet aevo,
> Dum domus Aeneae
> Capitoli immobile saxum
> Accolet imperiumque
> pater Romanus habebit.[88]

06. Sempre que os homens são empurrados para a frente pela Fortuna, sempre que eles se tornam parte integrante da influência de outrem, sempre que eles encontram abundante favor, suas casas são providas apenas enquanto eles próprios mantêm sua posição; quando eles a deixam, eles desaparecem imediatamente da memória dos homens. Mas no caso da habilidade inata, o respeito por ele aumenta e não só a honra se acumula no próprio homem, mas em todos que o têm ligado a sua memória.

07. A fim de que Idomeneu não seja introduzido gratuitamente na minha carta, ele deve compensar o endividamento de sua própria conta. Foi a ele quem Epicuro dirigiu o conhecido ditado que o incitava a enriquecer Pítocles, mas não rico do jeito vulgar e equivocado. "Se você quiser enriquecer Pítocles", disse ele, "não adicione dinheiro, mas subtraia seus desejos."[89]

08. Esta ideia é muito clara para necessitar maior explicação e muito inteligente para precisar de reforço. No entanto, há um ponto sobre o qual eu gostaria de alertá-lo: não considere que esta afirmação se aplica apenas às riquezas, seu valor será o mesmo, não importa como você a aplique. "Se você quiser fazer Pítocles honroso, não adicione às suas honras, mas subtraia de seus desejos"; "Se você desejar que Pítocles tenha prazer para sempre, não adicione a seus prazeres, mas subtraia de seus desejos"; "Se você deseja fazer Pítocles um homem velho, enchendo sua vida ao máximo, não adicione a seus anos, mas subtraia de seus desejos."

09. Não há razão para que você considere que essas palavras pertencem somente a Epicuro, elas são propriedade pública. Penso que devemos fazer em filosofia como costumam fazer no Senado: quando alguém faz uma moção da qual eu aprovo até certo ponto, peço-lhe que faça sua moção em duas partes e eu voto pela parte que eu aprovo. Assim, fico ainda mais contente de repetir as ilustres palavras de Epicuro, para que eu possa provar àqueles que recorrem a ele por um mau motivo, pensando que terão uma tela para seus próprios vícios, que devem viver honrosamente, não importa qual escola sigam.

10. Vá ao pequeno jardim de Epicuro e leia o lema esculpido lá:

Estranho, aqui você fará bem em se demorar, aqui nosso bem mais elevado é o prazer.	Hospes, hic bene manebis, hic summum bonum voluptas est.

O zelador daquela morada, amável anfitrião, estará pronto para você, ele o receberá com farinha de cevada e também servirá água em abundância, com estas palavras: "Você não está bem entretido? Este jardim", diz ele, "não aguça o apetite, ele o apaga, nem o deixa mais sedento com cada gole, ele abranda a sede por um remédio natural, um remédio que não exige nenhuma recompensa. Este é o 'prazer' em que eu tenho envelhecido".

11. Ao falar com você, no entanto, eu me refiro a esses desejos que recusam alívio, que carecem de suborno para cessar. Pois em relação aos desejos excepcionais, que podem ser adiados, que podem ser corrigidos e controlados, eu tenho este pensamento para compartilhar com você: um prazer desse tipo é natural, mas não é necessário; não lhe devemos nada, tudo o que é gasto com ele é uma prenda gratuita. A barriga não ouve conselhos, faz exigências, importuna. E mesmo assim, não é uma credora problemática, você pode despachá-la a pequeno custo, desde que somente você lhe dê o que deve, não meramente tudo que poderia dar.

Mantenha-se Forte. Mantenha-se Bem.

XXII.
SOBRE A FUTILIDADE DE MEIAS MEDIDAS

Saudações de Sêneca a Lucílio.

01. Você já entendeu, a este ponto, que deve retirar-se daquelas buscas exibicionistas e ilusórias. Mas você ainda deseja saber como isso pode ser realizado. Há certas coisas que só podem ser apontadas por alguém que está presente. O médico não pode receitar por carta o tempo adequado para comer ou tomar banho, ele deve sentir o pulso. Há um velho ditado sobre gladiadores, que eles planejam sua luta no ringue à medida que observam atentamente algo no olhar do adversário, algum movimento de sua mão, até mesmo algum detalhe de seu corpo passa uma dica.

02. Podemos formular regras gerais e colocá-las por escrito, quanto ao que geralmente é feito ou deveria ser feito, tal conselho pode ser dado, não somente a nossos amigos ausentes, mas também às gerações seguintes, à posteridade.[90] No que diz respeito, no entanto, a esta segunda questão, quando ou como o seu plano deve ser realizado, ninguém vai aconselhar a distância, temos de nos aconselhar na presença da situação real.

03. Você deve estar não somente presente em corpo, mas vigilante na mente, se você quiser aproveitar de oportunidade fugaz. Consequentemente, olhe ao redor por uma oportunidade, se você a vê, agarre-a e com toda sua energia e toda sua força dedique-se a esta tarefa: livrar-se daqueles outros afazeres. Agora ouça atentamente o alvitre que vou oferecer: é minha opinião que você deve retirar-se desse tipo de existência ou então da existência completamente. Mas eu também defendo que você deva tomar um caminho suave, para que você possa desatar, em vez de cortar o nó que você tem se empenhado tanto em amarrar; apenas se não houver outra maneira de soltá-lo, então poderá cortá-lo. Nenhum homem é tão covarde que prefira pendurar-se em suspenso para sempre do que soltar-se de uma vez por todas.

04. Enquanto isso, e isso é de primeira importância, não se prejudique, esteja satisfeito com o negócio ao qual você se dedicou ou, como prefere que as pessoas pensem, o negócio que lhe foi imposto. Não há nenhuma razão pela qual você deva estar lutando por mais tarefas, se o fizer, perderá toda a credibilidade e os homens verão que não foi uma imposição. A explicação usual que os homens oferecem é errada: "Eu fui compelido a fazê-lo, suponho que era contra minha vontade, eu tinha que fazê-lo". Mas ninguém é obrigado a perseguir a prosperidade à velocidade máxima. Uma parada tem seu significado, mesmo que esta não ofereça resistência, em vez de pedir ansiosamente por mais favores da Fortuna.

05. Você deveria me expulsar, se eu não só o aconselhasse, mas também não chamasse outros para aconselhá-lo; e cabeças mais sábias do que as minhas, homens diante dos quais eu vou colocar qualquer problema sobre o qual estou ponderando. Leia a carta de Epicuro sobre esta matéria, é dirigida a Idomeneu. Epicuro pede que se apresse o máximo que puder, a bater em retirada antes que alguma influência mais forte se apresente e retire dele a liberdade de fugir.[91]

06. Mas ele também acrescenta que ninguém deve tentar nada, exceto no momento em que possa ser feito de forma adequada e oportuna. Então, quando a ocasião procurada chegar, esteja pronto. Epicuro nos proíbe de cochilar quando estamos planejando fugir, ele nos oferece a esperança de uma liberação das provações mais duras, desde que não tenhamos pressa demais antes do tempo, nem que sejamos muito lentos quando chegar o momento.

07. Agora, eu suponho, você também está procurando a posição dos estoicos. Não há realmente nenhuma razão pela qual alguém deva criticar essa escola para você em razão de sua dureza; de fato, sua prudência é maior do que sua coragem. Talvez você esteja esperando que a escola diga palavras como estas: "É vil recuar diante de uma tarefa. Lute pelas obrigações que você uma vez aceitou. Nenhum homem é corajoso e sério se ele evita o perigo, seu espírito se fortalece com a própria dificuldade de sua incumbência".

08. Ser-lhe-ão faladas palavras como estas, se a sua perseverança tiver um objetivo que valha a pena, se você não tiver que fazer ou sofrer algo indigno de um bom homem. Além disso, um bom homem não se desperdiçará com o trabalho desprezível e desacreditado, nem estará ocupado apenas por estar ocupado. Nem ele, como você imagina, se tornará tão envolvido em esquemas ambiciosos que terá que suportar continuamente o seu fluxo e refluxo. Não, quando ele vê os perigos, incertezas e riscos em que foi anteriormente jogado, ele vai se retirar, não virando as costas para o inimigo, mas retrocedendo pouco a pouco para uma posição segura.

09. Dos negócios, no entanto, meu caro Lucílio, é fácil escapar, basta você desprezar suas recompensas. Nós somos retidos e impedidos de escapar por pensamentos como estes: "O que, então? Deixarei para trás estas grandes oportunidades? Devo partir no momento da colheita? Não terei escravos ao meu lado? Nenhum empregado para minha prole? Nenhuma multidão de clientes na minha recepção nem escolta para a minha liteira?" Assim, os homens deixam tais vantagens com relutância, eles amam a recompensa de suas dificuldades, mas amaldiçoam as dificuldades em si.

10. Os homens se queixam de suas ambições da mesma forma que se queixam de suas amantes, em outras palavras, se você penetrar seus sentimentos reais, você vai encontrar, não ódio, mas uma passageira implicância. Procure na mente daqueles que lamentam o que já desejaram, que falam em fugir de coisas que não podem deixar de ter, você vai compreender que eles estão se demorando por vontade própria em uma situação que eles declaram achar difícil e miserável de suportar.

11. É assim, meu caro Lucílio; existem alguns homens que a escravidão mantém presos, mas há muitos mais que se apegam à escravidão. Se, no entanto, você pretende se livrar dessa escravidão, se a liberdade é genuinamente agradável aos seus olhos e se você procurar apoio para este propósito único, que você possa ter a Fortuna de realizar este propósito sem perpétua irritação. Como pode toda a escola de pensadores estoicos não aprovar a sua conduta? Zenão, Crisipo e todos de seu grupo dar-lhe-ão conselho que é moderado, honrável e apropriado ao culto do próprio bem.

12. Mas se você se virar e olhar ao redor a fim de ver o quanto pode levar com você e quanto dinheiro você pode manter para equipar-se para a vida de ócio, você nunca vai encontrar uma saída. Nenhum homem pode nadar até a terra e levar sua bagagem com ele. Ascenda-se a uma vida superior, com a benevolência dos deuses, mas que não seja benevolência do tipo que os deuses dão aos homens quando, com rostos gentis e

amáveis, outorgam males magníficos, justificando que coisas que irritam e torturam sejam concedidas em resposta às orações.

13. Eu estava colocando o selo nesta carta, mas deve ser aberta outra vez, a fim de que possa entregar a você a contribuição usual, levando com ela alguma palavra nobre. E há uma coisa que me ocorre, eu não sei o que é maior, sua verdade ou sua nobreza de enunciação. "Falado por quem?", você pergunta. Por Epicuro, pois ainda estou me apropriando dos pertences de outros homens.

14. As palavras são: "Não há ninguém que não abandone esta vida como se tivesse acabado de nela entrar."[92] Tome alguém de sua relação, jovem, velho ou de meia-idade, você verá que todos têm igualmente medo da morte e são igualmente ignorantes sobre a vida. Ninguém tem nada terminado, porque mantivemos adiando para o futuro todos os nossos empreendimentos. Nenhum pensamento na citação dada acima me agrada mais do que isso, que insulta velhos como sendo infantis.

15. "Ninguém", diz ele, "deixa este mundo de maneira diferente daquele que acaba de nascer." Isso não é verdade, porque somos piores quando morremos do que quando nascemos, mas é nossa culpa e não da natureza. A natureza deveria repreender-nos, dizendo: "O que é isso? Eu lhe trouxe ao mundo sem desejos ou medos, livre da superstição, da traição e das outras maldições, sem qualquer outro vício da mesma natureza. Saiam como eram quando entraram!"

16. Um homem capturou a mensagem da sabedoria se ele puder morrer despreocupado como era ao nascer, mas a realidade é que estamos todos tremulantes na aproximação do temido final. Nossa coragem nos falha, nossas bochechas empalidecem, nossas lágrimas caem, embora sejam inúteis. Mas o que é mais vil do que se angustiar no próprio limiar da paz eterna?

17. A razão, entretanto, é que somos despojados de todos os nossos bens, abandonamos a carga de nossa vida e estamos em perigo, pois nenhuma parte dela foi acondicionada no porão, tudo foi lançado ao mar e se afastou. Os homens não se importam quão nobremente vivem, mas só por quanto tempo, embora esteja ao alcance de cada homem viver nobremente, enquanto é impossível a qualquer homem viver por muito tempo.

Mantenha-se Forte. Mantenha-se Bem.

XXIII.
SOBRE A VERDADEIRA ALEGRIA QUE VEM DA FILOSOFIA

Saudações de Sêneca a Lucílio.

01. Você acha que eu vou escrever-lhe como a temporada de inverno tem nos tratado com gentileza, que aliás foi uma estação curta e suave, ou que primavera desagradável estamos tendo, tempo frio fora de época, e todas as outras trivialidades que as pessoas escrevem quando estão sem assunto? Não; vou transmitir algo que pode ajudar tanto a você como a mim. E o que deve ser esse "algo", senão uma exortação à solidez da mente? Você pergunta qual é o fundamento de uma mente sã? É não encontrar satisfação em coisas inúteis. Eu disse que era o fundamento, é realmente o pináculo.

02. Chegamos às alturas quando sabemos o que é que nos alegra e quando não colocamos nossa felicidade sob controle externo. O homem que é incitado pela esperança de qualquer coisa, embora a tenha ao alcance, embora a tenha em fácil acesso e embora suas ambições nunca o tenham enganado, é perturbado e inseguro de si mesmo.

03. Acima de tudo, meu caro Lucílio, faça deste seu negócio: aprenda a sentir alegria. Você acha que agora estou roubando-lhe muitos prazeres quando eu tento acabar com os presentes da Fortuna, quando eu aconselho a evitar a esperança, a coisa mais doce que alegra nossos corações? Pelo contrário, eu não desejo nunca que você seja privado de alegria. Eu a teria inata em sua casa e ela nascerá lá apenas se estiver dentro de você. Outros objetos de conforto não enchem o peito de um homem, eles apenas suavizam a testa e são inconstantes, a menos que você acredite que aquele que ri tem alegria. A própria alma deve ser feliz e confiante, elevada acima de todas as circunstâncias.

04. Alegria real, acredite, é uma questão muito séria. Pode alguém, você acha, menosprezar a morte com um semblante despreocupado ou com uma expressão jovial e alegre, como nossos jovens janotas estão acostumados a dizer? Ou então, pode abrir a porta para a pobreza ou restringir seus prazeres ou contemplar a tolerância da dor? Aquele que pondera essas coisas em seu coração está realmente cheio de alegria, mas não é uma alegria bem disposta. É apenas essa alegria, porém, da qual eu gostaria que você se tornasse o dono, pois nunca o deixará na mão quando encontrar sua fonte.

05. O rendimento das minas medíocres fica na superfície; naquelas que são realmente ricas, as veias emboscam-se profundamente e elas trarão retornos mais generosos para aquele que mergulha continuamente. Assim também são bugigangas que deleitam a multidão comum, pois proporcionam apenas um prazer superficial, colocado somente como um revestimento, sendo este como uma alegria banhada, a qual falta base real. Mas a alegria de que falo, aquela a que estou me esforçando para conduzi-lo, é algo sólido, revelando-se mais plenamente à medida que você nela penetra.

06. Portanto, peço-lhe, meu querido Lucílio, faça a única coisa que pode tornar-lhe realmente feliz: despreze todas as coisas que brilham exteriormente e que são oferecidas a você ou a qualquer outro, olhe para o verdadeiro bem e alegre-se apenas naquilo que vem de seu depósito. E o que quero dizer com "seu depósito"? Eu quero dizer de seu próprio eu, que é a melhor parte de você. O corpo frágil também, embora não consigamos fazer nada sem ele, deve ser considerado apenas necessário e não tão importante. Ele nos envolve em prazeres fúteis, de curta duração, logo a serem lamentados. A menos que sejamos ajuizados por um extremo autocontrole, tais prazeres serão transformados em antagônicos. Isto é o que quero dizer: o prazer, a menos que tenha sido mantido dentro dos limites, tende a nos precipitar no abismo da tristeza. Mas é difícil manter limites dentro daquilo que você acredita ser bom. O verdadeiro bem pode ser cobiçado com segurança.

07. Você me pergunta qual é o verdadeiro bem e de onde ele deriva. Digo-o: vem de uma boa consciência, de propósitos honrosos, de ações corretas, de desprezo pelos presentes da Fortuna, de um modo de vida equilibrado e tranquilo que trilha apenas um caminho. Para os homens que saltam de um propósito para outro, ou sequer saltam, mas são carregados por uma espécie de aventura, como podem essas pessoas vacilantes e instáveis possuir qualquer bem que é fixo e duradouro?

08. Existem poucos que controlam a si mesmos e seus negócios por um propósito direcionado. O restante não prossegue, eles são simplesmente varridos, como objetos flutuando em um rio. E desses objetos, alguns são retidos por águas lentas e são transportados suavemente, outros são despedaçados por uma corrente mais violenta, alguns, que estão mais próximos da margem, são deixados lá onde a correnteza afrouxa e outros são levados para o mar pelo avanço da correnteza. Portanto, devemos decidir o que desejamos e manter-nos firmes nesse propósito.

09. Agora é a hora de pagar minha dívida. Eu posso dar-lhe um provérbio de seu amigo Epicuro e assim livrar esta carta de sua obrigação. "É lamentável estar-se perpetuamente começando a vida."[93] Ou outra, que talvez expressará melhor o significado: "Vivem mal aqueles que estão sempre começando a viver".

10. Você está certo em perguntar por quê. O ditado certamente precisa de um comentário. O que se passa é que a vida de tais pessoas é sempre incompleta. Mas um homem não pode estar preparado para a aproximação da morte se ele acaba de começar a viver. Precisamos tornar nosso objetivo já ter vivido o suficiente. Ninguém pensa que tenha feito isso, se está sempre na etapa de planejar sua vida.

11. Você não precisa pensar que há poucos desse tipo, praticamente todos são de tal cunho. Alguns homens, na verdade, só começam a viver quando é hora de deixarem de viver. E se isso lhe parece surpreendente, acrescento o que mais o surpreenderá: alguns homens deixaram de viver antes mesmo de terem começado.

Mantenha-se Forte. Mantenha-se Bem.

XXIV.
SOBRE O DESPREZO PELA MORTE

Saudações de Sêneca a Lucílio.

01. Você me escreve que está ansioso pelo resultado de um processo judicial, com o qual um oponente colérico o está ameaçando, e você espera que eu o aconselhe a vislumbrar um desenlace feliz e a descansar em meio aos encantos da esperança lisonjeira. Por que seria necessário conjurar problemas, que devem ser resolvidos de uma vez tão logo cheguem, ou antecipar problemas e arruinar o presente por medo do futuro? É realmente tolo ser infeliz agora, porque talvez possa vir a ser infeliz em algum tempo futuro.

02. Mas conduzi-lo-ei à paz de espírito por uma outra rota: se você quer desencorajar toda a preocupação, suponha que o que você teme que pode acontecer certamente acontecerá, qualquer que seja o problema, então meça-o em sua própria mente e estime a quantidade de seu medo. Você compreenderá assim que o que teme é insignificante ou de curta duração.

03. E você não precisa gastar muito tempo em coletar ilustrações que o fortalecerão, cada época as produziu com abundância. Deixe seus pensamentos viajarem em qualquer época da história romana ou estrangeira e haverá múltiplos exemplos notáveis de feitos heroicos ou de intensa serenidade filosófica. Se perder este julgamento, pode acontecer algo mais grave do que você ser enviado ao exílio ou levado à prisão? Existe um pior destino que qualquer homem possa temer do que ser torturado pelo fogo ou sofrer uma morte violenta? Nomeie essas punições uma a uma e mencione os homens que as desprezaram, não é preciso sair à caça deles, é simplesmente uma questão de listá-los.

04. A sentença de condenação foi suportada por Rutílio[94] como se a injustiça da decisão fosse a única coisa que o aborrecesse. O exílio foi suportado por Metelo[95] com coragem, por Rutílio até mesmo com alegria, pois o primeiro só consentiu em voltar a Roma porque seu país o chamava, este se recusou a voltar quando Sula o convocou e ninguém naqueles dias ousava dizer não a Sula! Sócrates na prisão discursou e recusou-se a fugir quando certas pessoas lhe deram a oportunidade. Ele permaneceu lá, a fim de libertar a humanidade do medo das duas coisas mais graves: a morte e a prisão.

05. Múcio[96] colocou a mão no fogo. É doloroso ser queimado, mas quão mais doloroso é infligir tal sofrimento a si mesmo! Aqui estava um homem sem instrução filosófica, não preparado para enfrentar a morte e a dor por qualquer palavra de sabedoria e, equipado apenas com a coragem de um soldado, se puniu por sua ousadia infrutífera. Ele ficou de pé e observou a própria mão direita caindo aos poucos sobre o braseiro do inimigo, nem retirou o membro dissolvente, com os seus ossos descobertos, até que seu inimigo removeu o fogo. Ele poderia ter conseguido algo mais bem-sucedido naquela batalha, mas nunca algo mais corajoso. Veja quão mais corajoso é um homem valente ao se assenhorar do perigo do que um homem cruel é para infligi-lo: Porsena estava mais pronto para perdoar Múcio por querer matá-lo do que Múcio para se perdoar por não ter matado Porsena!

06. "Oh", diz você, "essas histórias foram repetidas à exaustão em todas as escolas, muito em breve, quando você chegar ao tema 'Desprezo pela Morte', você vai me falar sobre Catão." Mas por que não lhe contar sobre Catão, como ele leu o livro de Platão naquela última noite gloriosa, com uma espada pousada sob o travesseiro? Ele tinha provido essas duas condições para seus últimos momentos, primeiro, que ele poderia ter a vontade de morrer, e segundo, que ele poderia ter os meios. Então ele regularizou seus negócios, assim como se pode ordenar o que está arruinado e perto de seu fim e pensou que deveria fazer para que ninguém tivesse o poder de matá-lo ou a possibilidade de salvá-lo.

07. Desembainhando a espada, que tinha mantido sem mancha mesmo após todo derramamento de sangue, ele gritou: "Fortuna, você não conseguiu nada resistindo a todos meus esforços. Eu tenho lutado até agora pela liberdade do meu país e não por mim mesmo, não me esforcei tão obstinadamente para ser livre, mas apenas para viver entre os livres.

Agora, já que os assuntos da humanidade estão além da esperança, que Catão seja retirado para a segurança".

08. Assim dizendo, ele infligiu uma ferida mortal sobre seu corpo. Depois que os médicos o cauterizaram, Catão tinha menos sangue e menos forças, mas não menos coragem, enfurecido agora não só contra César, mas também consigo mesmo, reuniu suas mãos desarmadas contra sua ferida e expulsou, em vez de liberar, aquela nobre alma que tinha sido tão desafiadora de todo poder mundano.

09. Eu não estou agora a amontoar essas ilustrações com o propósito de exercitar seu espírito, mas com o propósito de encorajá-lo a enfrentar o que é considerado ser o mais terrível. E vou encorajá-lo com mais facilidade, mostrando que não só homens resolutos desprezaram aquele momento em que a alma expira por último, mas que certas pessoas, que eram covardes em outros aspectos, se igualaram à coragem dos mais corajosos. Tomemos, por exemplo, Cipião,[97] o sogro de Cneu Pompeu:[98] ele foi atirado sobre a costa africana por um vento de proa e viu seu navio no poder do inimigo. Ele, portanto, perfurou seu corpo com uma espada, e quando perguntaram onde estava o comandante, ele respondeu: "Tudo está bem com o comandante." (*Imperator se bene habet.*)

10. Essas palavras o elevaram ao nível de seus antepassados e não macularam a glória que o destino deu aos Cipiões na África. Foi uma grande ação conquistar Cartago, mas uma ação maior vencer a morte. "Tudo está bem com o comandante!" Que forma de morrer haveria mais digna de um general e, especialmente, de um general das tropas de Catão?

11. Não remetê-lo-ei à história nem colecionarei exemplos daqueles homens que ao longo dos séculos desprezaram a morte, pois são muitos. Considere essa nossa época, na qual a prostração e o excesso de refinamento provocam queixas. Os exemplos incluirão homens de toda categoria, de toda fortuna na vida e de todas as épocas, que interromperam suas desgraças com a morte. Acredite em mim, Lucílio, a morte é tão pouco a temer que através de seus bons ofícios nada é temível.

12. Portanto, quando seu inimigo ameaçar, ouça despreocupadamente. Embora sua consciência o faça confiante, já que muitas coisas estão fora de seu controle, ambos esperam o que é absolutamente justo e se preparam contra o que é totalmente injusto. Lembre-se, no entanto, antes de tudo, de despir as coisas de tudo o que perturba e confunde e ver o que cada uma é no fundo, então você compreenderá que elas não contêm nada temível, com exceção do medo em si.

13. O que você vê acontecendo com meninos acontece também a nós mesmos que somos apenas meninos ligeiramente maiores: quando aqueles que eles amam, com quem eles se associam diariamente, com quem eles brincam, aparecem com máscaras, os meninos ficam assustados sem necessidade. Devemos tirar a máscara, não só dos homens, mas das coisas e restaurar a cada objeto seu próprio aspecto.

14. Por que são levantadas diante dos meus olhos espadas, fogueiras e uma multidão de verdugos que andam furiosos em torno de mim? Remova toda essa vã demonstração por trás da qual você se esconde e se engana! Não é senão a morte, a qual ontem mesmo um servo meu desprezou e afrontou sem temor! Para que toda essa grande ostentação, o chicote e o pelourinho? Por que preparam esses instrumentos de tortura, um para cada parte do corpo e todas essas outras máquinas inumeráveis para rasgar um homem um bocado de cada vez? Fora com todas essas coisas, que nos deixa entorpecidos de terror! E você, silencie os gemidos e ignore os gritos amargos da vítima que está na roda de tortura, pois não é outra coisa senão a dor, desprezada por aquele desgraçado atormentado pela gota, tolerada por um dispéptico, suportada corajosamente pela mulher em trabalho de parto. Menospreze você tal ofício! Se for possível suportar, é uma dor leve, se não, será uma dor breve!

15. Reflita sobre estas palavras que muitas vezes você ouviu e frequentemente proferiu. Além disso, prove pelo resultado se o que você ouviu e proferiu é verdade. Pois há uma acusação muito vergonhosa muitas vezes trazida contra a nossa escola: que lidamos com as palavras e não com as ações da filosofia. Que você só neste momento aprende que a morte está pendente sobre sua cabeça, só neste momento de dor? Você nasceu para esses riscos. Pensemos em tudo o que pode acontecer como algo que acontecerá.

16. Eu sei que você realmente fez o que eu aconselho a fazer, eu agora o advirto de que não afogue a alma nestas suas pequenas angústias. Se você fizer isso, a alma será entorpecida e terá muito pouco vigor disponível quando chegar a hora de levantar-se. Afaste seu pensamento de seu caso

para o caso dos homens em geral. Diga a si mesmo que nossos pequenos corpos são mortais e frágeis. A dor pode alcançá-los de outras formas do que pelo poder do mais forte. Nossos próprios prazeres tornam-se tormentos. Banquetes trazem indigestão, bacanais trazem paralisia dos músculos e marasmo, hábitos libidinosos afetam os pés, as mãos e cada articulação do corpo.

17. Eu posso me tornar um homem pobre, eu serei então um entre muitos. Posso ser exilado, considerar-me-ei então nascido no lugar para o qual fui enviado. Eles podem me colocar em correntes. E então? Estou livre de obrigações agora? Contemple este fardo obstrutivo que é um corpo, ao qual a natureza me tem amarrado! "Eu morrerei", você diz. Você quer dizer: "Eu deixarei de correr o risco da doença, deixarei de correr o risco de prisão, deixarei de correr o risco da morte".

18. Não sou tão tolo para repetir neste momento os argumentos que Epicuro lançava e dizer que os terrores deste mundo são inúteis, que Íxion[99] não gira em torno de sua roda, que Sísifo[100] não arca com o peso de sua pedra, que as entranhas de um homem não podem ser restauradas e devoradas todos os dias. Ninguém é tão infantil como para temer Cérbero,[101] ou as sombras, ou o traje espectral daqueles que são unidos por nada senão por seus ossos expostos. A morte nos aniquila ou nos desnuda. Se nós somos liberados então, lá permanece a melhor parte, depois que a tormenta é retirada, se somos aniquilados, nada permanece, tanto o que é bom quanto o que é mau são igualmente removidos.

19. Permita-me neste momento citar um versículo seu, primeiro insinuando que, quando você o escreveu, você quis dizer isso para si mesmo, não menos do que para os outros. É ignóbil dizer uma coisa e acreditar em outra, e quão mais ignóbil é escrever uma coisa e acreditar em outra! Lembro-me de um dia que você estava lidando com o conhecido, que não caímos mortos de repente, mas que avançamos para a morte em passos lentos, morremos todos os dias.

20. Porque cada dia um pouco de nossa vida nos é tirada, mesmo quando estamos crescendo, nossa vida está em declínio. Perdemos nossa infância, nossa adolescência e nossa juventude. Contando até ontem, todo o tempo passado é tempo perdido. O próprio dia que passamos agora é compartilhado entre nós e a morte. Não é a última gota que esvazia o

relógio de água, mas tudo o que anteriormente fluiu, da mesma forma, a hora final em que deixamos de existir não provoca por si só a morte, ela apenas completa o processo de morte. Chegamos à morte naquele momento, mas há muito tempo estamos a caminho.

21. Ao descrever essa situação, você disse em sua eloquência costumeira, pois você é sempre impressionante, mas nunca tão cáustico como quando está colocando a verdade em palavras apropriadas: "A morte vem gradualmente, a que nos leva é a morte última! Eu prefiro que você leia suas próprias palavras em vez de minha carta, pois então ficará claro para você que essa morte, da qual temos medo, é a última, mas não a única morte.

22. Vejo o que está procurando, você está perguntando o que eu empacotei em minha carta, qual ditado estimulante de algum mestre, qual preceito útil. Assim, vou enviar-lhe algo que trata desse assunto em discussão. Epicuro censura aqueles que desejam, tanto quanto aqueles que se esquivam da morte: "É absurdo", diz ele, "correr para a morte porque você está cansado da vida, quando é a sua maneira de viver que o fez correr para morte."

23. E em outra passagem: "O que é tão absurdo quanto buscar a morte, quando é por medo da morte que você roubou a paz da sua vida?" E pode acrescentar uma terceira declaração do mesmo cunho: "Os homens são tão irrefletidos, não, tão loucos, que alguns, por medo da morte, se obrigam a morrer".[102]

24. Qualquer dessas ideias que você ponderar irá tonificar sua mente para a resistência tanto à morte quanto à vida. Pois precisamos ser admoestados e fortalecidos em ambos os sentidos, não amar ou odiar a vida em demasia. Mesmo quando a razão nos aconselha a acabar com ela, tal impulso não deve ser adotado sem reflexão ou precipitadamente.

25. O homem sóbrio e sábio não deve bater em retirada da vida, ele deve fazer uma saída conveniente. E acima de tudo, ele deve evitar a fraqueza que tomou posse de tantos, o desejo da morte. Pois assim como há uma tendência irrefletida da mente para com outras coisas, assim, meu caro Lucílio, há uma tendência irrefletida para a morte. Isso muitas vezes se apodera dos homens mais nobres e espirituosos, assim como

dos covardes e dos abjetos. Os primeiros desprezam a vida, os últimos acham-na fastidiosa e não lhe suportam o peso.

26. Outros também são movidos por uma saciedade de fazer e ver as mesmas coisas e não tanto por um ódio à vida como por estarem enfastiados com ela. Deslizamos para essa condição, enquanto a própria filosofia nos empurra, e dizemos: "Quanto tempo devo suportar as mesmas coisas? Eu continuarei a acordar e dormir, estar com fome e ser saciado, ter calafrios e transpirar? Não há fim para nada, todas as coisas estão ligadas em uma espécie de círculo, elas fogem e elas são perseguidas. A noite está próxima aos calcanhares do dia, o dia aos calcanhares da noite, o verão termina no outono, o inverno apressa-se depois do outono e o inverno se suaviza na primavera, toda a natureza assim passa, só para voltar. Eu não vejo nada de novo, mais cedo ou mais tarde, o homem enjoa disto também". Há muitos que pensam que a vida, não sendo dolorosa, é supérflua.

Mantenha-se Forte. Mantenha-se Bem.

XXV.
SOBRE A MUDANÇA

Saudações de Sêneca a Lucílio.

01. Em relação a estes dois amigos nossos, devemos avançar em linhas diferentes. As falhas de um devem ser corrigidas, as do outro devem ser esmagadas. Tomarei toda liberdade e franqueza, porque eu não amo uma pessoa se não estou disposto a ferir seus sentimentos. "O que", você diz, "espera manter alguém de quarenta anos sob sua tutela? Considere sua idade, quão calejado ele é agora, impossível de ser modificado. Tal homem não pode ser remodelado, somente mentes jovens são moldadas!".

02. Não sei se farei progressos; mas prefiro não ter êxito a faltar com meu dever. Você não precisa se desesperar a curar homens doentes, mesmo quando a doença é crônica, se você apenas se mantiver firme contra o excesso e forçá-los a submeter-se a muitas coisas contra a vontade deles. Quanto ao nosso outro amigo, também não estou suficientemente confiante, exceto pelo fato de que ele ainda tem um sentimento de vergonha suficiente para ruborizar-se por seus pecados. Essa modéstia deve ser fomentada: enquanto persistir em sua alma, haverá espaço para a esperança. Mas quanto a este seu veterano, acho que devemos tratar com mais parcimônia, para que ele não fique desesperado.

03. Não há melhor momento para se aproximar dele do que agora, quando ele tem um intervalo de descanso e parece que corrigiu suas falhas, pois se assemelha a um homem reconvertido. Outros foram enganados por essa intermitência virtuosa da parte dele, mas ele não me engana. Tenho a certeza de que essas falhas voltarão, por assim dizer, com juros compostos, pois estou certo de que estão em suspensão, mas não ausentes. Vou dedicar algum tempo ao assunto e tentar ver se algo pode ou

não ser feito, mas só depois de experimentar saberei se pode ou não se conseguir algum sucesso.
04. Mas você, como de fato está fazendo, mostra que é corajoso: alivia sua bagagem para a marcha. Nenhuma de nossas posses é essencial. Voltemos à lei da natureza, de acordo com ela as riquezas são disponibilizadas para nós. As coisas de que realmente precisamos são gratuitas para todos, ou então baratas, a natureza almeja apenas pão e água. Ninguém é pobre de acordo com esse padrão. Quando um homem limita seus desejos dentro dessas fronteiras, pode desafiar a felicidade do próprio Júpiter, como diz Epicuro. Devo inserir nesta carta um ou mais de seus ditos:
05. "Faça tudo como se Epicuro estivesse observando você." Não há nenhuma dúvida real de que é bom para todo homem ter designado um guardião sobre si mesmo e ter alguém que possa olhar para cima, alguém que possa considerar como uma testemunha de seus pensamentos. É, de fato, mais nobre viver da forma como você viveria se estivesse sob os olhos de algum homem bom, sempre ao seu lado, mas, no entanto, estou satisfeito se você apenas agir, em tudo o que fizer, como agiria se alguém qualquer o estivesse observando, porque a solidão nos induz a todos os tipos de vícios.
06. E quando tiver progredido tanto que tenha respeito por si mesmo, você pode dispensar seu assistente; mas até então, defina como um guardião sobre si mesmo a autoridade de algum homem, seja o grande Catão, ou Cipião, ou Lélio, ou qualquer homem em cuja presença até mesmo patifes degenerados reprimiriam seus vícios. Enquanto isso, você deve se empenhar em fazer de si mesmo o tipo de pessoa em cuja companhia não ousaria pecar. Quando este objetivo estiver cumprido e você começar a nutrir por si próprio alguma estima, gradualmente permitirei que você faça o que Epicuro, em outra passagem, sugere: "O momento em que você mais deveria se retirar em si mesmo é quando é forçado a estar entre a multidão".
07. Você deve se fazer de um naipe diferente da multidão. Portanto, embora ainda não seja seguro retirar-se para a solidão, procure certos indivíduos; pois qualquer um é melhor em companhia de alguém, não importa quem, do que só em sua própria companhia. "O momento em que você

deve antes de mais nada se retirar em si mesmo é quando é forçado a estar em multidão." Sim, desde que você seja um homem bom, tranquilo e autocontido; caso contrário, é melhor se retirar em uma multidão a fim de ficar longe de si mesmo. Sozinho, você está muito perto de um homem sem caráter.

Mantenha-se Forte. Mantenha-se Bem.

XXVI.
SOBRE A VELHICE E A MORTE

Saudações de Sêneca a Lucílio.

01. Eu estava ultimamente dizendo que estava à vista da velhice.[103] Agora estou com medo de ter deixado a velhice atrás de mim. Pois alguma outra palavra se aplicaria agora a meus anos, ou de qualquer maneira a meu corpo, uma vez que a velhice significa um tempo da vida que se está cansado, em vez de esmagado. Você pode me colocar então na classe dos decrépitos, daqueles que estão chegando ao fim.

02. No entanto, eu agradeço a mim mesmo, com você como testemunha, porque eu sinto que a idade não causou nenhum dano a minha mente, embora eu sinta seus efeitos em minha constituição corporal. Somente meus vícios e as ajudas exteriores a esses vícios chegaram à senilidade, minha mente é forte e se regozija por ter apenas ligeira conexão com o corpo. Ela deixou de lado a maior parte de sua carga. Está alerta, ela rejeita o tema da velhice, declara que a velhice é seu tempo de florescimento.

03. Deixe-me levá-la em consideração e deixá-la aproveitar as vantagens que possui. A mente me pede que pense um pouco e considere o quanto dessa paz de espírito e moderação de caráter devo à sabedoria e quanto a meu tempo de vida, me convida a distinguir cuidadosamente o que não posso fazer e o que não quero fazer... Pois por que alguém deve queixar-se ou considerar uma desvantagem, se as forças que deveriam chegar ao fim começam a falhar?

04. "Mas," você diz, "é a maior desvantagem possível ser desgastado e morrer, ou mais, se posso dizer literalmente, desaparecer lentamente! Porque nós não somos repentinamente feridos e abatidos, somos desgastados e cada dia reduz um pouco dos nossos poderes." Mas há algum fim melhor para tudo isso do que planar para seu próprio refúgio quando a natureza se vai? Não que haja algo doloroso em um choque e uma partida repentina da existência, é apenas porque este outro modo de partida é fácil, uma retirada gradual. Eu, de qualquer modo, como se o teste estivesse à mão e chegasse o dia de pronunciar sua decisão sobre todos os anos da minha vida, vigio-me e comungo assim comigo:

05. "A demonstração que fizemos até o presente, em palavra ou em ação, não vale nada. Tudo isso é apenas uma promessa insignificante e enganosa de nosso espírito e está envolto em muito charlatanismo. Vou deixar a cargo da morte determinar o progresso que fiz. Portanto, sem timidez, estou preparando para o dia em que, deixando de lado todo o artifício de palco e maquiagem de ator, eu deverei presidir meu próprio julgamento; se estou meramente declamando sentimentos corajosos ou se realmente os sinto, se todas as ameaças arrojadas que eu proferi contra a Fortuna eram fingimento e farsa!

06. "Deixe de lado a opinião do mundo, ela é sempre vacilante e sempre parcial. Deixe de lado os estudos que você tem perseguido durante toda a sua vida, a morte entregará o julgamento final em seu caso. Isto é o que quero dizer: seus debates e palestras, seus axiomas recolhidos a partir dos ensinamentos dos sábios, sua conversa culta, tudo isso não oferece nenhuma prova da verdadeira força da sua alma. O homem mais tímido pode fazer um discurso ousado. O que você fez no passado será evidente apenas no momento em que expirar seu último suspiro. Eu aceito as condições. Eu não me acovardo frente à decisão."

07. Isso é o que eu digo a mim mesmo, mas gostaria que pensasse que eu o digo a você também. Você é mais jovem, mas o que isso importa? Não há contagem fixa de nossos anos. Você não sabe onde a morte o espera, então esteja sempre pronto para ela.

08. Eu estava apenas pretendendo parar e minha mão estava se preparando para a frase de encerramento, mas os ritos ainda devem ser realizados e as despesas de viagem para a carta desembolsadas. E apenas suponha que eu não direi de quem eu pretendo emprestar a soma necessária, você sabe de cujos cofres dependo. Espere só mais um momento e eu pagarei de minha conta, entretanto por agora, Epicuro me favorece com estas palavras: "Medita na morte",[104] ou melhor, se preferir, a frase: "Atribua maior importância à aprendizagem da morte".

09. O significado é claro: é uma coisa maravilhosa aprender minuciosamente como morrer. Você pode considerar que é supérfluo aprender um texto que pode ser usado apenas uma vez; mas essa é exatamente a razão pela qual devemos pensar em uma coisa. Quando nunca podemos provar se realmente sabemos alguma coisa, devemos sempre estar aprendendo.

10. "*Medita* na morte". Ao dizer isso, ele nos pede para pensar na liberdade. Aquele que aprendeu a morrer desaprendeu a escravidão, está acima de qualquer poder externo ou, pelo menos, está além disso. Que terrores causam prisões, correntes e grades para ele? A sua saída é clara, a porta está sempre aberta. Existe apenas uma corrente que nos prende à vida e essa é o amor pela vida. A corrente não pode ser desprezada, mas pode ser enganada, de modo que, quando a necessidade exigir, nada pode retardar ou impedir que estejamos prontos para fazer de uma só vez o que em algum momento seremos obrigados a fazer.

Mantenha-se Forte. Mantenha-se Bem.

XXVII.
SOBRE O BEM QUE PERMANECE

Saudações de Sêneca a Lucílio.

01. "O quê?", diz você, "Está me dando conselhos? Por acaso você já se aconselhou, já corrigiu as próprias falhas? É esta a razão pela qual você tem tempo livre para reformar outros homens?". Não, não sou desavergonhado a ponto de pretender curar meus semelhantes quando estou doente. Estou, no entanto, discutindo problemas que afetam a nós dois e compartilhando o remédio com você, como se estivéssemos padecendo no mesmo hospital. Ouça-me, portanto, como faria se eu estivesse falando sozinho. Eu estou confessando a você meus pensamentos mais íntimos e estou discutindo comigo mesmo, usando-o apenas como pretexto.

02. Eu continuo gritando para mim mesmo: "Conte seus anos e você terá vergonha de desejar e perseguir as mesmas coisas que desejou em seus dias de juventude. Certifique-se desta única coisa antes de morrer, deixe seus vícios perecerem antes. Afaste-se daqueles prazeres desordenados que devem ser pagos regiamente. Não são apenas os que estão para vir que me prejudicam, mas também aqueles que vieram e foram. Assim como os crimes, que mesmo que não tenham sido detectados ao serem cometidos não permitem que a ansiedade acabe com o sofrimento por eles, da mesma forma são os prazeres mundanos, o arrependimento permanece mesmo depois que os prazeres terminaram. Eles não são substanciais, eles não são confiáveis, mesmo se eles não nos prejudicam, eles são passageiros.

03. "Procure, em vez disso, bens que permanecem. Mas não há tal bem, a não ser aquele descoberto pela alma por si mesma: só a virtude proporciona uma alegria eterna e tranquilizadora, mesmo que surja algum obstáculo, como uma nuvem passageira que se interpõe frente ao sol mas nunca prevalece contra ele."

04. Quando será sua vez de alcançar esta alegria? Até agora, você realmente não esteve parado, mas você deve acelerar o seu ritmo. Resta muito trabalho. Para enfrentá-lo, você deve aplicar todas suas horas de vigília e todos seus esforços, se você deseja o resultado realizado. Este assunto não pode ser delegado para outra pessoa.

05. A mera erudição ou outros tipos de atividades intelectuais admitem assistência externa. Em nossa época havia um certo homem rico chamado Calvísio Sabino, ele tinha a conta bancária e o cérebro de um escravo liberto. Nunca vi um homem cuja boa Fortuna tenha sido uma ofensa maior a sua propriedade. Sua memória era tão falha que ele às vezes esqueceria o nome de Ulisses, ou Aquiles, ou Príamo, nomes que conhecemos tão bem quanto conhecemos os de nossos próprios pedagogos. Nenhum idoso senil, que não pode dar a homens seus nomes próprios, mas é compelido a inventar nomes para eles, nenhum *nomenclador*,[105] eu afirmo, clama os nomes dos membros de sua família de forma tão atroz como Sabino costumava chamar os heróis dos troianos e aqueus. Mas, no entanto, ele desejava parecer erudito.

06. Assim, ele inventou este atalho para aprender: ele pagou preços fabulosos por escravos, um para conhecer Homero de cor e outro para Hesíodo. Ele também delegou um escravo especial para cada um dos nove poetas líricos.[106] Você não precisa se admirar que ele tenha pago altos preços por esses escravos, se ele não os encontrava prontos à mão, ele encomendava um a ser feito sob medida. Depois de recolher este séquito, ele começou a aborrecer seus convidados. Ele mantinha esses ajudantes ao pé de seu sofá e pedia de vez em quando os versos para que ele os repetisse que, muitas vezes, eram quebrados no meio de uma palavra.

07. Satélio Quadrato, um instigador e, consequentemente, um puxa-saco de milionários fúteis, e também (pois esta qualidade vai com as outras duas) um zombador deles, sugeriu a Sabino que ele deveria ter filólogos para reunir os pedaços. Sabino observou que cada escravo havia lhe custado cem mil sestércios. Satélio respondeu: "Você poderia ter comprado tantas quantas estantes de livros por uma quantia menor."

Mas Sabino sustentou que o que qualquer membro de sua casa sabe, ele mesmo também sabe, ou seja, ter em casa alguém erudito era o mesmo que ser erudito ele próprio!

08. Este mesmo Satélio começou a aconselhar Sabino a tomar lições de luta. Mesmo doentio, pálido e magro como era, Sabino respondeu: "Como posso? Eu mal me aguento nas pernas agora". "Não diga isso, eu lhe suplico", replicou o outro, "considere quantos escravos perfeitamente saudáveis você tem!". Nenhum homem é capaz de emprestar ou comprar uma mente sã. Na verdade, como me parece, mesmo que mentes sãs estivessem à venda, não encontrariam compradores. No entanto, o vício, esse é comprado e vendido todos os dias.

09. Mas deixe-me pagar a minha dívida e dizer adeus: "A verdadeira riqueza consiste na pobreza capaz de satisfazer aquilo que por lei da natureza necessitamos."[107] Epicuro repete este dizer de várias maneiras e contextos, mas nunca pode ser repetido em excesso, já que nunca é compreendido muito bem. Pois para algumas pessoas o remédio deve ser meramente prescrito, no caso de outras, deve ser forçado goela abaixo.

Mantenha-se Forte. Mantenha-se Bem.

XXVIII.
SOBRE VIAJAR COMO CURA PARA O DESCONTENTAMENTO

Saudações de Sêneca a Lucílio.

01. Você acha que só você teve essa experiência? Está surpreso, como se fosse uma novidade, que depois de tão longa viagem e tantas mudanças de cena você não tenha sido capaz de se livrar da tristeza e do peso de sua mente? Você precisa de uma mudança de alma, em vez de uma mudança de clima. Embora você possa atravessar vastos espaços de mar, ainda que, como nosso Virgílio observa:

As terras e as cidades são deixadas para trás,	Terraeque urbesque recedant, sequentur te, quocumque perveneris[108]

02. Seus vícios o seguirão a qualquer lugar que você viaje! Sócrates fez a mesma observação a alguém que se queixou: "Por que você se admira que viajar o mundo não o ajuda, visto que você sempre se leva consigo? A causa que o colocou a vagar é a mesma que o aflige em casa". Que prazer há em ver novas terras? Ou na inspeção de cidades e pontos de interesse? Toda sua agitação é inútil. Você pergunta por que tal fuga não o ajuda? É porque você foge acompanhado de si mesmo. Você deve deixar de lado os fardos da mente. Até que você faça isso, nenhum lugar irá satisfazê-lo.

03. Reflita que seu comportamento presente é como o da profetisa que Virgílio descreve: ela está excitada e incitada pela fúria e contém dentro de si muita inspiração que não é sua:

A sacerdotisa entra em frenesi, se por acaso pode agitar o grande deus do seu coração.	Bacchatur vates, magnum si pectore possit Excussisse deum.[109]

Você perambula para cá e para acolá, para livrar-se do fardo que pesa sobre si, embora este se torne mais problemático por causa de sua própria inquietação, assim como em um navio a carga quando estacionária não traz nenhum problema, mas quando se desloca para os lados, faz o navio inclinar-se lateralmente na direção onde se estabeleceu. Qualquer coisa que você faz diz respeito a você. E você se machuca por sua própria agitação. Porque está agitando um homem doente.

04. Uma vez esse problema removido, toda mudança de cena se tornará agradável; embora você possa ser levado às extremidades da terra, a qualquer canto de uma terra selvagem que você possa se encontrar, esse lugar, por mais difícil que seja, será uma morada hospitaleira. A pessoa que você é importa mais do que o lugar para o qual você vai; por isso não devemos fazer da mente um fiador para um só lugar. Viva esta crença: "Não nasci para nenhum canto do universo, minha pátria é o mundo inteiro".

05. Se você entender este fato claramente, não ficará surpreso em não obter benefício dos cenários novos que busca através da exaustão das cenas antigas. Pois o primeiro lhe teria agradado de toda forma, se você o tivesse entendido como sendo inteiramente seu. Como é, no entanto, você não está viajando; está à deriva e sendo conduzido, apenas trocando um lugar por outro, embora o que você procura, viver bem, possa ser encontrado em toda parte.

06. Pode existir algum lugar tão cheio de confusão como o Fórum? No entanto, você pode viver em silêncio até mesmo lá, se necessário. Naturalmente, se alguém tivesse permissão para fazer os próprios arranjos, deveria fugir da própria vista e vizinhança do Fórum. Pois, assim como os lugares pestilentos atacam até mesmo a constituição mais forte, há também alguns lugares que são prejudiciais para uma mente saudável que ainda não está totalmente sólida, pois está se recuperando de sua doença.

07. Eu discordo daqueles que se atiram nas ondas e, dando boas-vindas a uma existência tempestuosa, lutam diariamente contra os problemas da vida. O sábio suportará tudo isso, mas não escolherá a dificuldade, ele prefere estar em paz em vez de em guerra. É muito pouco ter eliminado suas próprias falhas se você deve brigar com as dos outros.

08. Dizem: "Havia trinta tiranos em torno de Sócrates e, contudo, eles não podiam quebrar seu espírito". Mas o que importa quantos mestres um homem tem? Escravidão não tem plural e quem a despreza é livre, não importa quão grande seja a multidão de senhores que enfrente.

09. É hora de parar, mas não antes de eu ter pago minha obrigação. "A autoconsciência do erro é o começo da cura."[110] Esse ditado de Epicuro parece-me ser nobre. Pois quem não sabe que pecou não deseja correção. Você deve descobrir-se em erro antes que possa se reformar.

10. Alguns se vangloriam de seus vícios. Você acha que um homem tem alguma intenção de consertar seus caminhos se considera seus vícios como se fossem virtudes? Portanto, na medida do possível, prove-se culpado, procure acusações contra si mesmo; desempenhe o papel, primeiro de acusador, depois de juiz e só depois o de advogado de defesa; e uma vez ou outra, aplique uma pena a si próprio!

Mantenha-se Forte. Mantenha-se Bem.

XXIX.
SOBRE EVITAR AJUDAR OS NÃO INTERESSADOS

Saudações de Sêneca a Lucílio.

01. Você tem perguntado sobre o nosso amigo Marcelino e deseja saber como ele está se dando. Ele raramente vem me ver, por nenhuma outra razão senão que ele tem medo de ouvir a verdade e no momento está se mantendo afastado do perigo de ouvi-la. Desse perigo ele está livre, pois não se deve falar com um homem a menos que ele esteja disposto a ouvir. É por isso que muitas vezes se questiona se Diógenes[111] e os outros cínicos, que empregavam uma liberdade de expressão sem discernimento e ofereciam conselhos a qualquer um que se interpusesse, deveriam ter seguido esse caminho.

02. Por que se deve fazer discursos aos surdos ou àqueles que são mudos de nascimento ou por doença? Mas você responde: "Por que eu deveria poupar palavras? Elas não custam nada. Eu não posso saber se irei ajudar o homem a quem dou conselhos, mas sei bem que vou ajudar alguém se eu aconselhar muitos. Eu tenho que disseminar este conselho a mão-cheia. É impossível que alguém que tente muitas vezes não tenha sucesso alguma vez".

03. Esta prática, meu caro Lucílio, é, creio eu, exatamente o que um homem de grande alma não deve fazer. Assim sua influência fica enfraquecida; ela tem muito pouco efeito sobre aqueles que poderia ajudar se não tivesse se tornado tão rançosa. O arqueiro não deve atingir o alvo apenas às vezes, ele deve errar apenas às vezes. Aquilo que é eficaz por acaso não é uma arte. Ora, a sabedoria é uma arte, ela deve ter um objetivo definido, escolhendo apenas aqueles que farão progresso, mas se afastando daqueles a quem considera incorrigíveis, não os abandonando prematuramente, apenas quando o caso se mostra sem solução mesmo após tentado remédios drásticos.

04. Quanto ao nosso amigo Marcelino, ainda não perdi a esperança. Ele ainda pode ser salvo, mas a ajuda deve ser oferecida em breve. Há realmente o risco que possa prejudicar quem vier a seu auxílio; pois há nele um caráter inato de grande vigor, embora inclinado à maldade. No entanto, enfrentarei esse perigo e serei corajoso o suficiente para lhe mostrar suas falhas.

05. Ele agirá de acordo com sua maneira usual; ele recorrerá à sua inteligência, a inteligência que pode gerar sorrisos mesmo de lamentos. Ele vai virar a brincadeira, primeiro contra si mesmo e depois contra mim. Ele evitará todas as palavras que eu vou dizer. Ele questionará nossos sistemas filosóficos; ele acusará os filósofos de aceitar propinas, manter amantes e satisfazer seus apetites. Ele me mostrará um filósofo que foi apanhado em adultério, outro que assombra os cafés e outro que aparece na corte.

06. Ele vai trazer a meu conhecimento Aríston, o filósofo de Marcus Lépido, que costumava manter discussões em sua liteira; a altura melhor que escolheu para cumprir as suas obrigações... de modo que Escauro disse dele quando lhe perguntaram a que escola pertencia: "De qualquer modo, ele não é um dos filósofos peripatéticos".[112] Júlio Grecino também homem de distinção, quando lhe pediu uma opinião sobre o mesmo ponto, recebeu como resposta: "Não posso lhe dizer, porque não sei o que ele faz quando desmontado", como se a consulta se referisse a um essedário.[113]

07. São charlatões desse tipo, para quem seria mais meritório ter deixado a filosofia sozinha em vez de traficar dela, que Marcelino vai jogar em meu rosto. Mas decidi resistir às provocações; ele pode me ridicularizar, mas eu talvez o leve às lágrimas; ou, se ele persistir em suas piadas, eu me alegrarei, por assim dizer, no meio da tristeza, porque ele é abençoado com uma espécie tão alegre de loucura. Mas esse tipo de alegria não dura muito. Observe esses homens e você vai notar que, em um curto espaço de tempo, eles riem em excesso e encolerizam-se em excesso.

08. É meu plano me aproximar e mostrar-lhe quanto maior é seu valor quando muitos o desprezam. Mesmo que eu não extinga seus defeitos, vou pôr um controle sobre eles; eles não cessarão, mas pararão por um tempo e talvez até cessem, se criarem o hábito de parar. Esta é uma coisa a não ser desprezada, uma vez que para homens seriamente feridos a bênção de um alívio é um substituto para a saúde.

09. Então, enquanto me preparo para tratar com Marcelino, você, que é capaz e que entende de onde e para onde vai seu caminho e que, por essa razão, tem uma ideia da distância a percorrer, ajuste seu caráter, desperte sua coragem e fique firme em face das coisas que o tem aterrorizado. Não conte o número daqueles que inspiram medo em você. Você não consideraria como um tolo quem tem medo de uma multidão em um lugar onde pode passar só um por vez? Da mesma forma, não há muitos que têm possibilidade de matar você, embora haja muitos que ameaçam você com a morte. A natureza ordenou assim que, como somente uma pessoa lhe deu vida, assim somente uma a retirará.

10. Se você tivesse alguma vergonha, você teria me liberado de pagar a última parcela. Ainda assim, também não serei sovina, mas irei exonerar minhas dívidas até o último centavo e forçar sobre você o que ainda devo: "Eu nunca quis atender à multidão, pois o que eu sei, ela não aprova e o que ela aprova, eu não quero saber."

11. "Quem disse isso?" Você pergunta, como se fosse ignorante a quem eu estivesse insistindo em servir; é Epicuro. Mas esta mesma palavra de ordem soa em seus ouvidos por cada escola: Peripatética, Acadêmica,[114] Estoica, Cínica. Pois como pode de fato quem é satisfeito pela virtude, agradar à multidão? São precisos truques para ganhar aprovação popular. Terá de fazer-se semelhante a eles, eles vão recusar aprovação se não reconhecerem em você um de si mesmos. No entanto, o que você pensa de si é muito mais do que o que os outros pensam de você. A benevolência dos homens ignóbeis só pode ser conquistada por meios ignóbeis.

12. Qual será o benefício, então, daquela filosofia alardeada, cujos elogios cantamos e que, segundo se diz, deve ser preferida a toda arte e toda propriedade? Certamente, isso fará com que você prefira agradar a si mesmo em vez da população, isso fará você ponderar e não meramente contar os julgamentos dos homens, fará você viver sem medo de deuses ou homens, fará você vencer males ou acabar neles. Caso contrário, se eu o vejo aplaudido pela aclamação popular, se a sua entrada na cena é saudada por um rugido de aplausos e vivas, as marcas de distinção se valem apenas para atores, se todo o estado, mesmo as mulheres e crianças, canta seus louvores, como posso evitar apiedar-me de você? Pois eu sei a qual caminho leva tal popularidade.

Mantenha-se Forte. Mantenha-se Bem.

XXX.
SOBRE CONQUISTAR O CONQUISTADOR (A MORTE)

Saudações de Sêneca a Lucílio.

01. Eu vi Aufídio Baso,[115] aquele homem nobre, com saúde aquebrantada e lutando com seus anos. Mas o peso de seus anos é tanto sobre ele que não pode se levantar, a velhice se assentou sobre ele, sim, com todo o seu peso. Você sabe que seu corpo sempre foi delicado e sem vigor. Por muito tempo ele manteve a saúde na mão ou, para falar mais corretamente, equilibrou-a. De repente, desmoronou.

02. Assim como em um navio que faz água, você sempre pode reparar a primeira ou a segunda fissura, mas quando muitos buracos começam a abrir e deixar entrar a água, o casco decrépito não pode ser salvo; da mesma forma, no corpo de um velho, há um certo limite até o qual você pode sustentar e escorar sua fraqueza. Mas quando começa a se assemelhar a um edifício em ruínas, quando cada articulação começa a espanar e enquanto uma está sendo reparada outra cai, então é hora deste homem olhar em volta e considerar como pode sair.

03. Mas a mente de nosso amigo Baso é ativa. A filosofia nos concede esta dádiva: faz-nos alegres na própria visão da morte, fortes e corajosos embora o corpo nos falhe. Um grande piloto pode navegar mesmo quando sua vela é rasgada; se seu navio for desmantelado, ele ainda pode arrumar o que resta do seu casco e segurá-lo no seu curso. É isso que o nosso amigo Baso está fazendo e ele contempla o próprio fim com a coragem e a compostura que você consideraria apatia indevida em um homem que assim contemplasse o outro.

04. Este é um grande feito, Lucílio, e um que necessita longa prática para se aprender: partir calmamente quando a hora inevitável chega. Outros tipos de morte contêm um ingrediente de esperança: uma doença chega ao fim; um fogo é extinguido; as casas que desabam depositaram em segurança aqueles que pareciam certos de serem esmagados; o mar devolveu ilesos à costa aqueles a quem tinha engolido, com a mesma força com a qual os tragara; o soldado retraiu sua espada do pescoço de seu inimigo condenado. Mas aqueles a quem a velhice está levando para a morte não têm nada a esperar; a velhice por si só não concede nenhuma prorrogação. Nenhum final é mais claro ou mais indolor, mas não há nenhum mais persistente.

05. Nosso amigo Baso me pareceu assistir ao próprio funeral e ter o próprio corpo para o enterro, contudo vivendo quase como se tivesse sobrevivido à própria morte e suportando com resignação sábia seu pesar pela própria partida. Pois ele fala livremente sobre a morte, tentando persuadir-nos de que, se este processo contém qualquer elemento de desconforto ou de medo, é culpa do moribundo e não da própria morte; também, que não há mais aborrecimento no momento atual do que existe depois que acabou.

06. "E é tão insano", acrescenta, "para um homem temer o que não lhe acontecerá, como temer o que ele não sentirá se acontecer". Ou será que alguém imagina que é possível que o agente pelo qual o sentimento é removido possa ser sentido? "Portanto," diz Baso, "a morte está tão além de todo o mal, que está além de todo o medo do mal."

07. Sei que tudo isso tem sido dito muitas vezes e deverá ser repetido muitas vezes ainda, mas nem quando eu os lia, eram tais preceitos eficazes, nem quando os ouvia dos lábios daqueles que estavam a uma distância segura do medo das coisas, que eles declaravam, não deveriam ser temidas. Mas esse velho homem teve o maior impacto em mim quando falou da morte, e a morte estava próxima dele.

08. Pois devo dizer-lhe o que penso: sustento que alguém é mais corajoso no próprio momento da morte do que quando se aproxima da morte. Pois a morte, quando está perto de nós, dá até aos homens inexperientes a coragem de não procurar evitar o inevitável. Assim, o gladiador, não importa o quão covarde foi durante toda a luta, oferece a sua garganta ao adversário e direciona a lâmina vacilante para o local vital. Mas um fim que está próximo e que está prestes a vir requer coragem obstinada da alma. Isso é uma coisa mais rara que ninguém, a não ser o homem sábio, pode manifestar.

09. Portanto, escutei Baso com o mais profundo prazer. Ele estava lançando seu voto sobre a morte e apontando sua natureza quando observada, por assim dizer, mais próximo à mão. Suponho que um homem teria a sua confiança em um grau maior, teria mais credibilidade, certamente, se tivesse voltado à vida e pudesse declarar de experiência própria que não há mal na morte e, assim, com respeito à aproximação da morte, estes dirão com maior propriedade qual inquietação traz quem esteve em seu caminho, que a viram vindo e a receberam.

10. O Baso pode ser incluído entre esses homens. Ele não quer nos enganar. Ele diz que é tão tolo temer a morte quanto temer a velhice, pois a morte segue a velhice exatamente como a velhice segue a juventude. Aquele que não deseja morrer não pode ter desejado viver. Pois a vida nos é concedida com a condição de que morreremos. Para este fim nos leva nosso caminho. Portanto, quão tolo é temê-la, já que os homens simplesmente esperam o que é certo, mas temem apenas o que é incerto!

11. A morte tem sua regra fixa, equitativa e inevitável. Quem pode reclamar quando é governado por cláusulas que são válidas para todos? A parte principal da equidade, entretanto, é a igualdade. Mas é supérfluo neste momento presente defender a causa da natureza; pois desejou que nossas leis fossem idênticas às suas; ela decide o que compôs, e compõe novamente o que ela havia decomposto.

12. Além disso, se um homem tiver a sorte de ser colocado suavemente à deriva pela velhice, isto é, não subitamente arrancado da vida, mas retirado pouco a pouco, oh, em verdade, ele deve agradecer aos deuses, um e todos, porque, depois de ter tido a sua plenitude, ele é levado a um descanso estabelecido para a humanidade, um descanso que é bem-vindo ao cansado. Você pode observar certos homens que anseiam pela morte ainda mais fervorosamente do que outros costumam mendigar por vida. E não sei qual desses homens nos dá maior coragem, aqueles que exigem a morte ou aqueles que a encontram alegre e tranquilamente, pois a primeira atitude é às vezes inspirada pela loucura e pela repentina raiva. A segunda é a calma que resulta de julgamento firme. Antigamente, homens encontravam-se com a morte com um ataque de raiva. Quando a morte vem ao seu encontro, ninguém a recebe com alegria, exceto o homem que há muito tempo se preparou para a morte.

13. Admito, portanto, que visitei com mais frequência esse meu querido amigo com muitos pretextos, mas com o propósito de saber se eu o encontraria sempre o mesmo e se sua força mental talvez estivesse diminuindo em paralelo às competências de seu corpo. Mas ela estava aumentando, assim como a alegria do jóquei costuma mostrar-se mais claramente quando está na sétima rodada da prova e se aproxima do prêmio.

14. E repetia com frequência em harmonia com os conselhos de Epicuro: "Espero, antes de tudo, que não haja dor no momento em que um homem expira, mas se houver, encontrar-se-á um elemento de conforto em sua própria brevidade, pois nenhuma grande dor dura por muito tempo e, em todo caso, um homem encontrará alívio no momento em que alma e corpo estão sendo separados, mesmo que o processo seja acompanhado de dor terrível, no pensamento de que depois que a dor acabar, não pode sentir mais dor". Mas tenho certeza de que a alma de um velho está em seus lábios e que só é necessária uma pequena força para desprendê-la do corpo. Fogo que tenha capturado uma construção que o sustente precisa de água para ser apagado ou, às vezes, a destruição do próprio edifício, mas o fogo em que falta sustento de combustível morre de si mesmo.

15. Fico feliz em ouvir essas palavras, meu caro Lucílio, não tão novas para mim, mas como me levando à presença de um fato real. E o que então? Não vi muitos homens romperem o fio da vida? Eu realmente vi esses homens, mas aqueles que têm mais influência em mim se aproximam da morte sem qualquer ódio pela vida, dando passagem à morte, por assim dizer, e não a puxando para eles.

16. Baso sempre dizia: "É por nossa própria culpa que sentimos essa tortura, porque nós tememos pela morte somente quando acreditamos que nosso fim está próximo". Mas quem não está perto da morte? Ela está pronta para nós em todos os lugares e em todos os momentos. "Consideremos", continuava ele, "quando algum agente da morte parece iminente, quão mais próximas estão outras variedades de morrer do que aquelas temidas por nós."

17. Um homem é ameaçado por um inimigo, mas esta forma de morte é antecipada por um ataque de indigestão. E se estamos dispostos a

examinar criticamente as várias causas do nosso medo, descobriremos que algumas existem e outras só parecem existir. Não temamos a morte, temamos o pensamento da morte. Pois a morte está sempre à mesma distância de nós, portanto, se é para ser temida absolutamente, é para ser temida sempre. Pois qual estação de nossa vida é isenta da morte?

18. Mas o que eu realmente deveria temer é que você odeie esta longa carta mais do que a própria morte, então eu vou concluir. Você, entretanto, sempre pense na morte para que nunca precise temê-la.[116]

Mantenha-se Forte. Mantenha-se Bem.

XXXI.
SOBRE O CANTO DA SEREIA

Saudações de Sêneca a Lucílio.

01. Agora reconheço o meu Lucílio! Ele está começando a revelar o caráter prometido. Acompanhe o impulso que o levou a fazer tudo o que é melhor, pisando sobre tudo o que é aprovado pela multidão. Eu não o consideraria maior ou melhor do que você planejou; pois no seu caso as fundações cobrem uma grande extensão de terreno. Apenas alcance tudo o que planejou e tome controle dos planos que teve em mente.

02. Em suma, você será um homem sábio, se tapar seus ouvidos. Não é suficiente fechá-los com cera, você precisa de um abafador mais potente do que aquele que, dizem, Ulysses usou para seus camaradas.[117] A música que ele temia era sedutora, mas não vinha de todos os lados, a canção, no entanto, que você tem que temer, ecoa em torno de você não de um único promontório, mas de cada canto do mundo. Navegue, portanto, não apenas evitando uma região que você tema por causa de suas traiçoeiras delícias, mas evite todas as cidades. Seja surdo para aqueles que mais te amam, eles rezam por coisas ruins, com boas intenções. E, se você quiser ser feliz, suplique aos deuses que nenhuma das preces para você sejam levadas a cabo.

03. O que eles desejam acumular sobre você não são realmente coisas boas. Existe apenas um bem, a causa e o sustento de uma vida feliz: confiar em si mesmo. Mas isso não pode ser alcançado, a menos que se aprenda a desprezar seu cargo e a considerá-lo entre as coisas que não são nem boas nem más. Pois não é possível que uma única coisa seja ruim em um momento e boa em outro, às vezes leve e possível de ser suportada e às vezes uma causa de pavor.

04. O trabalho não é um bem. Então, o que é um bem? Eu digo: o desprezo ao trabalho.[118] É por isso que eu devo repreender homens que trabalham sem propósito. Mas quando, por outro lado, um homem luta por coisas honrosas, à proporção em que se aplica cada vez mais e se permite cada vez menos ser derrotado ou deter-se, eu recomendarei sua conduta e gritarei meu encorajamento dizendo: "Portanto você é melhor! Levante-se, inspire o ar fresco e supere essa colina, se possível, em um único arranco!"

05. O trabalho é o sustento das mentes nobres. Não há, portanto, nenhuma razão para que, de acordo com essa velha promessa de seus pais, você deva escolher a Fortuna que deseja, ou para que você deva orar por ela; além disso, é vil para um homem que já recebeu toda a rodada de honras mais altas ainda importunar os deuses. Que necessidade há de juramentos? Faça-se feliz através dos próprios esforços, você pode fazer isso, quando compreender que tudo o que é misturado com a virtude é bom e que tudo o que é ligado ao vício é ruim. Da mesma forma que nada brilha se não tem luz misturada em si e nada é negro a menos que contenha a escuridão ou atraia para si algo de penumbra, e como nada é quente sem o auxílio do fogo e nada é frio sem ar, assim também é a associação com a virtude ou com o vício que torna as coisas virtuosas ou condenáveis.

06. O que então é o Bem? O conhecimento da ciência das coisas.[119] O que é o Mal? A falta de conhecimento da ciência. O seu sábio, que também é um artesão, vai rejeitar ou escolher em cada caso, como convém à ocasião; mas ele não teme o que rejeita nem admira o que escolhe se ele tiver uma alma forte e inconquistável. Eu o proíbo de ficar abatido ou deprimido. Não é suficiente se você não fugir do trabalho. Exija isso!

07. "Mas," você diz, "não é apenas o trabalho insignificante e supérfluo, trabalho inspirado por causas ignóbeis, um trabalho ruim?". Não, não mais do que o que é gasto em nobres empreendimentos, já que a própria qualidade que suporta o trabalho e se ergue a um árduo esforço é do espírito que diz: "Por que se torna negligente? Não é digno de um homem temer o suor".

08. E além disso, para que a virtude seja perfeita, deve haver um temperamento e um esquema de vida uniforme que sejam consistentes consigo mesmos; e esse resultado não pode ser alcançado sem o conhecimento das coisas nem sem a arte que nos permite compreender as coisas humanas e as coisas divinas. Esse é o maior bem. Se você aproveitar este bem, você começa a ser um associado íntimo dos deuses e não um suplicante deles.

09. "Mas como," você pergunta, "alguém atinge esse objetivo?" Você não precisa atravessar os Alpes Peninos ou Graios,[120] ou atravessar o deserto de Candávia, ou enfrentar os Sirtes, ou Cila, ou Caríbdis,[121] embora você tenha viajado através de todos esses lugares por causa dessa sua insignificante procuradoria; a viagem pela qual a natureza o equipou é segura e agradável. Ela lhe deu tais dons. Desta vez, o caminho é seguro e ameno. Se você não desistir no meio, chegará à meta como homem igual a um deus.

10. Seu dinheiro, entretanto, não o colocará ao nível de um deus, por que um deus não tem posses. Seu manto bordado não fará isso; porque Deus não traja vestes; nem irá a sua reputação nem a sua própria presença nem a notoriedade de seu nome por todo o mundo; porque ninguém conhece a Deus; muitos até O tem em baixa estima e não sofrem por isso. A multidão de escravos que carrega sua liteira ao longo das ruas da cidade e em lugares estrangeiros não irá ajudá-lo, porque este Deus de quem falo, embora seja o mais alto e poderoso dos seres, carrega todas as coisas nos próprios ombros. Nem a beleza nem a força podem fazer você abençoado, pois nenhuma dessas qualidades pode resistir à velhice.

11. O que temos de procurar, então, é o que não passa cada dia mais e mais sob o controle de algum poder que não pode ser resistido. E o que é isso? É a alma, mas a alma que é justa, boa e grande. O que mais você poderia chamar de tal alma do que um Deus morando como convidado em um corpo humano? Uma alma como esta pode descer para um equestre romano, assim como para um filho de liberto ou para um escravo. Pois o que é um "equestre", um "filho de um liberto", um "escravo"? São meros títulos, nascidos da ambição ou do mal característico dos humanos. Pode-se saltar para o céu das próprias favelas. Apenas erga-se

| e molde-se de acordo com seu Deus. | et te quoque dignum Finge deo.[122] |

Esta modelagem não será feita em ouro ou prata, uma imagem que deve ser à semelhança de Deus não pode ser moldada de tais materiais. Lembre-se de que os deuses, quando eram bons para com os homens, eram moldados em barro!

Mantenha-se Forte. Mantenha-se Bem.

XXXII.
SOBRE PROGRESSO

Saudações de Sêneca a Lucílio.

01. Eu tenho perguntado sobre você e perguntado a todos que vêm da sua parte do país, o que você está fazendo, onde está gastando seu tempo e com quem. Você não pode me enganar, porque eu estou acompanhando. Viva como se tivesse certeza de que receberei notícias de suas ações, ou melhor, como se tivesse certeza de que eu as vejo. E se você se perguntar o que particularmente me agrada do que eu ouço, é que não ouço nada que a maioria daqueles a quem eu pergunto não sabe o que você está fazendo.

02. Esta é uma boa prática: abster-se de associar-se a homens de outra estampa e de outros objetivos. E estou realmente confiante de que você não pode ser corrompido, que você vai manter o seu propósito, mesmo que a multidão o cerque e procure distraí-lo. O que, então, está em minha mente? Não tenho medo de que o alterem, mas tenho medo de que possam retardar seu progresso. Dificultarem-nos o avanço é um prejuízo de monta, especialmente porque a vida é tão breve e a tornamos ainda mais curta por nossa instabilidade, por fazer sempre novos começos: agora um e depois imediatamente outro. Nós dividimos a vida em pequenos pedaços e a desperdiçamos.

03. Apresse-se adiante então, querido Lucílio, e reflita o quanto aceleraria sua velocidade se um inimigo estivesse nas suas costas ou se suspeitasse que a cavalaria estivesse se aproximando e pressionando fortemente seus passos durante uma fuga. E é isto mesmo o que sucede: o inimigo está realmente pressionando você; você deve aumentar a sua velocidade e fugir e chegar a uma posição segura, lembrando-se continuamente de que é nobre completar sua vida antes de a morte chegar e então esperar em paz o quinhão restante do seu tempo, não reivindicando nada para si mesmo, uma vez que você já está em posse de uma vida feliz; pois tal vida não se torna mais feliz por ser mais longa.

04. Oh, quando será que saberá que o tempo não significa nada para você, quando estará calmo e sereno, despreocupado com o amanhã, porque estará gozando a sua vida ao máximo? Você sabe o que torna os homens gananciosos pelo futuro? É que ninguém se encontrou ainda. Seus pais, com certeza, pediram outras bênçãos para você, mas eu mesmo rezo mais para que possa desprezar todas as coisas que os seus pais desejaram para você em abundância. Suas orações saqueiam muitas outras pessoas, simplesmente para que você possa ser enriquecido. Tudo o que eles pedem para você precisará ser removido de outra pessoa.

05. Eu oro para que você possa ter tal controle sobre si mesmo, para que sua mente, agora abalada por pensamentos errantes, possa finalmente descansar e ser firme, para que ela possa estar contente com ela mesma e alcançar uma compreensão do que seja verdadeiramente bom, e isso estará em nossa posse tão logo tenhamos esse conhecimento, que não há necessidade de anos adicionais. Aquele que finalmente superou todas suas necessidades, aquele que atingiu sua dispensa honrosa e é livre, aquele ainda viverá depois que sua vida foi concluída.

Mantenha-se Forte. Mantenha-se Bem.

XXXIII.
SOBRE A FUTILIDADE DE APRENDER AXIOMAS

Saudações de Sêneca a Lucílio.

01. Você deseja que eu conclua esta carta assim como eu encerrei minhas cartas anteriores, com certas máximas tomadas dos mestres de nossa escola. Mas eles não se interessavam em resumos escolhidos. Toda a textura de seus trabalhos está cheia de vigor. Há desigualdade, você sabe, quando alguns objetos se erguem acima de outros. Uma única árvore não é notável se toda a floresta sobe à mesma altura.

02. A poesia está repleta de declarações desse tipo, assim como a história. Por essa razão, eu não quero que pense que essas expressões pertencem a Epicuro. Elas são de domínio público e enfaticamente nossas.[123] São, no entanto, mais notáveis em Epicuro, porque aparecem em intervalos infrequentes e quando não se espera por elas. E é surpreendente que palavras viris possam ser faladas a qualquer momento por um homem afeminado que costumava pregar a indolência. Pois é isso que a maioria das pessoas sustenta: na minha opinião, no entanto, Epicuro é realmente um homem corajoso, mesmo que usasse vestes compridas. Força moral, energia e prontidão para a batalha são encontradas entre os persas, tanto quanto entre os povos que zombam de si mesmos com túnicas curtas.[124]

03. Portanto, você não precisa recorrer a trechos e citações; pensamentos que se podem extrair aqui e ali nas obras de outros filósofos que percorrem todo o corpo de nossos escritos. Portanto, não temos bens de mostruário, nem enganamos o comprador de tal maneira que, se ele entrar na nossa loja, não encontrará nada, exceto o que é exibido na vitrine. Nós permitimos que os próprios compradores retirem suas amostras de qualquer lugar que desejem.

04. Suponha que desejemos separar cada mote do estoque geral, a quem devemos dar-lhes crédito? A Zenão, Cleantes, Crisipo, Panécio ou

Posidônio?[125] Nós estoicos não somos súditos de um déspota: cada um de nós reivindica sua própria liberdade. Com eles,[126] por outro lado, o que Hermarco diz ou Metrodoro diz, é atribuído a uma única fonte. Naquela fraternidade, tudo o que qualquer homem diz é creditado à liderança e autoridade de um só.[127] Nós não podemos, eu defendo, não importa como, selecionar um item bom de uma multidão de coisas igualmente boas.

| **Só o pobre conta o seu rebanho.** | **Pauperis est numerare pecus.**[128] |

Para onde quer que dirija seu olhar, você encontrará algo que pode se destacar do resto, se o contexto em que o lê não for igualmente notável.

05. Por esta razão, desista de acreditar que pode desnatar, por meio de resumos, a sabedoria de homens ilustres. Olhe para a sua sabedoria como um todo, estude-a como um todo. Ela elabora um plano coesamente tecido, linha a linha, uma obra-prima, da qual nada pode ser tirado sem ferir o todo. Examine as partes separadas, se quiser, desde que você as examine como partes do próprio homem. Uma bela mulher não é aquela cujo tornozelo ou braço é elogiado, mas cuja aparência geral faz você esquecer de admirar atributos únicos.

06. Se você insistir, no entanto, não serei mesquinho com você, mas pródigo, pois há uma enorme multidão dessas passagens; elas estão espalhadas em profusão, elas não precisam ser arrebanhadas, mas apenas colhidas. Elas não gotejam ocasionalmente, elas fluem continuamente. Elas são ininterruptas e estão intimamente ligadas. Sem dúvida, seria muito benéfico para aqueles que ainda são principiantes, pois um axioma único é compreendido mais facilmente quando é marcado e delimitado como uma linha de verso.

07. É por isso que damos às crianças um provérbio, ou o que os gregos chamam *chreia* (χρεία),[129] para ser aprendido de cor, pois esse tipo de coisa pode ser compreendido pela mente jovem, que ainda não é totalmente capaz. Para um homem, no entanto, cujo progresso é definitivo, perseguir os extratos escolhidos e escorar sua fraqueza pelos ditos mais conhecidos e mais breves e depender de sua memória, é vergonhoso; é hora de se apoiar em si mesmo. Um homem deveria criar tais máximas e não as memorizar. Pois é vergonhoso até para um ancião, ou alguém que tenha

avistado a velhice, ter um conhecimento de livro de anotações. "Foi o que Zenão disse." Mas o que você mesmo disse? "Esta é a opinião de Cleantes." Mas qual é a sua opinião? Por quanto tempo marchará sob as ordens de outro homem? Tome o comando e profira alguma palavra de que a posteridade possa se lembrar. Coloque algo de seu próprio estoque.

08. Por isso, considero que não há nada de eminência em homens como estes, que nunca criam nada, mas sempre se escondem à sombra dos outros, desempenhando o papel de intérpretes, nunca ousando pôr em prática o que eles tanto estudam. Eles exercitam suas lembranças no material de outros homens. Mas uma coisa é lembrar, outra, saber. Lembrar é meramente salvaguardar algo confiado à memória; saber, no entanto, significa fazer tudo você mesmo; significa não depender da cópia e não precisar lançar o olhar o tempo todo para o mestre.

09. "Assim disse Zenão, assim disse Cleantes, de fato!" Que haja uma diferença entre você e seu livro! Quanto tempo você deve ser um aprendiz? De agora em diante, seja professor também! "Mas por que", pergunta-se, "eu deveria continuar ouvindo palestras sobre o que eu posso ler?". "A voz viva", responde o mestre, "é uma grande ajuda". Talvez, mas não a voz que apenas se faz o porta-voz das palavras de outra pessoa e só executa o ofício de um estenógrafo.

10. Considere também este fato. Aqueles que nunca alcançaram a sua independência mental começam, em primeiro lugar, seguindo o líder nos casos em que todos abandonaram o líder; depois, em segundo lugar, seguem-no em assuntos onde a verdade ainda está sendo investigada. No entanto, a verdade nunca será descoberta se descansarmos satisfeitos com as descobertas já feitas. Além disso, aquele que segue o outro autor não só não descobre nada, mas nem sequer está investigando.

11. O que então? Não seguirei os passos de meus predecessores? Me recusarei a percorrer vias já trilhadas? Devo realmente usar a estrada velha, mas se encontrar um atalho que seja mais suave para viajar, devo abrir a nova estrada.[130] Os homens que fizeram essas descobertas antes de nós não são nossos donos, mas nossos guias. A verdade está à disposição de todos, ainda não foi monopolizada. E ainda há muito dela para a posteridade descobrir.

Mantenha-se Forte. Mantenha-se Bem.

XXXIV.
SOBRE UM ALUNO PROMISSOR

Saudações de Sêneca a Lucílio.

01. Eu cresço em espírito, e pulo de alegria, e esqueço a minha idade, e meu sangue corre quente novamente sempre que percebo, a partir de suas ações e cartas, quanto você superou o homem convencional que deixou para trás há muito tempo. Se o fazendeiro se satisfaz quando sua árvore cresce e dá frutos, se o pastor se satisfaz com o aumento de seu rebanho, se cada homem considera seu discípulo como a si próprio ainda em juventude, então, quais pensa serem os sentimentos daquele que treinou uma mente e modelou uma nova ideia, quando de repente ele percebe que essa está madura?

02. Eu me dou o crédito: você é obra minha. Quando vi suas habilidades e natureza de seu caráter, coloquei as mãos sobre você, incentivei-o e não permiti que fosse preguiçoso e ainda o estimulei continuamente. E agora estou fazendo o mesmo, mas desta vez estou torcendo por alguém que está na disputa, e isso me anima.

03. "O que mais quer de mim, então?", você pergunta, "a vontade ainda é minha". Bem, a vontade é neste caso quase tudo e não apenas a metade, como diz o ditado, "uma tarefa começada é meio caminho andado". É mais do que a metade, pois a questão de que falamos é determinada pela alma.[131] Consequentemente a maior parte da bondade é a vontade de querer ser bom. Você sabe o que eu quero dizer com um bom homem? Alguém que é completo, definido e que não pode ser corrompido por nenhuma coerção ou necessidade.

04. Vejo uma pessoa assim em você, se perseverar e se dobrar para sua tarefa e fizer com que todas as suas ações e palavras se harmonizem e correspondam umas com as outras e sejam carimbadas no mesmo molde. Se os atos de um homem não estão em harmonia com suas palavras, sua alma está corrompida.

Mantenha-se Forte. Mantenha-se Bem.

XXXV.
SOBRE A AMIZADE ENTRE MENTES SEMELHANTES

Saudações de Sêneca a Lucílio.

01. Quando eu insisto com tanto afinco em seus estudos da filosofia, é meu próprio interesse que estou defendendo: quero sua amizade e ela não me será proveitosa a menos que você continue com a tarefa de se desenvolver. Por enquanto, embora me ame, você ainda não é meu amigo. "Mas," você responde, "teriam essas palavras significado diferente?". Sim, elas são totalmente diferentes em significado. Um amigo o ama, é claro; mas quem o ama não é, em todos os casos, seu amigo. A amizade, portanto, é sempre útil, mas o amor, às vezes, faz mal e é nocivo. Tente aperfeiçoar-se, se não por outra razão, para que você possa aprender como amar.

02. Apresse-se, portanto, para que, enquanto se aperfeiçoa para meu benefício, você não tenha aprendido a perfeição em benefício de outrem. Com certeza, já estou obtendo algum lucro ao imaginar que nós dois seremos de uma só mente e que qualquer parte da minha força que tenha cedido à idade retornará para mim por sua força, embora não haja tanta diferença em nossa idade.

03. Mas ainda assim desejo me alegrar no fato consumado. Nós sentimos uma alegria por aqueles que amamos, mesmo quando separados deles, mas tal alegria é leve e passageira. A visão de uma pessoa, a sua presença e a comunhão com ela proporcionam algo de prazer vivo; isso é verdade, de alguma maneira, se alguém não só vê o homem que deseja, mas o tipo de homem que deseja. Doe-se a mim, portanto, como um presente de grande preço e, para que você possa se esforçar ainda mais, reflita que você mesmo é mortal e que eu sou velho.

04. Apresse-se a me encontrar, mas apresse-se a encontrar-se em primeiro lugar. Progrida e, antes de tudo, procure ser consistente consigo mesmo.

E quando quiser descobrir se conseguiu alguma coisa, considere se você deseja hoje as mesmas coisas que você desejava ontem. Um deslocamento da vontade indica que a mente está em deriva no mar, indo em várias direções de acordo com o curso do vento. Mas o que está estabelecido e sólido não vagueia de seu posto. Este é o terreno abençoado do homem completamente sábio e também, em certa medida, daquele que está progredindo e tem feito alguns avanços. Qual é a diferença entre essas duas classes de homens? Um está em movimento, com certeza, mas não muda sua posição; simplesmente debate-se acima e abaixo de onde está; o outro está absolutamente estável, sem oscilar sua base.

Mantenha-se Forte. Mantenha-se Bem.

XXXVI.
SOBRE O VALOR DA APOSENTADORIA[132]

Saudações de Sêneca a Lucílio.

01. Incentive seu amigo a desprezar corajosamente aqueles que o censuram porque ele procurou a sombra da vida privada e abdicou de sua carreira de honras e, embora pudesse ter alcançado mais, preferiu a tranquilidade. Deixe-o provar diariamente a estes detratores como sabiamente ele defendeu os próprios interesses. Aqueles que são invejados pelos homens passam ao largo, alguns serão empurrados para fora de sua posição social e outros cairão. A prosperidade é uma coisa turbulenta, ela atormenta. Ela agita o cérebro em mais de um sentido, incitando os homens a vários objetivos, alguns para o poder, outros para a vida de luxúria. Alguns ela enche de orgulho, outros afrouxa, mas a todos destrói igualmente.

02. "Mas", diz a réplica, "Fulano conduz bem a sua prosperidade". Sim, assim como ele conduz bem sua bebida. Então você precisa não deixar que essa classe de homens o persuada, que aquele que é sitiado pela multidão é feliz. A multidão corre para ele como correm para uma lagoa de água, tornando-a lamacenta enquanto a drenam. Mas você diz: "Os homens chamam nosso amigo de insignificante e preguiçoso". Há homens, você sabe, cujo discurso é oblíquo, que usam termos contraditórios. Eles o chamavam de feliz, e daí? Era ele feliz?

03. Mesmo o fato de que para algumas pessoas ele se pareça com um homem de mente muito áspera e sombria, não me incomoda. Aristo[133] costumava dizer que preferia um jovem sisudo a um homem jovial e agradável à multidão. "Pois", acrescentava, "vinho que, quando novo, parece áspero e azedo, torna-se bom vinho, mas o que provou bem na vindima, pode não suportar a idade." Então, que eles o chamem de severo e inimigo de seu próprio progresso, é essa severidade que cairá bem quando envelhecer, desde que continue a apreciar a virtude e a absorver completamente os estudos que faz para a cultura,[134] não aqueles suficientes para que um homem se borrife, mas aqueles em que a alma deve ser mergulhada e ficar impregnada.

04. Agora é a hora de aprender. "O quê? Há alguma época em que um homem não deva aprender?" De jeito nenhum, mas assim como é meritório para todas as idades estudar, não é meritório para todas as idades ser instruído nas primeiras letras. Um homem velho que aprende seu ABC é uma coisa vergonhosa e absurda; o jovem deve armazenar, o velho deve usar. Você, portanto, estará fazendo uma coisa mais útil para si mesmo se fizer deste amigo seu um homem tão bom quanto possível; essas bondades, dizem eles, devem ser buscadas e concedidas, pois beneficiam ao doador não menos que ao receptor; e elas são, sem dúvida, as melhores.

05. Finalmente, não tem mais nenhuma liberdade no assunto aquele que empenhou sua palavra. E é menos vergonhoso renegociar com um credor do que renegociar com um futuro promissor. Para pagar sua dívida de dinheiro, o homem de negócios deve ter uma expedição lucrativa, o agricultor deve ter campos frutíferos e bom tempo, mas a dívida de seu amigo pode ser completamente paga por mera boa vontade.

06. A Fortuna não tem jurisdição sobre o caráter. Permita regular seu caráter de modo que, em perfeita paz, possa trazer à perfeição aquele espírito que não sente perda nem ganho, mas que permanece na mesma atitude, não importa como as coisas se dão. Um espírito como este, se agraciado com bens mundanos, se eleva à sua riqueza; se, por outro lado, o acaso o despoja de uma parte de sua riqueza ou mesmo de tudo, não é prejudicado.

07. Se seu amigo tivesse nascido no Império Parta, ele teria começado, quando criança, a dobrar o arco; se na Germânia, estaria brandindo a sua esguia lança; se ele tivesse nascido nos dias de nossos antepassados, ele teria aprendido a montar um cavalo e a castigar seu inimigo mão a mão. Estas são as ocupações que o sistema de cada estirpe recomenda ao indivíduo, mais que isso, prescreve a ele.

08. Ao que, então, esse amigo seu dedicará sua atenção? Eu digo que aprenda o que é útil contra todas as armas, contra todo tipo de inimigo: o desprezo pela morte. Porque ninguém duvida que a morte tenha em si algo que inspire o terror, de modo que choca até mesmo nossas almas, que a natureza moldou para que amem sua própria existência; pois de outro modo não haveria necessidade de nos preparar e de aguçar nossa coragem para encarar o que deveria ser uma espécie de instinto voluntário, pois da mesma forma todos os homens tendem a preservar sua existência.

09. Nenhum homem aprende uma coisa a fim de que, se a necessidade surgir, ele possa se deitar sobre um leito de rosas; mas ele prepara sua coragem para que não entregue sua fé à tortura e que, se necessário, possa algum dia ficar de guarda nas trincheiras sem se apoiar na sua lança, mesmo estando ferido; porque o sono é capaz de rastejar até os homens que se sustentam por qualquer suporte. Na morte não há nada prejudicial, pois deve existir algo para que ela seja prejudicial.[135]

10. E ainda, se você está possuído por tão grande desejo de uma vida mais longa, reflita que nenhum dos objetos que desaparecem do nosso olhar e são reabsorvidos no mundo das coisas é aniquilado, eles surgem e em breve irão ressurgir, eles simplesmente terminam o seu curso, contudo não perecem. E a morte, que tememos e nos afastamos, simplesmente interrompe a vida, mas não a rouba; o tempo voltará quando seremos restaurados à luz do dia, num regresso ao qual muitos homens opor-se-iam se não fossem trazidos de volta tendo esquecido o passado.

11. Mas quero mostrar-lhe, mais tarde, com mais cuidado, que tudo o que parece perecer apenas se transforma.[136] Uma vez que você está destinado a retornar, deve partir com uma mente tranquila. Perceba como o percurso do universo repete seu curso: você verá que nenhuma estrela em nosso firmamento é extinguida, mas que todas elas surgem e se erguem em alternância. O verão foi embora, mas outro ano o trará de novo; o inverno está acabando, mas será restaurado por seus próprios meses; a noite dominou o sol, mas o dia logo derrubará a noite outra vez. As estrelas nômades retraçam seus cursos anteriores, uma parte do céu está em ascensão incessantemente e uma parte está em movimento descendente.

12. Uma palavra mais e então vou parar; as crianças de colo, os jovens e os que ficaram loucos não têm medo da morte, é muito vergonhoso se a razão não pode nos dar essa paz de espírito que é trazida pela carência de razão.

Mantenha-se Forte. Mantenha-se Bem.

XXXVII.
SOBRE A LEALDADE À VIRTUDE

Saudações de Sêneca a Lucílio.

01. Você prometeu ser um homem bom, você se alistou sob juramento, esta é a corrente mais forte que irá mantê-lo no bom discernimento. Qualquer homem estará zombando de você, se declarar que este é um tipo de alistamento afeminado e fácil. Eu não vou enganá-lo. A palavra deste pacto mais honroso é a mesma que as palavras daquele mais vergonhoso, a saber, jurar submeter-se "à tortura, à prisão ou à morte pela espada".[137]

02. No caso dos homens que vendem suas forças na arena, que comem e bebem o que devem pagar com seu sangue, é certo que suportarão tais provações mesmo que relutantemente; de você, que as suporte voluntariamente e com empenho. O gladiador pode abaixar sua arma e testar a piedade do povo, mas você não abaixará a sua arma nem suplicará pela vida. Você deve morrer ereto e inflexível. Além disso, que lucro é ganhar alguns dias ou alguns anos? Não há absolvição para nós desde o momento em que nascemos. Nós, estoicos, não podemos ser desmobilizados!

03. "Como posso então me libertar?", você pergunta. Você não pode fugir do inevitável, mas pode superá-lo:

> **pela força um caminho é aberto.**   **Fit via vi.**[138]

E esta maneira lhe será dada pela filosofia. Recorra, portanto, à filosofia se quiser estar seguro, tranquilo, feliz, se quiser ser – e isso é mais importante – livre. Não há outra maneira de atingir esse fim.

04. A estupidez[139] é vil, abjeta, má, servil e exposta a muitas das paixões mais cruéis. Essas paixões, que são severas capatazes, às vezes governam em turnos e às vezes juntas, porém podem ser banidas de você pela sabedoria, que é a única liberdade real. Há apenas um caminho que leva para lá e é um caminho reto: você não se extraviará. Prossiga com passo firme, e se você tiver todas as coisas sob seu controle, coloque-se sob o controle da razão, se a razão se tornar sua governante, você se tornará governador de muitos. Você aprenderá com ela o que deve empreender e como deve ser feito, assim não será surpreendido pelos acontecimentos.

05. Você não pode me mostrar nenhum homem que saiba como ele começou a desejar o que deseja. E por quê? Porque o homem comum não foi levado a esse passo por premeditação, ele foi arrastado por impulsos. A Fortuna nos ataca quantas vezes atacarmos a Fortuna. É vergonhoso, em vez de seguir em frente, ser levado e, de repente, em meio ao redemoinho dos acontecimentos, perguntar de forma aturdida: "Como é que eu entrei nessa situação?"

Mantenha-se Forte. Mantenha-se Bem.

XXXVIII.
SOBRE O ENSINAMENTO TRANQUILO

Saudações de Sêneca a Lucílio.

01. Você está certo quando pede que aumentemos nosso tráfego mútuo de cartas. Mas o maior benefício é derivado da conversa, porque ela se desliza gradualmente até a alma. Palestras preparadas de antemão e lançadas na presença de uma multidão têm nelas mais barulho, mas menos intimidade. Filosofia é um bom conselho e ninguém pode dar conselhos gritando com toda sua força. É claro que às vezes também devemos usar esses discursos bombásticos, se assim posso chamá-los, quando um membro duvidoso precisa ser estimulado a esporas; mas quando o objetivo é fazer com que um homem aprenda e não apenas fazê-lo desejar aprender, devemos recorrer às palavras em tom de conversa. Elas entram mais facilmente e ficam na memória; pois não precisamos de muitas palavras, mas palavras mais eficazes.

02. As palavras devem ser espalhadas como sementes. Não importa quão pequena a semente possa ser, se uma vez encontra terreno favorável, desdobra sua força e de uma coisa insignificante se espalha para seu grandioso crescimento. A razão cresce da mesma maneira, não é grande à primeira vista, mas aumenta à medida que faz seu trabalho. Poucas palavras são ditas, mas se a mente realmente as apanha, elas entram em vigor e brotam. Sim, ensinamentos e sementes têm a mesma qualidade, eles produzem muito e ainda assim são pequenas coisas. Apenas, como eu disse, deixe uma mente favorável recebê-las e assimilá-las. Então, por si só, a mente também produzirá abundantemente por sua vez, retribuindo com mais do que recebeu.

Mantenha-se Forte. Mantenha-se Bem.

XXXIX.
SOBRE ASPIRAÇÕES NOBRES

Saudações de Sêneca a Lucílio.

01. De fato, arranjarei para você, em ordem cuidadosa e delimitada, as notas que você pede. Mas considere se você não pode obter mais ajuda do método habitual[140] do que a partir do que agora é comumente chamado de "breviário", embora nos bons velhos tempos, quando o latim real era falado, isso fosse chamado de "súmula."[141] O primeiro é mais necessário a quem está aprendendo um assunto, este último a alguém que o conhece. Pois um ensina, o outro agita a memória. Mas vou lhe dar abundante oportunidade para ambos. Um homem como você não deveria me pedir esta autorização ou aquela, aquele que fornece um fiador para suas declarações demonstra-se leigo.

02. Por conseguinte, escreverei exatamente o que você deseja, mas o farei a meu modo. Até lá, você tem muitos autores cujas obras presumivelmente manterão suas ideias suficientemente em ordem. Pegue a lista dos filósofos. Esse mesmo ato irá obrigá-lo a acordar, quando você vir quantos homens têm trabalhado para seu benefício. Desejará ansiosamente ser um deles você mesmo, pois essa é a qualidade mais excelente que a alma nobre tem dentro de si, ela pode ser despertada para atitudes virtuosas. Nenhum homem de dons elevados está satisfeito com o que é inferior e medíocre, a visão de grandes realizações o convoca e inspira.

03. Assim como a chama salta diretamente para o ar e não pode ser restrita ou mantida ao chão e não pode repousar em silêncio, assim também a nossa alma está sempre em movimento, e quanto mais ardente é, maior o seu movimento e atividade. Mas feliz é o homem que aplica este ímpeto para coisas melhores! Ele se colocará além da jurisdição do acaso, ele sabiamente administrará a prosperidade, ele diminuirá a adversidade e desprezará o que os outros têm em admiração.

04. É a qualidade de uma grande alma desprezar grandes coisas e preferir o que é ordinário, em vez do que é muito grandioso. Pois uma condição é útil e vivificante, mas a outra faz mal apenas porque é excessiva. Da mesma forma, um solo muito rico faz com que o grão cresça insosso, que ramos quebrem sob uma carga muito pesada, produtividade excessiva não traz frutos para o desenvolvimento pleno. Este é o caso da alma também, pois é arruinada pela prosperidade descontrolada, que é usada não só em detrimento dos outros, mas também em detrimento de si mesma.

05. Qual inimigo é tão nocivo para qualquer adversário como são seus prazeres para certos homens? A única desculpa que podemos permitir para a incontinência e a luxúria exasperada desses homens é o fato de que sofrem os males que infligiram aos outros. E são devidamente assediados por essa loucura, porque o desejo precisa de espaço ilimitado para suas excursões, se transgride a média natural. Pois a natureza tem seus limites, mas a rebeldia e os atos que brotam das necessidades artificiais derivadas do prazer obstinado não têm fronteiras.

06. A utilidade avalia nossas necessidades, mas por qual padrão você pode aferir o que é supérfluo? É por essa razão que os homens se afundam nos prazeres e não podem ficar sem quando se acostumaram a eles, e por isso são mais miseráveis, porque chegaram a tal ponto que o que antes lhes era supérfluo tornou-se indispensável. E assim eles são escravos de seus prazeres em vez de apreciá-los; eles até amam os próprios vícios – e esse é o pior mal de todos! É então que se alcança o auge da infelicidade, quando homens não são apenas atraídos, mas até satisfeitos, por coisas vergonhosas e quando não há mais espaço para uma cura, pois agora aquelas coisas que outrora eram vícios se tornaram hábitos.

Mantenha-se Forte. Mantenha-se Bem.

XL.
SOBRE O ESTILO APROPRIADO PARA O DISCURSO DE UM FILÓSOFO

Saudações de Sêneca a Lucílio.

01. Agradeço-lhe por ter me escrito tantas vezes, pois você está revelando seu verdadeiro espírito para mim da única maneira que pode. Eu nunca recebo uma carta sua sem entrar imediatamente em sua companhia. Se um retrato de nossos amigos ausentes é agradável para nós, embora apenas refresque a memória e alivie nosso anseio por um consolo irreal e insubstancial, quão mais agradável é uma carta, que nos traz verdadeiros vestígios, evidências reais de um amigo ausente! A impressão da mão de um amigo gravada na folha da carta permite-nos sentir a sua presença – aquilo, finalmente, que mais nos interessa no encontro face a face.

02. Você me escreve que ouviu uma palestra do filósofo Serapião, quando esteve em seu lugar de residência na Sicília. "Ele está acostumado", você diz, "a distender suas palavras em uma corrida poderosa e não deixa que elas fluam uma a uma, mas as faz se aglomerarem e se precipitarem uma sobre a outra. Uma única voz é inadequada para expressá-las." Eu não aprovo isso em um filósofo: seu discurso, como sua vida, deve ser sereno e nada que corre impetuosamente e é apressado pode ser bem ordenado. É por isso que, em Homero, o estilo rápido, que varre sem uma pausa como uma rajada de neve, é atribuído ao orador mais jovem; do idoso a eloquência flui delicadamente, mais doce do que o mel.[142]

03. Portanto, marque minhas palavras: essa maneira vigorosa de falar, rápida e copiosa, é mais adequada a um charlatão do que a um homem que está discutindo e ensinando um assunto importante e sério. Mas eu me oponho fortemente tanto que você goteje suas palavras como que as lance em alta velocidade, não se deve manter a orelha sob suspense nem a ensurdecer. Pois esse estilo pobre e fraco também torna o público menos atento porque o cansa de sua lentidão balbuciante; no entanto, a palavra que há muito se espera penetra com mais facilidade do que a palavra que passa rapidamente. Finalmente, as pessoas falam de "transmitir" preceitos aos seus alunos, mas não se está "transmitindo" o que escapa à compreensão.

04. Além disso, o discurso que lida com a verdade deve ser simples e sem artifícios. Este estilo popular não tem nada a ver com a verdade, seu objetivo é impressionar o rebanho comum, para arrebatar orelhas despreocupadas por sua velocidade. Não se oferece para discussão, mas se afasta da discussão. Mas como esse discurso pode governar outros que não podem ser governados? Não posso também mencionar que todo discurso que é empregado com o propósito de curar nossas mentes, deve penetrar em nós? Remédios não valem, a menos que permaneçam no sistema.

05. Além disso, esse tipo de discurso contém uma grande quantidade de vazio, tem mais som do que poder. Meus terrores deveriam ser acalmados, minhas irritações apaziguadas, minhas ilusões sacudidas, minhas indulgências contidas, minha ganância repreendida. E qual dessas curas pode ser feita com pressa? Que médico pode curar seu paciente em uma visita de passagem? Posso acrescentar que tal jargão de palavras confusas e mal escolhidas também não pode nem ao menos proporcionar prazer?

06. Mas, assim como na maioria dos casos, você ficaria satisfeito em ter visto truques os quais não pensava que poderiam ser feitos, então no caso desses ginastas de palavra, tê-los ouvido uma vez é mais que o suficiente. O que um homem deseja aprender ou imitar neles? O que deve pensar de suas almas quando seu discurso é enviado para o ataque em total desordem e não pode ser controlado?

07. Assim como quando você corre ladeira abaixo, você não consegue parar no ponto planejado, mas seus passos são levados pelo momento de seu corpo e são carregados para além do local onde você quis parar, então essa velocidade de fala não tem controle sobre si mesma nem é apropriada para a filosofia, uma vez que a filosofia deve cuidadosamente colocar suas palavras, não as arremessar a esmo, e as deve apresentar passo a passo.

08. "O que, então?", você diz. "Não deveria a filosofia tomar às vezes um tom mais majestoso?" Claro que ela deveria, mas a dignidade de caráter deve ser preservada e isso é despojado por força tão violenta e excessiva. Que a filosofia possua grandes forças, mas bem controladas; deixe seu fluxo correr incessantemente, mas nunca se tornar uma torrente. E eu dificilmente permitiria até mesmo a um advogado uma rapidez de discurso como esta, que não pode ser chamada de volta, que vai à frente sem lei. Pois como poderia ser seguido pelos jurados, que são frequentemente inexperientes e não treinados? Mesmo quando o advogado é levado por seu desejo de mostrar seus poderes ou por uma emoção incontrolável, mesmo assim ele não deve acelerar o seu ritmo e amontoar as palavras em uma extensão maior do que o ouvido pode suportar.

09. Você estará agindo corretamente, portanto, se você evitar aqueles homens que procuram o quanto podem dizer, em vez de o que devem dizer. E se for para escolher, já que uma escolha deve ser feita, fale como Públio Vinício,[143] o gago. Quando perguntaram a Asellio como Vinício falou, ele respondeu: "Arrastada!" Gémino Valério, por seu lado, observava a propósito: "Eu não vejo como você pode chamar esse homem de eloquente, porque ele não pode pronunciar três palavras juntas". Por que, então, você não deveria escolher falar como Vinício faz?

10. Embora, naturalmente, alguns gaiatos possam atravessar o seu caminho, como a pessoa que disse, quando Vinício estava arrastando suas palavras uma a uma, como se ele estivesse ditando e não falando. "Diga alguma coisa, você não tem nada a dizer?" E, no entanto, essa era a melhor escolha, pois a rapidez de Quinto Hatério, o orador mais famoso de sua época, é, a meu ver, evitada por um homem sensato. Hatério nunca hesitava, nunca parava; ele fazia apenas um começo e apenas uma parada, num só fôlego.

11. No entanto, suponho que certos estilos de linguagem sejam mais ou menos adequados às nações também; em um grego você pode tolerar o estilo desenfreado, mas nós, romanos, mesmo quando escrevemos, nos acostumamos a separar nossas palavras. E nosso compatriota Cícero, com quem a oratória romana saltou a destaque, também tinha um passo lento. A língua romana está mais inclinada a fazer um balanço de si mesma, a ponderar e a oferecer algo que valha a pena ponderar.

12. Fabiano,[144] homem notável por sua vida, por seu conhecimento e, menos importante do que estes, por sua eloquência também, costumava discutir um assunto com mais urgência do que com pressa; consequentemente você poderia chamar de facilidade em vez de velocidade. Eu aprovo essa qualidade no homem sábio, mas não a exijo. Apenas deixe seu discurso prosseguir sem obstáculos, embora eu prefira que ele deva ser deliberadamente proferido, em vez de conter excessiva abundância.

13. Contudo, tenho esta razão adicional para afastá-lo desta última doença, saber que você poderia somente ser bem-sucedido em praticar este estilo perdendo seu senso de autorrespeito; você teria que raspar toda a vergonha do seu semblante e se recusar a se ouvir a falar. Pois esse fluxo despreocupado levará junto muitas expressões que você gostaria de criticar.

14. E, repito, você não poderia conseguir e, ao mesmo tempo, preservar sua sensação de vergonha. Além disso, você precisaria praticar todos os dias e transferir sua atenção do assunto para as palavras. Mas as palavras, mesmo que elas venham a você prontamente e fluam sem qualquer esforço de sua parte, ainda teriam que ser mantidas sob controle. Pois, assim como um andar menos ostensivo calha bem a um filósofo, o mesmo acontece com um estilo de expressão reprimido, longe da ousadia. Portanto, a súmula dos meus conselhos é o seguinte: eu lhe digo que seja lento ao falar.[145]

Mantenha-se Forte. Mantenha-se Bem.

XLI.
SOBRE O DEUS DENTRO DE NÓS

Saudações de Sêneca a Lucílio.

01. Você está fazendo uma coisa excelente, que será saudável para você se, como me escreve, está a persistir em seu esforço para alcançar o discernimento sólido. Seria tolo rezar por isso quando pode adquiri-lo por si mesmo. Não precisamos elevar nossas mãos para o céu, nem implorar ao ministro de um templo que nos deixe chegar à orelha da estátua de seu deus, como se desse modo nossas orações fossem mais prováveis de ser ouvidas. A divindade está perto de você, ela está com você, ela está dentro de você.

02. É isso que quero dizer, Lucílio: um espírito santo mora dentro de nós, aquele que anota nossas boas e más ações e é nosso guardião. À medida que tratamos esse espírito, também somos tratados por ele. De fato, nenhum homem pode ser bom sem a ajuda de Deus. Pode alguém elevar-se acima da Fortuna, a menos que Deus o ajude a se levantar? Ele é Aquele que dá conselhos nobres e retos. Em cada homem de bem,

| um deus habita, mas qual deus nós não sabemos. | Quis deus incertum est, habitat deus.[146] |

03. Se alguma vez você se deparou com um bosque cheio de árvores antigas que cresceram a uma altura incomum, fechando a visão do céu por um véu de ramos cheios e entrelaçados, então a imponência da floresta, a reclusão do lugar e sua admiração com a espessa sombra ininterrupta no meio dos espaços abertos irá provar-lhe a presença da divindade. Ou se uma caverna, feita pelo profundo desmoronamento das rochas, sustenta uma montanha em seu arco, um lugar não construído com as mãos, mas esvaziado em tais espaços por causas naturais, sua alma será profundamente comovida por certa intimação da existência de Deus. Nós adoramos as fontes de rios poderosos, erguemos altares em lugares onde grandes riachos brotam subitamente de fontes ocultas, adoramos as fontes de águas termais como divinas e consagramos certos poços por causa de suas águas opacas ou sua imensurável profundidade.

04. Se você vê um homem que está sem medo no meio de perigos, intocado por desejos, feliz na adversidade, pacífico em meio à tempestade, que olha para os homens de um plano superior e vê os deuses em pé de igualdade, não irá um sentimento de reverência por ele abater sobre você? Você não iria dizer: "Esta qualidade é muito grande e muito sublime para ser considerada como semelhante a este pequeno corpo em que habita? Um poder divino desceu sobre esse homem".

05. Quando uma alma se eleva superior a outras almas, quando está sob controle, quando passa por cada experiência como se fosse de pequena conta, quando sorri aos nossos medos e às nossas orações, é inspirada por uma força do céu. Uma coisa como esta não pode ficar de pé, a menos que seja sustentada pelo divino. Portanto, uma maior parte dela permanece naquele lugar de onde veio à Terra. Assim como os raios do sol realmente tocam a terra, mas ainda permanecem na fonte de onde são enviados, assim também a alma grande e santificada, que desceu para que possamos ter um conhecimento mais próximo da divindade, de fato se associa a nós, mas ainda se liga à sua origem, dessa fonte ela depende, para onde vira seu olhar e se esforça a ir e se preocupa com nossas ações apenas como um ser superior a nós mesmos.

06. O que, então, é tal alma? Uma que é resplandecente sem nenhum bem externo, mas apenas com si própria. Pois o que é mais tolo do que louvar em um homem as qualidades que vêm de fora? E o que é mais insano do que maravilhar-se com características que podem, no instante seguinte, ser transmitidas a outra pessoa? Um freio de ouro não faz um cavalo melhor. O leão com juba adornada por ouro, em processo de treinamento e forçado pelo cansaço a suportar a decoração, é enviado para a arena de uma maneira completamente diferente do leão selvagem cujo espírito é intacto. Este último, de fato, ousado em seu ataque, como a natureza desejava que fosse, impressionante por causa de sua aparência selvagem, e é sua a glória que ninguém consiga olhar para ele sem medo. Este é preferível ao outro leão, aquela fera apática e dourada.

07. Nenhum homem deve se gloriar, exceto daquilo que é seu. Nós louvamos uma videira se esta faz os brotos crescerem com progresso, se pelo seu peso ela dobra ao solo as estacas que suportam seu fruto, iria algum homem preferir a esta videira uma onde pendem uvas douradas e folhas douradas? Em uma videira, a virtude peculiarmente própria é a fertilidade. No homem também devemos louvar o que é seu. Suponha que ele tem um séquito de escravos agradáveis e uma bela casa, que sua fazenda é grande e ampla é sua renda, nenhuma dessas coisas está no próprio homem, elas estão todas do lado de fora.

08. Elogie a qualidade nele que não pode ser dada ou retirada, que é a propriedade peculiar do homem. Você pergunta o que é isso? É a alma e a razão trazida à perfeição pela alma.[147] Pois o homem é um animal de raciocínio. Portanto, o maior bem do homem é atingido se ele cumpriu o bem para o qual a natureza o projetou no nascimento.

09. E o que é que a razão exige dele? A coisa mais fácil do mundo: viver de acordo com sua própria natureza. Mas isso é transformado em uma tarefa difícil pela loucura geral da humanidade: nós impulsionamos uns aos outros ao vício. E como pode um homem ser levado para a redenção, quando não tem ninguém para refreá-lo e toda a humanidade para instigá-lo?

Mantenha-se Forte. Mantenha-se Bem.

XLII.
SOBRE VALORES

Saudações de Sêneca a Lucílio.

01. Aquele seu amigo já o fez acreditar que ele é um homem de bem? E, no entanto, é impossível, em tão pouco tempo, que alguém se torne bom ou seja conhecido como tal. Você sabe que tipo de homem eu quero dizer agora quando eu falo de "um homem de bem?" Quero dizer um de segunda classe, como seu amigo. Pois um de primeira classe talvez surja na existência, como a fênix, apenas uma vez em quinhentos anos. E não é surpreendente, tampouco, que a grandeza se desenvolva apenas em longos intervalos. A Fortuna, muitas vezes, dá origem a poderes comuns, que nascem para agradar à multidão, mas ela facilita nosso julgamento do que é notável pelo fato de que ela o torna raro.

02. Este homem, no entanto, de quem você falou, ainda está longe do estado que ele declara ter alcançado. E se ele soubesse o que significa ser "um homem de bem", ele ainda não se acreditaria estar assim, talvez ele até desanimaria de sua capacidade de se tornar bom. "Mas," você diz, "ele tem má opinião sobre os homens maus." Bem, assim também fazem os próprios homens maus e não há pior pena para o vício do que o fato de estar insatisfeito consigo mesmo e com todos os seus pares.

03. "Mas ele odeia aqueles que fazem um uso indisciplinado de grande poder repentinamente adquirido." Eu replico que fará a mesma coisa assim que adquirir os mesmos poderes. No caso de muitos homens, sendo impotentes, seus vícios passam despercebidos. Por isso, logo que essas pessoas tenham recebido sua própria força, os vícios não serão menos ousados do que naqueles que a prosperidade já revelou.

04. Esses homens simplesmente não dispõem dos meios pelos quais podem revelar sua maldade. Da mesma forma, pode-se manipular até mesmo uma serpente venenosa enquanto está rígida pelo frio, o veneno não está faltando, está meramente entorpecido em inação. No caso de muitos homens, sua crueldade, ambição e indulgência só necessitam o favor da Fortuna para fazê-los cometer crimes que o igualariam ao pior. Que seus desejos são os mesmos, você descobrirá em um momento e desta maneira: dê-lhes o poder de fazer realizar seus desejos.

05. Você se lembra quando declarou que certa pessoa estava sob sua influência e eu a chamei de inconstante e de ave migratória e disse que você não a segurava pelo pé, mas apenas por uma asa? Eu estava enganado? Você a agarrou apenas por uma pena, ela a deixou em suas mãos e escapou. Você sabe que demonstração de si própria fez mais tarde perante você, quantas das coisas que ela tentou reverteram-se sobre sua própria cabeça. Ela não viu que, ao pôr em perigo os outros, estava cambaleando para a própria queda. Ela não refletiu quão pesadas eram as pretensões que estava inclinada a alcançar, mesmo que não fossem supérfluas.

06. Portanto, em relação aos objetivos que buscamos e pelos quais nos esforçamos com grande empenho, devemos observar esta verdade: ou não há nada de desejável neles, ou o indesejável é preponderante. Alguns objetivos são supérfluos, outros não valem o preço que pagamos por eles. Mas não vemos isso claramente e consideramos as coisas como brindes quando realmente nos custaram muito caro.

07. Nossa estupidez pode ser claramente comprovada pelo fato de que consideramos que "comprar" se refere apenas aos objetos pelos quais pagamos em dinheiro e consideramos como presentes as coisas pelas quais gastamos nós mesmos. Estes deveríamos recusar a comprar, se fôssemos obrigados a dar em pagamento por eles nossas casas ou alguma propriedade atraente e rentável. Mas estamos impacientes para alcançá-los ao custo da ansiedade, do perigo, da honra perdida, da liberdade pessoal e do tempo desprendido. A verdade é que o homem não considera nada mais barato do que ele mesmo.

08. Vamos, portanto, agir em todos os nossos planos e condutas, como estamos acostumados a agir sempre que nos aproximamos de um negociante que tem certas mercadorias à venda: vamos avaliar o quanto devemos pagar pelo que desejamos. Muitas vezes as coisas que custam nada nos custam mais pesadamente, posso mostrar-lhe muitos objetivos cuja

busca e aquisição arrebataram a liberdade das nossas mãos. Devemos pertencer a nós mesmos, mesmo que essas coisas não nos pertençam.

09. Por conseguinte, gostaria que você refletisse assim, não só quando se trata de uma questão de ganho, mas também quando se trata de perda. "Este objeto está destinado a perecer." Sim, era um mero acessório, você viverá sem ele tão facilmente como viveu antes. Se você o possuir por muito tempo, você o perde depois que se cansar dele, se você não o possuir por muito tempo, então o perde antes que se torne devotado a ele. "Você terá menos dinheiro." Sim, e menos problemas!

10. "Terá menos influência." Sim, e igualmente será menor a inveja. Olhe ao seu redor e observe as coisas que nos deixam preocupados, que perdemos com um dilúvio de lágrimas. Perceberá que, com referência a essas coisas, não é a perda que nos incomoda, mas o conceito de perda. Ninguém sente que elas foram perdidas, mas sua mente lhe diz que foi assim. Aquele que é dono de si próprio não pode perder nada. Mas quão poucos homens são abençoados com a propriedade de si mesmos!

Mantenha-se Forte. Mantenha-se Bem.

XLIII.
SOBRE A RELATIVIDADE DA FAMA

Saudações de Sêneca a Lucílio.

01. Você pergunta como a notícia chegou a mim e quem me informou que você estava entretendo esta ideia, sobre a qual você não disse nada a uma única alma? Foi a mais conhecedora das pessoas, o boato. "O quê?", você questiona. "Eu sou uma personagem assim tão importante que possa atiçar boato?" Ora, não há razão para que se meça de acordo com minha parte do mundo,[148] considere somente o lugar onde você está morando.

02. Qualquer ponto que sobe acima dos pontos adjacentes é grande no local onde sobressai. Pois a grandeza não é absoluta, é a comparação que a aumenta ou a diminui. Um navio que se agiganta no rio parece pequeno quando no oceano. Um leme que é grande para uma embarcação, é pequeno para outra.

03. Assim você em sua província é realmente importante,[149] embora você se menospreze. Homens perguntam o que você faz, como você janta e como dorme, e eles descobrem também. Por isso, há mais razão para viver em circunspecção. Entretanto, não se julgue verdadeiramente feliz até que perceba que pode viver frente aos olhos dos homens, contanto que suas paredes o protejam, mas não o escondam. Acreditamos que essas paredes nos cerquem, não para nos capacitar a viver com mais segurança, mas para que possamos prevaricar mais secretamente.

04. Mencionarei um fato pelo qual você pode avaliar o caráter de um homem: você dificilmente encontrará alguém que possa viver com sua porta aberta. É a nossa consciência, não o nosso orgulho, que colocou guardas à nossa porta. Nós vivemos de tal forma que, sermos expostos subitamente é equivalente a ser pego em flagrante. O que nos beneficia então nos esconder e evitar os olhos e os ouvidos dos homens?

05. Uma boa consciência recebe com prazer a multidão, mas uma má consciência, mesmo na solidão, é perturbada e inquieta. Se seus feitos são honrosos, que todos os conheçam; se infames, o que importa que ninguém deles saiba, se você mesmo os reconhece? Como você é desventurado se despreza tal testemunha!

Mantenha-se Forte. Mantenha-se Bem.

XLIV.
SOBRE FILOSOFIA E PEDIGREES

Saudações de Sêneca a Lucílio.

01. Você está insistindo de novo que é um ninguém e dizendo que a natureza em primeiro lugar e a Fortuna em segundo o trataram muito injustamente, e isso apesar de você ter a seu alcance o poder de separar-se da multidão e ascender-se para a mais alta felicidade humana! Se há algum bem na filosofia é isto, que nunca olha *pedigrees*. Todos os homens, se rastreados à sua fonte original, brotam dos deuses.

02. Você é um equestre romano e seu trabalho persistente o promoveu a esta classe, contudo certamente há muitos a quem as quatorze fileiras[150] são barradas. A Câmara do Senado não está aberta a todos, o exército, também, é escrupuloso na escolha dos que admite alistar.[151] Mas uma mente nobre é livre para todos os homens. De acordo com este teste, todos nós podemos ganhar distinção. A filosofia não rejeita nem escolhe ninguém, sua luz brilha para todos.

03. Sócrates não era aristocrata, nunca foi patrício. Cleantes trabalhou em um poço e serviu como um homem contratado regando um jardim. A filosofia não achou Platão já um nobre, ela o fez um. Por que então você deve temer ser capaz de se comparar a homens como estes? Eles são todos os seus ancestrais se você se comportar de maneira digna; e você fará isso se se convencer, desde o princípio, de que nenhum homem o supera em verdadeira nobreza.

04. Todos temos o mesmo número de antepassados. Não há homem cujo primeiro começo não fuja da memória. Platão diz: "Todo rei nasce de uma raça de escravos e todo escravo tem reis entre seus antepassados".[152] O passar do tempo, com suas vicissitudes, tem misturado todas essas posições sociais e a Fortuna as virado de cabeça para baixo.

05. Então, quem é bem-nascido? Aquele que por natureza é bem adaptado à virtude. Esse é o único ponto a ser considerado, caso contrário, se você voltar para a antiguidade, cada um remonta a uma data antes da qual não há nada. Desde os primórdios do universo até o presente fomos conduzidos a frente de origens que eram alternadamente ilustres e ignóbeis. Um salão cheio de bustos enegrecidos pelo fumo não faz de ninguém um nobre. Nenhuma vida passada foi vivida para nos emprestar a glória e aquilo que existiu antes de nós não é nosso. Só a alma nos torna nobres e pode se elevar acima da Fortuna, escapando de qualquer circunstância anterior, não importa qual seja essa circunstância.

06. Suponha, então, que você não fosse um equestre romano, mas um escravo liberto, você poderia, no entanto, por seus próprios esforços vir a ser o único homem livre entre uma multidão de nobres. "Como?", você pergunta. Simplesmente distinguindo entre coisas boas e ruins sem usar a opinião da multidão. Você deve olhar não para a fonte de onde essas coisas vêm, mas para o objetivo para o qual elas tendem. Se há algo que pode fazer a vida feliz, ele é bom em seus próprios méritos, pois não pode degenerar em mal.

07. Onde, então, está o erro, uma vez que todos os homens anseiam à vida feliz? É que eles consideram os meios para produzir a felicidade como a felicidade em si e, enquanto procuram a felicidade, eles estão realmente fugindo dela. Pois, embora o resumo e a substância da vida feliz seja a liberdade pura e embora o segredo de tal liberdade seja a convicção inabalável, mesmo assim os homens acumulam o que causa preocupação enquanto viajam o caminho traiçoeiro da vida. Não só têm fardos para carregar, mas atraem mais fardos para si mesmos. Portanto, eles se afastam cada vez mais da realização daquilo que buscam, e quanto mais esforço eles empenham, mais eles se atrapalham e recuam. Isto é o que acontece quando você se apressa através de um labirinto: quão mais rápido você vai, pior é o emaranhado.

Mantenha-se Forte. Mantenha-se Bem.

XLV.
SOBRE ARGUMENTAÇÃO SOFÍSTICA

Saudações de Sêneca a Lucílio.

01. Você se queixa de que em sua parte do mundo há uma oferta escassa de livros. Mas é a qualidade e não a quantidade que importa. É em uma lista limitada onde estão os benefícios da leitura. Um sortimento variado serve apenas para o deleite. Aquele que chega ao fim designado deve seguir um único caminho e não percorrer muitos caminhos. O que você sugere não é uma viagem, mas um mero vaguear.

02. "Mas," você diz, "eu prefiro que você me dê livros, não conselhos." Ainda assim, estou pronto para enviar-lhe todos os livros que tenho, esvaziar todo meu armazém. Se fosse possível, eu deveria me juntar a você. E se não fosse pela esperança de que você termine em breve seu mandato, eu deveria impor a mim mesmo a viagem, nenhum Cila ou Caríbdis,[153] ou seus lendários desafios poderiam ter me assustado. Eu não deveria apenas ter atravessado navegando, mas deveria ter estado disposto a nadar sobre essas águas, desde que pudesse cumprimentá-lo e julgar em sua presença o quanto você cresceu em espírito.

03. Seu desejo, entretanto, de que eu lhe envie meus próprios escritos, não me faz acreditar mais sábio, não mais do que um pedido de meu retrato lisonjearia minha beleza. Sei que é devido à sua caridade e não à sua capacidade crítica. E mesmo se for resultado de julgamento, foi a caridade que forçou seu julgamento.

04. Mas qualquer que seja a qualidade das minhas obras, leia-as como se eu ainda estivesse procurando a verdade e não ciente dela, e estivesse também a procurando obstinadamente de forma contínua e tenaz. Pois não me vendi a ninguém, eu não tenho a marca de nenhum proprietário. Eu dou muito crédito ao julgamento dos grandes mestres, mas eu reivindico algo também para mim. Pois esses homens nos deixaram não descobertas definitivas, mas problemas cuja solução ainda deve ser buscada. Porventura, poderiam talvez ter descoberto o essencial, se não tivessem investigando também temas supérfluos.

05. Eles perderam muito tempo em jogar com palavras e na argumentação sofista. Todo esse tipo de coisa exercita a inteligência sem nenhum propósito. Atamos nós e unimos palavras em significados duplos e então tentamos desatá-los.[154] Temos tempo suficiente para isso? Já sabemos como viver ou morrer? Devemos, antes, prosseguir com as nossas almas intactas até o ponto em que é nosso dever cuidar para que as coisas, assim como as palavras, não nos enganem.

06. Por que, ora, você discrimina entre palavras semelhantes, quando ninguém é enganado por elas, exceto durante a discussão? São coisas que nos desnorteiam: é entre as coisas que você deve discriminar. Nós abraçamos o mal em vez do bem; oramos por algo oposto ao que havíamos orado no passado. Nossas orações entram em conflito com nossas orações, nossos planos com nossos planos.

07. Quão semelhante é a adulação com a amizade! Não só macaqueia a amizade, mas supera-a, passando-a na corrida, com ouvidos abertos e indulgentes, é acolhida e penetra nas profundezas do coração, e é agradável precisamente no que faz mal. Mostre-me como eu posso ser capaz de distinguir esta semelhança! Um inimigo chega até mim cheio de elogios, sob a aparência de um amigo. Os vícios fluem em nossos corações sob o nome de virtudes, a imprudência se esconde sob a denominação de bravura, a moderação é chamada de lentidão, e o covarde é considerado prudente. Há grande perigo de nos confundirmos nesses assuntos. Então marque-os com etiquetas especiais.

08. Então, também, o homem a quem é perguntado se tem chifres na cabeça não é tão tolo para apalpar por eles em sua testa, nem tão tolo ou estúpido que você possa persuadi-lo por meio de argumentação que ele não conhece os fatos, não importa quão astutamente você argumente. Esses sofismas são tão inofensivamente enganadores quanto os acessórios do ilusionista, em que é o próprio truque que agrada. Mas mostre-me como o truque é feito e eu perco interesse nele. E eu mantenho a mesma opinião sobre esses complicados jogos de palavras. Por qual outro nome se pode chamar tais sofismas? Não os conhecer não faz mal e dominá-los não faz nenhum bem.

09. De qualquer modo, se você quiser peneirar significados duvidosos deste tipo, entenda que o homem feliz não é aquele que a multidão considera feliz, isto é, aquele em cujos cofres grandes somas fluíram, mas aquele cujas posses estão todas em sua alma, que é reta e elevada, que despreza a inconstância, que não vê homem com quem ele queira trocar de lugar, que avalia os homens apenas pelo seu valor como homens, que considera a natureza sua professora, obedecendo suas leis e vivendo como ela comanda, a quem nenhuma violência pode privar de suas posses, que transforma o mal em bem, é inabalável em julgamento, sem medo, que pode ser movido pela força, mas nunca movido por distração, a quem a Fortuna, quando ela se lança com toda a sua força sobre ele com seu mais mortífero arsenal, pode atingi-lo, embora raramente, mas nunca o ferir. Pois as outras armas da Fortuna, com as quais ela vence a humanidade em geral, ricocheteiam neste homem como o granizo que crepita no telhado sem causar dano ao morador e depois desaparece.

10. Por que me aborrece com o que você mesmo chama de falácia "O mentiroso", sobre a qual tantos livros foram escritos?[155] Convenhamos agora, suponha que toda a minha vida é uma mentira; prove isto estar errado e, se você é forte o suficiente, traga ele de volta para a verdade. Agora, nossa vida considera como coisas essenciais aquelas cuja maioria das partes é supérflua. E mesmo o que não é supérfluo não tem importância no que diz respeito ao seu poder de fazer alguém afortunado e bem-aventurado. Pois se uma coisa é necessária, não se segue que ela seja boa, e desde logo um bem. Do contrário, degradaríamos o significado de "bem", se aplicarmos esse nome ao pão, à cevada e a outras mercadorias sem as quais não podemos viver.

11. O bem deve em todos os casos ser necessário, mas o que é necessário não é em todos os casos um bem, uma vez que certas coisas muito insignificantes são realmente necessárias. Ninguém é tão ignorante quanto ao nobre significado da palavra "bem", como para rebaixá-la ao nível dessas utilidades banais do dia a dia.

12. O que, então? Não prefere transferir seus esforços para deixar claro a todos que a busca do supérfluo significa um grande gasto de tempo e que

muitos passam pela vida simplesmente acumulando os instrumentos auxiliares da vida? Considere indivíduos, avalie homens em geral; não há ninguém cuja vida não esteja focada no esperar pelo amanhã.

13. "Que mal há nisso", você pergunta? Dano infinito. Porque tais pessoas não vivem, mas se preparam para viver. Elas adiam tudo. Mesmo se prestássemos rigorosa atenção, a vida logo se adiantaria a nós, mas como nós somos agora, a vida nos encontra persistentes e ultrapassa-nos como se pertencesse a outro, e embora termine no último dia, perece todos os dias. Mas não devo ultrapassar os limites de uma carta, que não deve preencher a mão esquerda do leitor.[156] Então, postergo para outro dia nosso caso contra os dialéticos, aqueles sujeitos sutis que fazem da argumentação suprema, em vez de subordinada.

Mantenha-se Forte. Mantenha-se Bem.

XLVI.
SOBRE UM NOVO LIVRO DE LUCÍLIO

Saudações de Sêneca a Lucílio.

01. Recebi o seu livro que você havia prometido. Abri-o apressadamente com a intenção de olhar de relance, pois queria apenas provar o volume. Mas por seu próprio charme, o livro me persuadiu a examiná-lo mais extensamente. Você pode entender por esse fato quão eloquente isso foi, pois parecia estar escrito no estilo tranquilo e, no entanto, não se assemelhava à sua obra ou à minha, mas à primeira vista poderia ter sido atribuída a Tito Lívio[157] ou a Epicuro. Além disso, eu estava tão impressionado e arrebatado pelo seu charme que terminei sem qualquer adiamento. A luz do sol me chamou, a fome deu sinal e as nuvens baixaram, mas absorvi o livro do começo ao fim.

02. Eu não estava meramente satisfeito, eu me rejubilava. Tão cheio de inteligência e espírito que era! Eu deveria ter acrescentado "força", se o livro contivesse momentos de repouso, ou se tivesse aumentado em energia apenas em intervalos. Mas descobri que não havia erupção de força, mas um fluxo uniforme, um estilo vigoroso e casto. No entanto, eu notei de vez em quando sua doçura e aqui e ali sua suavidade. Seu estilo é sublime e nobre, quero que você se mantenha dessa maneira e dessa direção. Seu assunto também contribuiu com algo, por esta razão você deve escolher temas produtivos: isso vai prender e despertar a mente do leitor.

03. Discutirei o livro mais detalhadamente após uma segunda leitura,[158] entretanto, o meu julgamento é um tanto perturbado, como se eu tivesse ouvido aquilo em voz alta e não o tivesse lido pessoalmente. Você deve permitir que eu o examine com cuidado. Você não precisa ter medo, você ouvirá a verdade. Homem de sorte! Não oferecer a um homem oportunidade de dizer-lhe mentiras de tal longa distância!

A menos que talvez, mesmo agora, quando as desculpas para a mentira são tiradas, a tradição sirva como uma desculpa para dizermos mentiras uns aos outros!

Mantenha-se Forte. Mantenha-se Bem.

XLVII.
SOBRE MESTRE E ESCRAVO

Saudações de Sêneca a Lucílio.

01. Fico feliz em saber, através daqueles que vêm de você, que vive em termos amigáveis com seus escravos, como se fossem seus familiares. Isto convém a um homem sensato e bem-educado como você. "Eles são escravos", dizem as pessoas. Não, são homens. "Escravos!" Não, camaradas. "Escravos!" Não, eles são amigos sem pretensões. "Escravos!" Não, eles são nossos companheiros de servidão; quando se reflete, percebe-se que a Fortuna tem direitos iguais sobre escravos e homens livres.

02. É por isso que eu considero ridículos aqueles que acham degradante para um homem jantar com seu escravo. Mas por que acham isso degradante? É somente porque o cerimonial de gente orgulhosa envolve um chefe de família em seu jantar com uma multidão de escravos em pé. O mestre come mais do que ele pode e com monstruosa ganância carrega seu ventre até este ser esticado e por fim impossibilitado de fazer o trabalho de um ventre, de modo que logo estará em dores para vomitar toda a comida que deveria alimentá-lo.

03. Durante todo esse tempo, os pobres escravos não podem mover seus lábios, nem mesmo para falar. O menor murmúrio é reprimido pela vara. Mesmo um som casual, uma tosse, um espirro ou um soluço, é correspondido com o chicote. Há uma penalidade grave para a menor quebra de silêncio. Durante toda a noite, eles devem ficar em pé, famintos e mudos.

04. O resultado disso tudo é que esses escravos, que não podem falar em presença de seu mestre, falam sobre seu mestre. Mas os escravos dos dias passados, que tinham permissão para conversar não só na presença de seu amo, mas na verdade com ele, cujas bocas não estavam caladas, estavam prontos a expor seu pescoço a seu senhor, a trazer à própria cabeça qualquer perigo que o ameaçasse: eles falavam nas refeições, mas ficavam em silêncio sob tortura.

05. Finalmente, o dito, em alusão a este mesmo tratamento autoritário, torna-se atual: "Você tem tantos inimigos quanto escravos". Eles não eram inimigos quando os adquirimos, nós os tornamos inimigos. Passarei por alto outros comportamentos cruéis e desumanos, pois os maltratamos, não como se fossem homens, mas como se fossem animais de carga. Quando nos relaxamos em um banquete, um escravo passa pano para limpar o alimento vomitado, outro agacha-se debaixo da mesa e recolhe as migalhas dos convidados bêbados.

06. Outro escravo se dedica a trinchar as preciosas aves de caça, com traços seguros e mão hábil ele corta fatias selecionadas ao longo do peito ou da coxa. Companheiro infeliz, que vive apenas com o propósito de cortar perus corretamente – a menos que, de fato, outro homem seja ainda mais infeliz do que ele, aquele que ensina esta arte por prazer, em vez de quem aprende isso por dever.

07. Outro, que serve o vinho, deve vestir-se como uma mulher e lutar contra sua idade avançada. Ele não pode fugir de sua infância, ele é arrastado de volta para ela, e embora já tenha adquirido a figura de um soldado, ele é mantido sem barba por ter os pelos raspados ou arrancados pelas raízes e deve permanecer acordado durante a noite, dividindo o seu tempo entre a embriaguez e a luxúria do seu senhor: em seu quarto deve ser um homem, na festa um menino.[159]

08. Outro ainda, cujo dever é avaliar os convidados, deve cumprir com sua tarefa, pobre coitado, e vigiar para ver quem por adulação ou impudor, seja de apetite ou de linguagem, deverá receber um convite para amanhã. Pense também nos pobres fornecedores de alimentos, que observam os gostos de seus mestres com habilidade delicada, que sabem quais sabores especiais irão aguçar o apetite, o que vai agradar aos olhos, que novas combinações despertarão seus estômagos empolados, qual comida vai excitar sua aversão através da pura saciedade e o que os aguçará o apetite naquele dia em particular. Com escravos como estes, o mestre não pode suportar jantar. Ele pensaria ser indigno associar-se com seu escravo na mesma mesa! Que os céus nos defendam! Mas quantos senhores não provêm da classe servil?

09. Eu vi em fila, diante da porta de Calisto,[160] o antigo dono de Calisto. Eu vi o antigo mestre, ele mesmo trancado para fora enquanto outros eram recebidos, o mestre que uma vez fixou o bilhete "à venda" em Calisto e o pôs no mercado junto com os escravos de refugo. Mas ele foi pago por aquele escravo que foi arrematado no primeiro lote do leilão. O escravo, por sua vez, cortou seu nome da lista e julgou-o impróprio para entrar em sua casa. O mestre vendeu Calisto, mas quanto Calisto fez seu patrão pagar!

10. Lembre-se de que aquele a quem você chama seu escravo brotou do mesmo estoque, é abençoado pelos mesmos céus e, assim como você, respira, vive e morre. É tão possível você ver nele um homem livre como ele ver em você um escravo. Como resultado dos massacres na época de Mário, muitos homens de distinto nascimento, que estavam dando os primeiros passos em direção ao posto senatorial foram humilhados pela Fortuna, um se tornando um pastor, outro um zelador de uma casa de campo. Despreze então, se você ousar, aqueles em cuja propriedade você pode a qualquer momento cair, mesmo enquanto você ainda os está desprezando.

11. Não quero me envolver em uma questão muito polêmica e discutir o tratamento dos escravos, com quem nós, romanos, somos excessivamente arrogantes, cruéis e insultantes. Mas este é o núcleo do meu conselho: trate seus subalternos como você gostaria de ser tratado por seus superiores. E quantas vezes você refletir quanto poder tem sobre um escravo, lembre-se de que seu mestre tem o mesmo poder sobre você.

12. "Mas eu não tenho mestre", você diz. Você ainda é jovem, talvez você venha a ter um. Não sabe em que idade Hécuba entrou em cativeiro, ou Creso, ou a mãe de Dario, ou Platão ou Diógenes?[161]

13. Associe-se com seu escravo com bondade, até mesmo em termos afáveis. Deixe-o falar com você, planejar com você, viver com você. Sei que neste momento todos os pretensiosos clamarão contra mim em peso. Eles dirão: "Não há nada mais degradante, mais vergonhoso, do que isso". Mas estas são as mesmas pessoas às quais às vezes surpreendo beijando as mãos dos escravos de outros homens.

14. Você não vê mesmo isto, como nossos antepassados removeram dos mestres tudo o que é indesejável e dos servos tudo o que é insultante?

Eles chamavam o mestre de "pai da família" e os escravos de "membros da casa", um costume que ainda se mantém em uso nos mimos.[162] Estabeleceram um feriado em que os senhores e escravos deveriam comer juntos, não como o único dia para este costume, mas como obrigatório naquele dia em qualquer caso.[163] Eles permitiram que os escravos alcançassem honras na casa e pronunciassem sua opinião, eles defendiam que uma casa era uma comunidade em miniatura.

15. "Você quer dizer," vem a réplica, "que devo sentar todos os meus escravos à minha própria mesa?". Não, não mais do que você deva convidar todos os homens livres para ela. Você está enganado se pensa que eu iria excluir da minha mesa certos escravos cujos deveres são mais humildes como, por exemplo, aquele tratador de mulas ou outro pastor. Proponho valorizá-los de acordo com seu caráter e não de acordo com seus deveres. Cada homem adquire seu caráter por si mesmo, mas a Fortuna atribui seus deveres. Convide alguns para sua mesa, porque eles merecem a honra e outros porque podem vir a merecer. Pois, se houver qualquer característica servil neles como resultado de suas atribuições inferiores, será abalada por relações com homens de criação mais gentil.

16. Você não precisa, meu caro Lucílio, caçar amigos apenas no fórum ou no senado; se você é cuidadoso e atento, você vai encontrá-los em casa também. O bom material muitas vezes permanece ocioso por falta de um artista. Faça a experiência e você vai confirmar isso. Como é um tolo aquele que, ao comprar um cavalo, não considera as características do animal, mas apenas a sua sela e freio; então é duplamente um tolo quem valoriza um homem por suas roupas ou sua posição social, que na verdade é apenas um roupão que nos cobre.

17. "Ele é um escravo!" Sua alma, no entanto, pode ser a de um homem livre. "Ele é um escravo!" Mas isso vai ficar no seu caminho? Mostre-me um homem que não é um escravo; um é escravo da luxúria; outro, da ganância; outro, da ambição; e todos os homens são escravos do medo. Vou citar um antigo cônsul que agora é escravo de uma velhota, um milionário que é escravo de uma serva; vou mostrar-lhe jovens de nascimento mais nobre em servidão a artistas de pantomima! Nenhuma servidão é mais vergonhosa do que aquela que é autoimposta. Você não deve, portanto, ser dissuadido por essas pessoas mimadas a se mostrar a seus escravos como uma pessoa afável e não orgulhosamente superior a eles: eles devem respeitá-lo em vez de temê-lo.

18. Alguns podem sustentar que eu estou oferecendo agora a libertação dos escravos em geral e roubando senhores de sua propriedade, porque eu proponho que escravos respeitem seus mestres em vez de temê-los. Eles dizem: "Isto é o que ele claramente quer dizer: devemos respeitar os escravos como se fossem clientes ou nossos protegidos!" Qualquer um que detém esta opinião esquece que o que é suficiente para um deus não pode ser muito pouco para um mestre. Respeito significa amor, mas amor e medo não podem ser misturados.

19. Portanto, eu considero que você está inteiramente certo em não desejar ser temido por seus escravos. Chicoteá-los, apenas com a língua; tão somente animais estúpidos precisam do chicote. O que nos irrita não nos prejudica necessariamente, mas nós somos levados à raiva selvagem por nossas vidas luxuosas, de modo que tudo o que não responde a nossos caprichos desperta nossa raiva.

20. Nós vestimos o temperamento dos reis. Pois também eles, esquecidos da própria força e da fraqueza dos outros homens, tornam-se brancos de raiva, como se tivessem sofrido um ferimento quando estão inteiramente protegidos do perigo de tal ferimento por sua exaltada posição. Eles não desconhecem que isso é verdade, mas ao encontrarem um erro, eles aproveitam as oportunidades para fazerem o mal. Eles insistem que receberam ferimentos, a fim de que possam infringi-los.

21. Não quero me demorar mais, porque você não precisa de exortação. Isto, entre outras coisas, é uma marca de bom caráter: forme seus próprios julgamentos e honre-os. O mal é inconstante e em frequentemente mudança, não para melhor, mas para algo diferente.

Mantenha-se Forte. Mantenha-se Bem.

XLVIII.
SOBRE TROCADILHOS COMO INDIGNOS AO FILÓSOFO

Saudações de Sêneca a Lucílio.

01. Em resposta à carta que me escreveu durante a viagem, uma carta tão longa quanto a viagem em si, vou responder mais tarde. Eu devo me concentrar e considerar que tipo de conselho posso lhe dar. Porque você mesmo, que me consulta, também refletiu por um longo tempo, quanto mais então devo eu mesmo refletir, já que mais deliberação é necessária para responder do que para propor um problema! E isso é particularmente verdadeiro quando uma coisa é vantajosa para você e outra para mim. Estou falando de novo sob a máscara de um epicurista?[164]

02. Mas o fato é que a mesma coisa é vantajosa para mim e é vantajosa para você, porque não seria seu amigo, a menos que o que é importante para você também seja minha preocupação. A amizade produz entre nós uma parceria em todos os nossos interesses. Não há tal coisa como boa ou má Fortuna para um de nós; nós vivemos em comum. E ninguém pode viver feliz se só pensa em si próprio e transforma tudo em questão de sua própria utilidade. Você deve viver para o seu vizinho, se quiser viver para si mesmo.

03. Esta comunhão, mantida com escrupuloso cuidado, que nos faz misturarmo-nos como homens com nossos semelhantes e sustenta que a raça humana tem certos direitos em comum, é também de grande ajuda para nutrir a comunhão mais íntima que se baseia na amizade, sobre a qual eu comecei a falar acima. Pois quem tem muito em comum com um semelhante, terá todas as coisas em comum com um amigo.

04. E sobre este ponto, meu excelente Lucílio, gostaria que esses sutis dialéticos me aconselhassem como devo ajudar um amigo ou como ajudar um homem, em vez de me dizer de quantas maneiras a palavra "amigo" pode ser usada e quantos significados a palavra "homem" possui. Sabedoria e

Estupidez tomam lados opostos.[165] A qual devo me juntar? Qual partido você gostaria que eu seguisse? Por esse lado, "homem" é o equivalente a "amigo", no outro lado, "amigo" não é o equivalente a "homem". Um quer um amigo para sua própria vantagem, o outro quer fazer-se uma vantagem para seu amigo. O que você tem a me oferecer não é nada além de distorção de palavras e divisão de sílabas.

05. É claro que, a menos que eu possa imaginar algumas premissas muito difíceis e por falsas deduções aderir a elas uma falácia que nasce da verdade, não serei capaz de distinguir entre o que é desejável e o que deve ser evitado! Estou envergonhado! Homens velhos como nós somos, lidando com um problema tão sério, mas fazendo dele uma brincadeira!

06. "Rato é um dissílabo, agora um rato come queijo, portanto, um dissílabo come queijo." Suponha agora que não consiga resolver este problema. Veja que perigo pende sobre minha cabeça como resultado de tal ignorância! Que situação crítica vou estar! Sem dúvida, devo ter cuidado ou algum dia eu vou pegar palavras em uma ratoeira ou, se eu for descuidado, um livro pode devorar meu queijo! A menos que, talvez, o seguinte silogismo seja ainda mais perspicaz: "Rato é uma palavra, agora uma palavra não come queijo, por isso um rato não come queijo".[166]

07. Que disparate infantil! Será que nós devemos debater sobre este tipo de problema? Deixamos nossas barbas crescerem por muito tempo por essa razão? É este o assunto que ensinamos com rostos severos e pálidos? Você realmente saberia o que a filosofia oferece à humanidade? A filosofia oferece conselhos. A morte chama um homem e a pobreza desgasta outro; um terceiro está preocupado com a riqueza do seu vizinho ou com a sua. Fulano tem medo da má Fortuna, outro deseja ficar longe de sua própria Fortuna. Alguns são maltratados pelos homens, outros pelos deuses.

08. Por que, então, você molda para mim jogos como esses? Não é ocasião de brincadeira, você deve se considerar um conselheiro para a humanidade. Você prometeu ajudar aqueles em perigo no mar, aqueles em cativeiro, doentes e necessitados e aqueles cuja cabeça está sob o machado levantado. Até que ponto você está se perdendo? O que você está fazendo? Este amigo, em cuja companhia você está brincando, está com medo. Ajude-o e retire o laço de seu pescoço. Homens estão estendendo as

mãos implorando para você por todos os lados. Vidas arruinadas e em perigo de ruína estão implorando por alguma ajuda, as esperanças dos homens, os recursos dos homens, dependem de você. Eles pedem que você os livre de toda a sua inquietação, que você revele a eles, dispersos e vagando como eles estão, a clara luz da verdade.

09. Diga-lhes o que a natureza fez necessário e o que fez supérfluo, diga-lhes como são simples as leis que ela estabeleceu, quão agradável e desimpedida a vida é para aqueles que seguem essas leis, mas quão amarga e perplexa é para aqueles que têm a sua confiança na opinião e não na natureza. Devo julgar seus jogos de lógica como sendo de algum proveito para aliviar os fardos dos homens se você puder me mostrar primeiro que parte desses fardos aliviarão. O que entre esses jogos afasta a luxúria? Ou a controla? Gostaria que eu pudesse dizer que eles são meramente ineficazes! Eles são positivamente prejudiciais. Posso deixar bem claro para você quando quiser, que um espírito nobre, quando envolvido em tais sutilezas, é prejudicado e enfraquecido.

10. Tenho vergonha de dizer quais armas fornecem aos homens que estão destinados a guerrear com a Fortuna e quão mal os equipam! É este o caminho para o maior bem? A filosofia deve prosseguir por tal artifício e trocadilho[167] que seria uma desonra e um opróbrio mesmo para os deturpadores da lei? Pois o que mais vocês estão fazendo, quando deliberadamente aprisionam a pessoa a quem estão fazendo perguntas, do que fazer parecer que o homem perdeu sua causa por um erro técnico? Mas assim como o pretor pode restabelecer aqueles que perderam um processo dessa maneira, a filosofia pode restabelecer estas vítimas de trocadilhos a sua condição anterior.

11. Por que vocês, homens, abandonam suas promessas extremas depois de terem me assegurado em linguagem erudita que não permitiriam que o brilho do ouro ofuscasse suas visões mais que o brilho da espada? Por que vocês desceram a essas minúcias de gramáticos pedantes? Qual é sua resposta? *É este o caminho para o céu?*[168] Pois é exatamente isso que a filosofia promete a mim, que eu serei feito igual a divindade. Para isso fui convocado, para este propósito eu vim. Filosofia, mantenha sua promessa!

12. Portanto, meu caro Lucílio, afaste-se o mais possível dessas exceções e objeções desses chamados filósofos. Sinceridade e simplicidade mostram verdadeira bondade. Mesmo se lhe houvesse muitos anos, você teria que gastá-los frugalmente para ter o suficiente para as coisas necessárias, mas como é, quando seu tempo é tão escasso, que estupidez é aprender coisas supérfluas!

Mantenha-se Forte. Mantenha-se Bem.

XLIX.
SOBRE A BREVIDADE DA VIDA

Saudações de Sêneca a Lucílio.

01. Um homem é de fato preguiçoso e descuidado, meu caro Lucílio, se ele se lembrar de um amigo só por ver alguma paisagem que desperta a memória. No entanto, ainda existem momentos em que os velhos assombramentos familiares despertam uma sensação de perda que foi guardada na alma, não trazendo de volta memórias mortas, mas despertando-as de seu estado adormecido, assim como a visão do escravo favorito de um amigo perdido, ou o seu manto, ou a sua casa, renova o sofrimento da pessoa em luto, mesmo que suavizado pelo tempo. Agora, eis que na minha passagem pela Campânia, em especial Nápoles e sua amada Pompeia,[169] me atingiram quando as vi, com um maravilhoso e renovado sentimento de saudades de você. Vejo você de forma plena diante dos meus olhos. Nestes momentos, penso que estou a ponto de me separar de você. Eu vejo você sufocar as lágrimas e resistir sem sucesso às emoções bem no exato momento que as tenta controlar. Parece que o perdi há apenas um momento. Pois o que não é "apenas um momento" quando se começa a usar a memória?

02. Faz pouco tempo, era ainda adolescente e me sentava na sala de aula do filósofo Sótion;[170] há um momento atrás, eu comecei a atuar como advogado nos tribunais; ainda há pouco, eu perdi o desejo de advogar; há um momento que eu perdi a capacidade. Infinitamente rápida é a velocidade do tempo, como se vê mais claramente quando se olha para trás. Pois quando estamos atentos ao presente, não o percebemos, tão suave é a passagem do tempo ao se avançar.

03. Você pergunta a razão para isso? Todo o tempo passado está no mesmo lugar; tudo isso apresenta o mesmo aspecto para nós, tudo se mescla num único bloco. Todo ele se precipita no mesmo abismo. Além disso, um evento que em sua totalidade é ríspido não pode conter longos intervalos. O tempo que passamos na vida não passa de um ponto, nem mesmo de um ponto. Mas este ponto do tempo, infinitesimal como é, a natureza tem zombado de nós por fazê-lo parecer exteriormente de mais longa duração; ela tomou uma porção dele e fez a infância, outra a adolescência, outra a juventude, mais uma inclinação gradual, por assim dizer, da juventude à velhice e a própria velhice também é outra transição. Quantas etapas para uma subida tão curta!

04. Foi apenas um momento atrás que eu vi você em sua partida. E, no entanto, este "momento atrás" constitui uma boa parte de nossa existência, que é tão breve. Devemos refletir que ela logo chegará ao fim completamente. Em outros anos, o tempo não me pareceu ir tão rapidamente; agora parece inacreditavelmente rápido, talvez porque eu sinta que a linha de chegada está se aproximando ou pode ser que eu tenha começado a tomar cuidado e contar minhas perdas.

05. Por esta razão, fico mais indignado com alguns homens por reivindicarem a maior parte deste tempo para coisas supérfluas, tempo que, por mais cuidadoso que sejamos, não é suficiente até mesmo para as coisas necessárias. Cícero declarou que se o número de seus dias fosse dobrado, não teria tempo para ler os poetas líricos. E você pode classificar os dialéticos na mesma classe, mas são tolos de uma forma mais constrangedora e melancólica. Os poetas líricos são abertamente fúteis, mas os dialéticos, em sua futilidade, acreditam que eles próprios estejam empenhados em negócios sérios.

06. Não nego que se deva lançar um olhar sobre a dialética, mas deve ser um simples olhar, uma espécie de saudação da soleira, simplesmente para não ser enganado ou julgar que essas atividades contenham quaisquer assuntos ocultos de grande valor. Por que você se atormenta e perde tempo por algum problema que seria mais inteligente se desprezado do que resolvido? Quando um soldado está tranquilo e viajando despreocupadamente, ele pode caçar bagatelas ao longo de seu caminho; mas quando o inimigo está se fechando na retaguarda e um comando é dado para acelerar o ritmo, a necessidade faz ele jogar fora tudo o que pegou em momentos de paz e lazer.

07. Não tenho tempo para investigar inflexões disputadas de palavras ambíguas ou para pôr em prática minha astúcia sobre elas.

Eis os clãs que se aglomeram, os portões fechados, e espadas aguçadas prontas para a guerra.	Adspice qui coeant populi, quae moenia clusis Ferrum acuant portis.[171]

Preciso de um coração forte para ouvir, sem hesitar, este ruído de batalha que soa em minha volta.

08. E todos pensariam, com razão, que eu teria ficado louco se, quando anciãos e mulheres estivessem empilhando pedras para as fortificações, quando os jovens armados frente aos portões esperassem ou mesmo exigissem a ordem de um ataque, quando as lanças dos inimigos tremessem em nossos portões e o próprio chão estivesse balançando com minas e passagens subterrâneas dos sabotadores; eles pensariam, com razão, que eu teria ficado louco se me sentasse ocioso, propondo enigmas tão insignificantes como este: "O que você não perdeu, você possui, mas ora, você não perdeu nenhum chifre, portanto, você tem chifres",[172] ou outros truques construídos segundo o modelo deste bocado de pura bobagem.

09. E, no entanto, bem posso parecer aos seus olhos não menos louco, se eu gastar minhas energias com esse tipo de coisa; pois neste exato momento estou em estado de sítio. E ainda, no primeiro caso, seria apenas um perigo exterior que me ameaça e um muro me separaria do inimigo; como é agora, os perigos mortais estão na minha própria presença. Não tenho tempo para essas tolices, um poderoso empreendimento está em minhas mãos. O que eu devo fazer? A morte está em meu caminho e a vida está fugindo.

10. Ensine-me algo com que enfrentar estes problemas. Faça que eu deixe de tentar escapar da morte e que a vida possa deixar de escapar de mim. Dê-me coragem para enfrentar dificuldades, me acalme em face do inevitável. Amplie os estreitos limites de tempo que me é atribuído. Mostre-me que o bem na vida não depende do comprimento da vida, mas do uso que fazemos dela. Além disso, é possível, e é o que sucede na maioria das vezes, que um homem que tenha vivido longamente, mesmo assim, tenha vivido muito pouco. Diga-me quando eu me deitar para dormir: "Você pode não acordar de novo!" E quando eu acordar: "Você pode não ir dormir novamente!" Diga-me quando sair de minha casa: "Não vai voltar!" E quando eu retornar: "Você poderá nunca sair novamente!"

11. Você está enganado se pensa que somente em uma viagem marítima há um espaço muito pequeno entre a vida e a morte. Não, a distância entre elas é estreita em todos os lugares. Não é em toda parte que a morte se mostra tão perto; contudo, em todos os lugares ela está próxima. Livre-me desses terrores sombrios, então você me entregará mais facilmente a instrução para a qual me preparei. No nosso nascimento, a natureza nos tornou ensináveis e nos deu razão, não perfeita, mas capaz de ser aperfeiçoada.

12. Discuta para mim a justiça, o dever, a austeridade e essa dupla castidade, tanto a pureza que se abstém da pessoa de outrem quanto aquela que respeita o pudor de si mesma.[173] Se você apenas se recusar a me guiar por caminhos tortuosos, eu alcançarei mais facilmente a meta a que estou visando. Pois, como diz o poema trágico:

| A linguagem da verdade é simples. | Veritatis simplex oratio est.[174] |

Não devemos, portanto, tornar essa linguagem intrincada; uma vez que não há nada menos apropriado para uma alma de grande diligência do que esta falaciosa esperteza dialética.

Mantenha-se Forte. Mantenha-se Bem.

L.
SOBRE NOSSA CEGUEIRA E SUA CURA

Saudações de Sêneca a Lucílio.

01. Recebi sua carta muitos meses depois de você a ter enviado. Portanto, julguei que era inútil perguntar ao transportador com o que você estava ocupado. Ele necessitaria ter uma memória particularmente boa se pudesse se lembrar disso! Mas espero que a esta altura você esteja vivendo de tal maneira que eu possa ter certeza de como está ocupando sua vida, não importa onde você possa estar. Com o que mais você estaria ocupado, a não ser melhorar a si mesmo, deixando de lado algum erro e procurando entender que os vícios que atribui às circunstâncias estão em você mesmo! De fato, estamos aptos a atribuir certos vícios ao lugar ou ao tempo, mas esses vícios nos seguirão, não importa como mudamos nosso lugar.

02. Você conhece a Harpaste, a bufão particular da minha primeira mulher. Ela acabou permanecendo em minha casa, um fardo incorrido de um testamento. Eu particularmente desaprovo essas extravagâncias. Sempre que eu quiser desfrutar de piadas de um palhaço, não sou obrigado a procurar longe, eu posso rir de mim mesmo. Agora essa boba de repente ficou cega. A história soa incrível, mas eu lhe asseguro que é verdade: ela não sabe que é cega. Ela continua pedindo a sua escrava para mudar de aposentos: ela diz que seus apartamentos são muito escuros.

03. Você pode ver claramente que o que nos faz rir no caso de Harpaste acontece a todos nós também: ninguém percebe que é avarento ou que é cobiçoso. No entanto, os cegos pedem um guia, enquanto vagamos sem um, dizendo: "Eu não sou egoísta, mas não se pode viver em Roma de qualquer outra maneira. Eu não sou extravagante, mas mera vida na cidade exige um grande desembolso. Não é culpa minha que eu tenha uma disposição colérica, ou que eu não tenha estabelecido qualquer esquema de vida definido, é devido à minha juventude".

04. Por que nos enganamos? O mal que nos aflige não é externo, está dentro de nós, situado em nossas próprias vísceras; por isso alcançamos a saúde com mais dificuldade, porque não sabemos que estamos doentes. Suponhamos que tenhamos começado o tratamento; quando conseguiremos nos livrar de todas essas doenças, de toda essa sua virulência? Atualmente, nem mesmo consultamos o médico, cujo trabalho seria mais fácil se fosse chamado quando a queixa estivesse em seus estágios iniciais. As mentes tenras e inexperientes obedecem sem tardar a quem lhes aconselhe sobre o caminho justo.

05. Nenhum homem tem dificuldade em retornar à natureza, a não ser o homem que desertou a natureza. Nós ruborizamos ao receber conselhos de sabedoria, mas, pelos céus, se achamos vil procurar um professor desta arte, também devemos abandonar qualquer esperança de que um tão grande bem possa ser inculcado em nós por mero acaso. Não! A sabedoria só se obtém pelo esforço. Para dizer a verdade, até mesmo a obra não é grande, se apenas, como eu disse, começarmos a moldar e reconstruir nossas almas antes que elas sejam endurecidas pelo vício. Mas eu não perco as esperanças nem por um pecador contumaz.

06. Não há nada que não se renda ao tratamento persistente e à atenção concentrada e cuidadosa; por mais que a madeira possa estar torta, você pode torná-la reta novamente. O calor retifica vigas torcidas e a madeira que cresceu naturalmente em outra forma é moldada artificialmente de acordo com nossas necessidades. Quão mais facilmente a alma se permite moldar, flexível como é e mais complacente do que qualquer líquido! Pois o que mais é a alma do que o ar em um determinado estado? E você vê que o ar é mais adaptável do que qualquer outra matéria, na medida em que é menos denso do que qualquer outra.

07. Não há nada, Lucílio, que o impeça de entreter boas esperanças sobre nós, apenas porque estamos ainda sob o domínio do mal ou porque há muito temos sido possuídos por ele. Não há homem a quem uma boa mente venha antes de uma maligna. É a mente má que primeiro domina a todos nós. Aprender virtude significa desaprender o vício.

08. Devemos, portanto, prosseguir na tarefa de nos livrar dos vícios com mais coragem, porque, uma vez entregue a nós, o bem é uma possessão eterna. A virtude não é ignorada. Pois antagonistas encontram dificuldade em se apegar onde não pertencem, portanto, eles podem ser expulsos e empurrados para longe; mas qualidades que vêm a um lugar que é legitimamente delas, permanecem fielmente. A virtude é consoante à natureza; o vício é oposto a ela e lhe é hostil.

09. Mas embora as virtudes, quando admitidas, não possam partir e sejam fáceis de cuidar, os primeiros passos na abordagem delas são difíceis, porque é característico de uma mente fraca e doente ter medo do que não é familiar. A mente deve, portanto, ser forçada a começar. Daí em diante, o remédio não é amargo, pois assim que nos cura, começa a dar prazer. Goza-se das curas do corpo somente depois que a saúde é restaurada, mas com a filosofia a cura é ao mesmo tempo salutar e agradável.

Mantenha-se Forte. Mantenha-se Bem.

LI.
SOBRE BAIAE[175] E A MORAL

Saudações de Sêneca a Lucílio.

01. Todo homem faz o melhor que pode, meu caro Lucílio! Você está aos pés do Etna,[176] aquela alta e mais célebre montanha da Sicília; à qual Messala, ou Valgio (não sei, pois eu tenho lido o adjetivo em ambos), chamou de "única", na medida em que muitas regiões vulcânicas também atiraram fogo, não apenas as montanhosas, onde o fenômeno é mais frequente – presumivelmente porque o fogo se eleva à maior altura possível –, mas lugares baixos também. Quanto a mim, faço o melhor que posso, tive que me contentar com Baiae e eu a deixei um dia depois que cheguei. Baiae é um lugar a ser evitado, porque, embora tenha certas vantagens naturais, a luxúria reivindicou-a para seu *resort* exclusivo.

02. "O que então," você diz, "deve qualquer lugar ser apontado como um objeto de aversão?". De modo nenhum. Mas, assim como para o homem sábio e reto um estilo de roupa é mais adequado do que outro não porque ele tenha aversão por uma cor particular, mas porque pensa que algumas cores não convêm a quem adotou a vida simples; da mesma forma há lugares também que o sábio ou aquele que está no caminho para a sabedoria evitará por ser incompatível à boa moral.

03. Portanto, aquele que está contemplando se afastar do mundo, não deveria selecionar Canopus[177] (embora Canopus não proíba qualquer homem de viver com austeridade), nem Baiae sequer; pois ambos os lugares foram transformados em autênticos antros de vícios. Em Canopus, o luxo se deleita ao máximo. Em Baiae é ainda mais lasso, como se o próprio lugar exigisse certa quantidade de frouxidão.

04. Devemos selecionar moradias que são saudáveis não só para o corpo, mas também para o caráter. Assim como eu não gostaria de viver em um lugar de tortura, também eu não prefiro viver em uma taberna. Pessoas vagando bêbadas ao longo da praia, as turbulentas festas, os lagos com música barulhenta e todas as outras formas em que a vida de prazer, quando, libertada das restrições da lei, não meramente peca, mas ostenta seus pecados publicamente, por que deveria testemunhar tudo isso?

05. Devemos cuidar para que fujamos para a maior distância possível das provocações ao vício. Devemos endurecer nossa mente e removê-la das seduções do prazer. Um único inverno relaxou as fibras de Aníbal; o seu mimo em Campânia tirou o vigor desse herói que triunfara sobre as neves alpinas.[178] Conquistou com suas armas, mas foi conquistado por seus vícios.

06. Nós também temos uma guerra a empreender, um tipo de guerra em que não é permitido nenhum descanso ou licença. Para ser dominado, em primeiro lugar, estão os prazeres, que, como você vê, têm derrotado até mesmo os personagens mais severos. Se um homem já compreendeu quão grande é a tarefa em que ele entrou, verá que não deve haver nenhuma conduta frágil ou afeminada. O que tenho a ver com esses banhos quentes ou com a sauna onde o vapor seco drena nossa força? A transpiração só deve fluir devido ao trabalho.

07. Suponha que façamos o que Aníbal fez, interrompamos o curso dos acontecimentos, desistamos da guerra e cedamos nosso corpo aos mimos. Todos nos culpariam, com razão, por nossa preguiça intempestiva, uma coisa carregada de perigo até mesmo para o vencedor, para não falar de alguém que está apenas no caminho para a vitória. E temos ainda menos direito de fazer isso do que aqueles seguidores da bandeira de Cartago; porque o nosso risco é maior do que o deles se afrouxarmos, e o nosso trabalho é maior do que o deles, mesmo se avançarmos.

08. A Fortuna está lutando contra mim e eu não executarei seus comandos. Eu me recuso a submeter-me ao jugo, ou melhor, eu me livro da canga que está sobre mim, um ato que exige ainda mais coragem. A alma não deve ser mimada. Entregar-se ao prazer significa também render-se à dor, render-se à fadiga, render-se à pobreza. Tanto a ambição quanto a raiva desejarão ter sobre mim os mesmos direitos que o prazer e eu serei despedaçado, ou melhor, rasgado em pedaços, em meio a todas essas paixões conflitantes.

09. Eu pus a liberdade diante dos meus olhos e eu estou lutando por essa recompensa. E o que é liberdade, você pergunta? Significa não ser escravo de nenhuma circunstância, de qualquer constrangimento, de qualquer chance. Significa obrigar a Fortuna a entrar na disputa em termos iguais. E no dia em que eu souber que eu tenho a vantagem, seu poder será nada. Quando eu tiver a morte sob meu próprio controle, devo receber ordens dela?

10. Portanto, um homem ocupado com tais reflexões deve escolher uma residência austera e pura. O espírito é enfraquecido por ambientes que são muito agradáveis e sem dúvida o local de residência pode contribuir para prejudicar seu vigor. Animais cujos cascos são endurecidos em terreno acidentado podem percorrer qualquer estrada, mas quando são engordados em prados macios, seus cascos são logo desgastados. O soldado mais corajoso vem de regiões rochosas. Os escravos da cidade, nascidos em casa, são uns fracotes.[179] A mão que deixa o arado para a espada nunca se opõe a trabalhar, mas seus fanfarrões elegantes e bem vestidos vacilam na primeira nuvem de poeira.

11. Ser treinado em uma terra acidentada fortalece o caráter e o prepara para grandes empreendimentos. Seria mais honrado para Cipião passar seu exílio em Liturno, do que em Baiae; sua queda não precisava de um cenário tão afeminado. Aqueles também, para cujas mãos a Fortuna do povo de Roma transferiu a riqueza do Estado, Caio Mário, Cneu Pompeu e César, de fato construíram casas de campo perto de Baiae, mas eles as colocaram no topo das montanhas. Parecia mais apropriado para um soldado olhar de uma elevada altura para baixo, sobre terras espalhadas por toda parte. Observe a situação, posição e tipo de edifício que eles escolheram, você verá que não eram casas de campo, eram acampamentos de guerra.

12. Você acha que Catão teria morado em um palácio de prazer, para contar as mulheres lascivas passando, os muitos tipos de carruagens pintadas de todas as cores, as pétalas de rosas que flutuam sobre o lago, ou que ele pudesse ouvir as brigas noturnas de seresteiros? Não teria ele preferido ficar no abrigo de uma trincheira cavada pelas próprias mãos? Um homem de verdade não iria preferir ter seu sono quebrado por uma trombeta de guerra em vez de um coro de seresteiros?

13. Mas eu tenho reclamado contra Baiae tempo suficiente, embora eu nunca possa reclamar o suficiente contra o vício. Vício, Lucílio, é contra o que eu desejo que você lute, sem limites e sem fim. Pois ele não tem limite nem fim. Se o vício penetrar seu coração, jogue-o para fora de você, e se não puder se livrar dele de nenhuma outra maneira, arranque fora seu coração também. Acima de tudo, afaste os prazeres de sua visão. Odeie-os além de todas as outras coisas, porque eles são como os bandidos que os egípcios chamam de "amantes",[180] que nos abraçam apenas para nos estrangular.

Mantenha-se Forte. Mantenha-se Bem.

LII.
ESCOLHENDO NOSSOS PROFESSORES

Saudações de Sêneca a Lucílio.

01. O que é esta tendência, Lucílio, que nos arrasta em uma direção quando estamos mirando em outra, nos incitando ao lugar exato do qual desejamos nos retirar? O que é que luta com o nosso espírito e não nos permite desejar nada de forma definitiva? Passamos de plano em plano, à deriva. Nenhum de nossos desejos é livre, nenhum é incondicional, nenhum é duradouro.

02. "Mas é o tolo", você diz, "que é inconsistente, nada lhe convém por muito tempo." Mas como, ou quando, podemos nos afastar dessa loucura? Nenhum homem por si só tem força suficiente para se elevar acima dela, ele precisa de uma mão amiga e alguém para desenredá-lo.

03. Epicuro observa que certos homens têm trabalhado seu caminho para a verdade sem a ajuda de ninguém, talhando sua própria passagem. E ele dá louvor especial a estes, porque o seu impulso veio de dentro e eles têm avançado para a frente por si mesmos.[181] Novamente, diz ele, há outros que precisam de ajuda externa, que não prosseguirão a menos que alguém conduza o caminho, mas que irão seguir fielmente. Destes, diz ele, Metrodoro era um. Este tipo de homem também é excelente, mas pertence ao segundo grau. Nós também não somos dessa primeira classe, seremos bem tratados se formos admitidos no segundo. Nem preciso desprezar um homem que pode obter a salvação apenas com a ajuda de outro, a vontade de ser salvo significa muito também.

04. Você encontrará ainda outra classe de homem, uma classe a não ser desprezada, que pode ser forçada e empurrada para a virtude, que não precisa só de um guia, mas também exige alguém para encorajar, por assim dizer, para forçá-lo. Esta é a terceira variedade. Se você me pedir um exemplo de homem deste padrão, Epicuro nos diz que Hermarco[182] era tal. E das duas últimas classes, ele está mais pronto para parabenizar a primeira, mas sente mais respeito pela outra: embora ambas tenham atingido o mesmo objetivo, é um crédito maior ter trazido ao mesmo resultado o material mais difícil sobre o qual trabalhar.

05. Suponha que dois edifícios foram erguidos, diferentes em suas fundações, mas iguais em altura e em grandeza. Um é construído em terreno sem falhas e o processo de construção vai direto para a frente. No outro caso, as fundações esgotaram os materiais de construção, porque foram afundadas em terra macia e pouco firme, e muito trabalho foi necessário para alcançar a rocha maciça. Quando se olha para ambos, vê-se claramente o progresso que o primeiro fez, mas a parte maior e mais difícil do segundo está oculta.

06. Assim, também é com as disposições dos homens, alguns são flexíveis e fáceis de manejar, mas outros têm de ser trabalhados laboriosamente, por assim dizer, e são empregados totalmente na fabricação de seus próprios fundamentos. Por isso considero mais afortunado o homem que nunca teve problemas com ele mesmo; mas o outro, eu sinto, é mais merecedor de si mesmo, pois ganhou uma vitória sobre a mesquinhez de sua própria natureza e não se conduziu suavemente, mas lutou seu caminho até a sabedoria.

07. Você pode ter certeza de que essa natureza refratária, que exige muito trabalho, é a que foi implantada em nós. Há obstáculos em nosso caminho, então vamos lutar e chamar ao nosso auxílio alguns ajudantes. "Quem," você pergunta, "eu devo invocar? Será este ou aquele homem?". Há outra opção também aberta para você; você pode ir para os antigos, pois eles têm tempo para ajudá-lo. Podemos obter ajuda não só dos vivos, mas também daqueles do passado.

08. Entretanto, entre os vivos, vamos escolher não os homens que derramam as suas palavras com a maior desenvoltura, revelando trivialidades e citações, por assim dizer, as suas próprias pequenas exposições particulares – não estes, digo eu, mas sim os homens que nos ensinam com suas vidas, os homens que nos dizem o que devemos fazer e depois provam pela prática o que devemos evitar, e então nunca são pegos fazendo o que eles nos ordenaram evitar. Escolha como um guia quem você vai admirar mais ao vê-lo agir do que ao ouvi-lo falar.

09. Naturalmente, não o impedirei de ouvir também aqueles filósofos que costumam fazer sessões e discussões públicas, desde que compareçam perante o povo com o propósito expresso de melhorar a si mesmos e aos outros e não pratiquem sua profissão por egoísmo. Pois o que é mais ordinário do que a filosofia que busca aplausos? O doente elogia o cirurgião enquanto está sendo operado?

10. Em silêncio e com respeito reverente, submetemo-nos à cura. Mesmo que você grite por aplausos, vou ouvir seus gritos como se você estivesse gemendo quando suas feridas são tocadas. Deseja dar testemunho de que está atento, de que está tocado pela grandeza do assunto? Você pode fazer isso no momento adequado, naturalmente, permitirei que você faça julgamento e que decida sobre o melhor curso. Pitágoras fazia seus alunos manterem-se em silêncio por cinco anos, você acha que eles tinham o direito de repentinamente entrar em aplausos?

11. Quão estúpido é aquele que sai da sala de aula num feliz estado de espírito simplesmente por causa dos aplausos dos ignorantes! Por que você tem prazer em ser louvado por homens que você mesmo não pode elogiar? Fabiano[183] costumava dar palestras populares, mas seu público ouvia com autocontrole. Ocasionalmente, um grande grito de louvor brotava, mas era provocado pela grandeza de seu assunto e não pelo som da oratória que deslizava agradável e suavemente.

12. Deve haver uma diferença entre os aplausos do teatro e os aplausos da escola, e há certa decência mesmo em dar louvor. Se você os percebe cuidadosamente, todos os atos são sempre significativos e você pode avaliar o caráter até mesmo pelos sinais mais insignificantes. O homem lascivo é revelado pelo seu andar, por um movimento da mão, às vezes por uma única resposta, pelo toque de sua cabeça com um dedo,[184] pelo revirar de seus olhos. O patife é mostrado por sua risada, o louco pelo seu rosto e aparência geral. Essas qualidades tornam-se conhecidas por certas marcas, mas você pode determinar o caráter de cada homem quando vê como ele dá e recebe louvor.

13. O público do filósofo deste e daquele canto estende as mãos admiradoras e às vezes a multidão adoradora quase paira sobre a cabeça do conferencista. Mas, se você realmente compreende, isso não é louvar, é apenas um aplauso. São autênticas carpideiras quem o está aplaudindo. Esses alaridos devem ser deixados para as artes que visam agradar a multidão, que a filosofia seja reverenciada em silêncio.

14. Os jovens, na verdade, devem às vezes ter liberdade para seguir seus impulsos, mas apenas em momentos em que eles agem de impulso e quando eles não podem forçar-se a ficar em silêncio. Tal elogio dá um certo tipo de incentivo para os próprios ouvintes e age como um estímulo para a mente jovem. Mas que eles sejam despertados para o assunto e não para o estilo, caso contrário, a eloquência lhes faz mal, tornando-os enamorados de si mesmos e não do assunto.

15. Vou adiar este tema por enquanto, exige uma investigação longa e especial para apresentar como o público deve ser abordado, que indulgências devem ser permitidas a um orador em uma ocasião pública e o que deve ser permitido à própria multidão na presença do orador. Não pode haver dúvida de que a filosofia sofreu uma perda, agora que ela expôs seus encantos às massas. Mas ela ainda pode ser vista em seu santuário, se seu expositor for um sacerdote e não um vendilhão.

Mantenha-se Forte. Mantenha-se Bem.

LIII.
SOBRE AS FALHAS DO ESPÍRITO

Saudações de Sêneca a Lucílio.

01. Você pode me persuadir em quase qualquer coisa agora, pois recentemente fui persuadido a viajar por mar. Nós partimos quando o mar estava preguiçosamente calmo, o céu, com certeza, estava pesado com nuvens desagradáveis, como se fosse quebrar em chuva ou rajadas. Ainda assim, eu pensei que as poucas milhas entre Pozzuoli e sua cara Partenope[185] poderiam ser executadas rapidamente, apesar do céu incerto e pesado. Então, para fugir mais depressa, fui direto rumo à ilha de Nisida, com o objetivo de atravessar todas as enseadas.

02. Mas quando estávamos tão distantes que fazia pouca diferença voltar ou continuar, o tempo calmo, que me seduzira, acabou do nada. A tempestade ainda não tinha começado, mas o mar estava inchado e as ondas se aproximavam cada vez mais depressa. Comecei a pedir ao capitão para que me colocasse em terra firme, ele respondeu que a costa era acidentada e um lugar ruim para atracar e que durante uma tempestade ele temia uma costa de sota-vento mais do que qualquer outra coisa.

03. Mas eu estava sofrendo demais para pensar no perigo, uma vez que um enjoo moroso que não me trazia alívio estava me atormentando, o tipo que perturba o fígado sem limpá-lo. Por isso, dei a ordem ao meu capitão, forçando-o a ir para a praia, contra sua vontade. Quando nos aproximamos, não esperei que as coisas fossem feitas de acordo com as ordens de Virgílio, até que

Proa em direção ao mar alto ou Âncora jogada da proa;	Obvertunt pelago proras aut Ancora de prora iacitur;[186]

Lembrei-me da minha declaração solene de devoto veterano de água fria[187] e, vestido como eu estava em meu manto, me deixei cair no mar, como um banhista de água fria.

04. Quais você acha que eram meus sentimentos, correndo sobre as rochas, procurando pelo caminho, ou fazendo um para mim? Compreendi que os marinheiros têm boas razões para temer a terra. É difícil acreditar no que sofri quando não podia tolerar-me. Você pode ter certeza de que a razão pela qual Ulisses naufragou em todas as ocasiões possíveis não foi tanto porque o deus do mar estava zangado com ele desde o seu nascimento, ele estava simplesmente sujeito a enjoo. E no futuro, se for preciso ir a algum lugar por mar, só chegarei ao meu destino no vigésimo ano.[188]

05. Quando eu finalmente acalmei meu estômago (pois você sabe que não se escapa do enjoo escapando do mar) e revigorei meu corpo com uma massagem, comecei a refletir o quão completamente esquecemos ou ignoramos nossas falhas, mesmo aquelas que afetam o corpo, que continuamente nos recordam de sua existência, para não mencionar aquelas que são mais sérias na medida em que são mais escondidas.

06. Uma leve maleita nos engana; mas quando aumenta e uma verdadeira febre começa a queimar, força até um homem robusto, que pode suportar muito sofrimento, a admitir que está doente. Há dor no pé e uma sensação de formigamento nas articulações, mas ainda escondemos a enfermidade e anunciamos que apenas torcemos uma articulação ou então que estamos cansados de excesso de exercício. Então a doença, incerta no início, deve ser nomeada e quando ela começa a inchar os tornozelos e faz nossos dois pés, pés "direitos,"[189] somos obrigados a confessar que estamos atacados de gota.

07. O oposto vale para as doenças da alma, quão pior são, menos se percebe. Você não precisa se surpreender, meu amado Lucílio. Pois aquele cujo sono é leve persegue visões durante o sono e às vezes, embora adormecido, está consciente de que está adormecido, mas o sono profundo aniquila nossos próprios sonhos e afunda o espírito tão profundamente que não tem percepção de si mesmo.

08. Por que ninguém admite suas falhas? Porque ainda está preso por elas, somente aquele que está acordado pode contar o seu sonho e da mesma forma uma confissão do próprio vício é uma prova da mente sã. Vamos, portanto, despertar-nos, para que possamos corrigir nossos erros. A filosofia, no entanto, é o único poder que pode nos sacudir, o único poder que pode abalar o nosso sono profundo. Dedique-se inteiramente à filosofia. Você é digno dela, ela é digna de você, cumprimente um ao outro com um abraço amoroso. Diga adeus a todos os outros interesses com coragem e franqueza. Não estude filosofia meramente durante seu tempo livre.

09. Se você estivesse doente, você deixaria de cuidar de suas preocupações pessoais e esqueceria seus deveres de negócios, você não pensaria constantemente em nenhum cliente para fazer exame ativo de seu caso durante uma moderação ligeira de seus sofrimentos. Você iria tentar o seu melhor para se livrar da doença logo que possível. O que, então? Você não fará a mesma coisa agora? Abandone todos os obstáculos e se dê tempo para obter uma mente sadia, porque nenhum homem pode alcançá-la se está absorto em outros assuntos. A filosofia exerce sua própria autoridade, ela nomeia seu próprio tempo e não permite que ele seja nomeado para ela. Ela não é uma coisa a ser seguida em tempos estranhos, mas um assunto para a prática diária; ela é senhora e dominadora, ela comanda nosso presente.

10. Alexandre, quando certo país lhe prometeu uma parte do seu território e metade de todos os seus bens, respondeu: "Eu invadi a Ásia com a intenção, não de aceitar o que você pode dar, mas de permitir que você mantenha o que eu deixar". A filosofia também continua dizendo a todas as tarefas: "Eu não pretendo aceitar o tempo restante que você deixou, mas vou permitir que você mantenha o que eu vou conceder".

11. Dedique-se a ela, portanto, com toda a sua alma, sente-se a seus pés, acalente-a; uma grande distância então começará a separá-lo de outros homens. Você estará bem à frente de todos os mortais e até mesmo os deuses não estarão muito adiante de você. Você pergunta qual será a diferença entre você e os deuses? Eles viverão por muito mais tempo. Mas, pela minha fé, é o sinal de um grande artista ter confinado uma semelhança completa aos limites de uma miniatura. A vida do sábio se estende sobre uma superfície tão grande como faz toda a eternidade a um deus. Há um ponto em que o sábio tem uma vantagem sobre a divindade: pois um deus é livre dos terrores pela magnanimidade da natureza, o sábio por sua própria magnanimidade.

12. Que privilégio maravilhoso ter as fraquezas de um homem e a serenidade de um deus! O poder da filosofia de romper os golpes do acaso é inacreditável. Nenhum projétil pode assentar em seu corpo, ela é bem protegida e impenetrável. Ela arruína a força de alguns projéteis e os deflete com as dobras soltas de seu vestido, como se não tivessem nenhum poder para prejudicar; outros, ela ricocheteia e os repele com tanta força que retornam sobre o remetente.

Mantenha-se Forte. Mantenha-se Bem.

LIV.
SOBRE ASMA E MORTE

Saudações de Sêneca a Lucílio.

01. Minha má saúde me permitiu um longo período de folga, quando de repente retomou o ataque. Que tipo de doença? Você pergunta. E você certamente tem o direito de perguntar; pois é verdade que nenhum tipo de maleita é desconhecida por mim. Mas sou depositário, por assim dizer, de uma doença especial. Eu não sei por que eu deveria chamá-la pelo seu nome grego "asma", pois é bem descrita em latim como "*suspirium*".¹⁹⁰ Seu ataque é de duração muito breve, como o de uma tempestade no mar, geralmente termina dentro de uma hora. Quem realmente poderia segurar sua respiração por tanto tempo?

02. Eu passei por todos os males e perigos da carne, mas nada me parece mais problemático do que isso. E naturalmente assim, pois qualquer outra coisa pode ser chamada de doença, mas esta é uma espécie contínua de "último suspiro". Por isso, os médicos a chamam de "praticar como morrer". Pois algum dia a doença terá sucesso em fazer o que tantas vezes ensaiou.

03. Você acha que estou escrevendo esta carta com alegria, só porque escapei? Seria absurdo deleitar-me com essa suposta restauração da saúde, como seria para um réu imaginar que ele havia ganhado o seu caso quando apenas conseguiu adiar seu julgamento. No entanto, no meio de minha respiração difícil eu nunca deixei de repousar em pensamentos alegres e corajosos.

04. "O quê?" Eu digo para mim mesmo, "a morte me prova com tanta frequência?". Deixe-a fazê-lo, eu mesmo há muito tempo testei a morte. "Quando?" Você pergunta. Antes de eu ter nascido. A morte é inexistência e eu já sei o que isso significa. O que estava antes de mim voltará a acontecer depois de mim. Se há algum sofrimento neste estado, deve ter havido tal sofrimento também no passado, antes de eu entrar na luz do dia. Na realidade, no entanto, não sentimos nenhum desconforto na ocasião.

05. E eu lhe pergunto: você não diria que é o maior dos tolos aquele que acredita que uma lâmpada está pior quando é apagada do que antes de ser acesa? Nós, mortais, também somos acesos e apagados. O período de sofrimento se interpõe, mas de ambos os lados há uma paz profunda. Pois, a não ser que eu me engane muito, meu caro Lucílio, nós nos perdemos pensando que a morte só nos sucede, quando na realidade nos precedeu e nos procederá por sua vez. Qualquer condição que existia antes do nosso nascimento é a morte. Pois o que importa se você não começar absolutamente ou se você for excluído, na medida em que o resultado de ambos os estados é a inexistência?

06. Nunca deixei de encorajar-me com aclamados conselhos deste tipo, em silêncio, é claro, já que não tinha capacidade de falar. Depois, pouco a pouco, essa falta de ar, já reduzida a uma espécie de arquejamento, avançou a intervalos maiores e depois diminuiu a velocidade e finalmente parou. Mesmo neste momento, embora a respiração ofegante tenha cessado, a respiração não fluía normalmente. Ainda sinto uma espécie de hesitação e atraso na respiração. Que seja como lhe agrada, desde que não haja suspiro da alma.[191]

07. Aceite esta garantia de mim: eu nunca estarei assustado quando a última hora chegar, eu já estou preparado e não planejo um dia inteiro à frente. Mas você elogia e imita o homem que não quer morrer, embora tenha prazer em viver?[192] Pois que virtude há em ir embora quando você é expulso? E, no entanto, há virtude mesmo nisso: eu sou de fato expulso, mas é como se fosse embora de boa vontade. Por essa razão, o homem sábio nunca pode ser expulso, porque isso significaria a remoção de um lugar de onde ele não estava disposto a sair e o homem sábio não faz nada involuntariamente. Ele foge à lei da necessidade precisamente por querer aquilo a que a necessidade o constrangerá.

Mantenha-se Forte. Mantenha-se Bem.

LV.
SOBRE A VILA DE VÁCIA

Saudações de Sêneca a Lucílio.

01. Acabo de regressar de um passeio na minha liteira e estou tão cansado como se eu tivesse andado a pé, em vez de estar sentado. Até mesmo ser carregado por qualquer período de tempo é trabalho duro, talvez tão mais porque é um exercício antinatural. Pois a Natureza nos deu pernas para fazer a nossa própria caminhada e olhos para fazer a nossa própria visão. Nossos luxos nos condenaram à fraqueza, deixamos de ser capazes de fazer o que por muito tempo nos recusamos a fazer.

02. No entanto, achei necessário dar uma chacoalhada no meu corpo, a fim de que a bile que se acumulou em minha garganta, se isso fosse o problema, pudesse ser sacudida. Sentia necessidade de expulsar a expectoração que porventura tivesse na garganta ou, se por qualquer outro motivo a respiração me era difícil, para tentar aliviá-la com as sacudidelas da liteira, que sinto ter-me feito bem. Por isso insisti em ser levado mais tempo do que de costume, ao longo de uma praia encantadora, que se curva entre Cumas e próximo à casa de campo de Servílio Vácia,[193] encerrada pelo mar de um lado e pelo lago do outro, como um caminho estreito. A areia estava firme por causa de uma recente tempestade, já que, como você sabe, as ondas, quando batem na praia continuamente, nivelam-na, mas um período contínuo de tempo bom afrouxa-a, quando a areia, com o desaparecimento da umidade, fica mais seca e menos consistente ao andar.

03. Como é o meu hábito, eu comecei a procurar por algo lá que poderia ser útil a mim quando meus olhos caíram sobre a vila que uma vez pertencera a Vácia. Então este foi o lugar onde o famoso pretoriano milionário passou sua velhice! Ele era famoso por nada mais do que sua vida de lazer e foi considerado como afortunado apenas por csse motivo. Pois sempre que homens eram arruinados por sua amizade com Caio Asínio Galo,[194] sempre que outros eram arruinados pelo ódio de Sejano,[195] e mais tarde por sua intimidade com ele, porque não era mais perigoso ofendê-lo do que amá-lo, as pessoas costumavam exclamar: "Ó Vácia, só você sabe viver!"

04. Mas o que ele sabia era como se esconder, não como viver. E faz uma grande diferença se sua vida é de lazer ou de indolência. Então eu nunca passei por sua casa de campo durante a vida de Vácia sem me dizer: "Aqui jaz Vácia!" Mas, meu caro Lucílio, a filosofia é uma coisa de santidade, algo a ser adorado, tanto que até a própria falsificação agrada. Pois a massa da humanidade admira uma pessoa livre, que se retirou da sociedade, despreocupada, autossuficiente e que vive para si mesma. Mas estes privilégios podem ser a recompensa apenas do homem sábio. Será que aquele que é vítima da ansiedade sabe viver por si mesmo? O quê? Será que ele mesmo sabe (e isso é de primeira importância) como viver realmente?

05. Pois o homem que fugiu dos negócios e dos homens, que foi banido para a reclusão pela infelicidade que seus próprios desejos trouxeram, que não pode ver seu vizinho mais feliz do que ele mesmo, que por medo tem se escondido como um animal assustado e preguiçoso – esta pessoa não está vivendo para si, está vivendo para o seu ventre, seu sono e sua luxúria, e essa é a coisa mais vergonhosa do mundo. Aquele que vive para ninguém, não necessariamente vive para si mesmo. No entanto, há tanto em perseverança e adesão ao propósito de alguém que mesmo a letargia, se teimosamente mantida, assume um ar de autoridade.

06. Eu não poderia descrever a casa de campo com precisão, pois estou familiarizado apenas com a frente da vila e com as partes que estão à vista do público e podem ser vistas pelo mero passageiro. Há duas grutas artificiais, que custaram muito trabalho, tão grandes quanto o salão mais espaçoso, feitas à mão. Uma delas não admite os raios do sol, enquanto a outra os mantém até o sol se pôr. Há também um córrego que corre através de um bosque de plátanos que recebe suas águas tanto do mar quanto do lago Aqueronte. Ele cruza o bosque exatamente como uma pista de corrida e é grande o suficiente para sustentar peixes, embora suas águas sejam contínuas. Quando o mar está calmo, no entanto, eles não usam o córrego, apenas tocando as águas bem abastecidas quando as tempestades dão aos pescadores um feriado forçado.

07. Mas a coisa mais conveniente sobre a casa é o fato de que Baiae está ao lado, ficando a casa livre de todos os inconvenientes daquela estância e ainda gozando de seus prazeres. Eu mesmo compreendo essas atrações e acredito que seja uma casa adequada a todas as temporadas do ano. Está exposta aos ventos ocidentais e os intercepta de tal forma que a Baiae é negado. Assim parece que Vácia não foi tolo quando selecionou este lugar como o melhor onde gastar seu tempo livre quando ele já era infrutífero e decrépito.

08. O lugar onde se vive, no entanto, pode contribuir pouco para a tranquilidade; é a mente que deve tornar tudo agradável a si mesma. Vi homens desanimados numa vila alegre e encantadora e os vi com toda a aparência de negócios no meio de uma solidão. Por esta razão não se deve recusar a acreditar que a sua vida está bem colocada simplesmente porque não está agora em Campânia. Mas por que você não está lá? Basta deixar seus pensamentos viajarem, mesmo para este lugar.

09. Você pode manter conversas com seus amigos quando eles estão ausentes e, na verdade, quantas vezes quiser e pelo tempo que desejar. Pois desfrutamos disso, o maior dos prazeres, mais ainda quando estamos ausentes uns dos outros. Pois a presença de amigos nos torna embotados porque podemos a qualquer momento falar ou sentarmo-nos juntos, quando uma vez que nos separamos, não refletimos sobre aqueles a quem há pouco vimos.

10. E devemos suportar a ausência de amigos alegremente, porque todos são obrigados a estar muitas vezes ausentes de seus amigos, mesmo quando eles estão presentes. Inclua nesses casos, em primeiro lugar, as noites separadas, depois os compromissos diferentes que cada um de dois amigos tem, então os estudos particulares de cada um e suas excursões a casa de campo e você verá que as viagens ao estrangeiro não nos roubam de muito.

11. Um amigo deve ser mantido no espírito. Tal amigo nunca pode estar ausente. Você pode ver todos os dias quem deseja. Gostaria, portanto, que você compartilhasse seus estudos comigo, suas refeições e seus passeios. Deveríamos estar vivendo dentro de limites muito estreitos se alguma coisa barrasse os nossos pensamentos. Eu o vejo, meu caro Lucílio, e neste exato momento, eu o ouço. Eu estou com você a tal ponto que me mostro indeciso se não deveria começar a escrever bilhetes em vez de cartas.

Mantenha-se Forte. Mantenha-se Bem.

LVI.
SOBRE SILÊNCIO E ESTUDO

Saudações de Sêneca a Lucílio.

01. Que eu seja amaldiçoado se achar o silêncio ser coisa exigida a um homem que se isola para estudar! Imagine que variedade de ruídos reverbera sobre meus ouvidos! Tenho meu aposento diretamente sobre um estabelecimento de banhos. Então imagine a variedade de sons que são fortes o suficiente para me fazer odiar meus próprios poderes de audição! Quando, por exemplo, um vigoroso cavalheiro se exercita com pesos, quando está treinando duro, ou então finge estar treinando duro, eu posso ouvi-lo grunhir, e sempre que libera sua respiração aprisionada, eu posso ouvi-lo ofegante em sons sibilantes e agudos. Ou talvez eu note algum sujeito preguiçoso, satisfeito com uma massagem barata, e fique a ouvir a batida da mão em seu ombro, variando em som de acordo com a mão, se é colocada espalmada ou em oco. Então, talvez, um profissional venha junto, gritando alto a contagem, esse é o toque final.

02. Acrescente a isso a prisão de um ladrão ocasional ou de um carteirista, a balbúrdia de um homem que sempre gosta de ouvir sua própria voz no banheiro ou o entusiasta que mergulha no tanque de natação com ruído desmedido e salpicos. Além de todos aqueles cujas vozes, ao menos são boas, imagine o depilador com sua voz penetrante e estridente, para fins de propaganda, continuamente gritando e nunca segurando a língua, exceto quando ele está depilando axilas e fazendo sua vítima gritar. Então o vendedor de bolos com seus variados gritos, o salsicheiro, o confeiteiro e todos os vendedores de comida gazeteando suas mercadorias, cada um com sua própria entonação distintiva.

03. Então você diz: "Que nervos de ferro ou ouvidos amortecidos você deve ter, se sua mente pode suportar tantos ruídos, tão diversos e tão discordantes, quando nosso amigo Crisipo era trazido à beira da morte pelos contínuos bons dias que o saudavam!" Mas lhe asseguro que esta algazarra não significa mais para mim do que o som das ondas ou da queda de água. Embora você possa me lembrar que uma certa tribo uma vez moveu sua cidade apenas porque não podia suportar o ruído de uma catarata do Nilo.[196]

04. As palavras com nexo parecem me distrair mais do que ruídos; pois as palavras exigem atenção, mas os ruídos apenas enchem os ouvidos e os agridem. Entre os sons que me rodeiam sem me distrair, incluem-se carruagens de passagem, um mecânico no mesmo quarteirão, um afilador próximo ou um sujeito que vende instrumentos experimentando junto à fonte do repuxo trombetas e flautas, não propriamente tocando, mas apenas soprando!

05. Além disso, um ruído intermitente me perturba mais do que um estável. Mas por esta altura tenho endurecido meus nervos contra todo esse tipo de coisa, de modo que eu posso suportar até mesmo um contramestre que marca o passo em tons agudos para sua tripulação. Pois eu forço minha mente a concentrar-se e impeço-a de vaguear para as coisas externas. Tudo ao ar livre pode ser uma algazarra, desde que não haja perturbação dentro, desde que o medo não esteja disputando com a ambição no meu peito, contanto que a castidade e a luxúria não estejam em desacordo, uma acossando a outra. Qual é o benefício de um bairro tranquilo, se nossas emoções estão em um tumulto?

> **Foi-se a noite, e todo o mundo foi embalado para descansar.**
>
> **Obvertunt pelago proras**[197]

Isso não é verdade, pois nenhum descanso real pode ser encontrado quando a razão não é tranquilizada. A noite traz nossos problemas à luz, em vez de bani-los; muda apenas a forma de nossas preocupações. Pois, mesmo quando buscamos o sono, nossos momentos sem sono são tão assustadores quanto o dia. A verdadeira tranquilidade é o estado atingido por uma mente não pervertida quando está relaxada.

06. Pense no homem infeliz que corteja o sono entregando sua mansão espaçosa ao silêncio, que, para que seus ouvidos não sejam perturbados por nenhum som, ordena que todo o séquito de seus escravos fique quieto e que quem quer que se aproxime dele caminhe na ponta dos pés. Ele revira de um lado para o outro e procura um sono agitado em meio a suas inquietações!

07. Ele se queixa de ter ouvido sons, quando não os ouviu em absoluto. O motivo, você pergunta? Sua alma está em alvoroço, ela deve ser acalmada e sua murmuração rebelde, controlada. Você não precisa supor que a alma esteja em paz quando o corpo está imóvel. Às vezes, imobilidade significa desconforto. Devemos, portanto, despertar-nos para a ação e nos ocupar com interesses que sejam bons, tão frequentemente como quando ficamos sob jugo de uma preguiça incontrolável.

08. Grandes generais, quando veem que seus homens estão amotinados, os colocam em algum tipo de trabalho ou os mantêm ocupados com pequenas incursões. O homem ocupado não tem tempo para libertinagem e é óbvio que os males do ócio podem ser sacudidos pelo trabalho árduo. As pessoas muitas vezes têm pensado que eu busquei reclusão porque estava repugnado com a política e lamentava a minha posição infeliz e ingrata, no entanto, no retiro para o qual a apreensão e o cansaço me levaram, minha ambição pela carreira pública às vezes se desenvolve novamente. Por isso minha ambição não foi erradicada, mas se abateu porque estava cansada ou talvez até desanimada pelo fracasso de seus planos.

09. É assim também com o luxo, que às vezes parece ter partido, e então quando fazemos uma promessa de frugalidade, ele começa a nos importunar e, em meio a nossas economias, procura os prazeres que simplesmente deixamos, mas não condenamos. Na verdade, quanto mais furtivamente ele vem, maior é sua força. Pois todos os vícios manifestos são menos graves. Uma doença também está mais próxima de ser curada quando ela brota da ocultação e manifesta seu poder. Assim, como a ganância, a ambição e os outros males da mente, você pode ter certeza de que eles fazem mais mal quando estão escondidos atrás de uma máscara de integridade.

10. Os homens pensam que estamos na aposentadoria, mas ainda não estamos. Pois se nos retiramos sinceramente, e soamos o sinal de retirada, e desprezamos as atrações externas, então, como observei acima, nenhuma coisa externa nos distrairá; nenhuma música de homens ou de pássaros pode interromper bons pensamentos quando eles se tornam firmes e seguros.

11. A mente que se abala com palavras ou sons ao acaso é instável e ainda não se retirou para si mesma. Contém dentro de si um elemento de ansiedade e medo arraigado, e isso faz da pessoa uma presa da necessidade, como diz nosso Virgílio:

Eu, que de outrora nenhum dardo poderia fazer fugir,	et me, quem dudum non ulla iniecta movebant
Nem gregos, com linhas lotadas de infantaria.	tela neque adverso glomerati e agmine Grai,
Agora tremo a cada som, e temo o ar,	nunc omnes terrent aurae, sonus excitat omnis
Tanto pelo meu filho quanto pela carga que eu carrego.	suspensum et pariter comitique onerique timentem.[198]

12. Este homem em seu primeiro estado é sábio, ele não recua nem à lança brandida nem à armadura de choque do inimigo nem ao estrondo da cidade atingida. Esse homem, em seu segundo estado, não tem conhecimento, temendo por suas próprias preocupações. Qualquer grito é tomado como um grito de batalha e o derruba, a menor perturbação o faz sentir-se ofegante de medo. É a carga que o faz sentir medo.[199]

13. Escolha qualquer um dentre os seus favoritos, arrastando suas muitas responsabilidades, carregando seus muitos fardos, e você vai ver um retrato do herói de Virgílio, "temendo tanto por seu filho quanto pela carga que carrega". Você pode ter certeza de que está em paz consigo mesmo, quando nenhum ruído o assustar, quando nenhuma palavra o sacudir de si mesmo, seja de lisonja ou de ameaça, ou apenas um som vazio zumbindo sobre você como um barulho sem sentido.

14. "E então?", você questiona, "Não é às vezes mais simples apenas evitar o tumulto e estar ao abrigo do ruído?" Eu admito isso. Por conseguinte, eu vou mudar de meus aposentos atuais. Eu apenas queria me testar e me dar prática. Por que eu precisaria de mais atormentação, quando Ulisses encontrou uma cura tão simples para seus companheiros, mesmo contra as canções das Sereias?[200]

Mantenha-se Forte. Mantenha-se Bem.

LVII.
SOBRE AS PROVAÇÕES DE VIAGEM

Saudações de Sêneca a Lucílio.

01. Quando chegou a hora de voltar de Baiae para Nápoles, eu facilmente me convenci de que uma tempestade estaria furiosa, que poderia evitar outra viagem por mar. No entanto, a estrada estava tão profunda em lama, por todo o caminho, que eu deveria ter pensado, não obstante, fazer a viagem de barco. Naquele dia eu tive que suportar o destino completo de um atleta: primeiro foi a unção com óleo, seguida pela chuva de poeira e areia no túnel de Nápoles (gruta napolitana).[201]

02. E a gruta? Nenhum lugar poderia ser mais longo do que aquela prisão; nada podia ser mais anêmico do que as tochas que nos permitiam não ver na escuridão, mas ver a escuridão. Mas, mesmo supondo que houvesse luz no lugar, a poeira, que é uma coisa opressiva e desagradável, mesmo ao ar livre, destruía a luz. Pior ainda a poeira lá dentro, se revolve em volta de si mesma e, sendo o lugar fechado e sem ventilação, sopra de volta no rosto daqueles que a põem em marcha! Assim, resistimos a dois inconvenientes ao mesmo tempo. E eram diametralmente diferentes: lutamos com lama e com poeira na mesma estrada e no mesmo dia.

03. No entanto, a escuridão me proporcionou alguma coisa para pensar; senti certa emoção mental e uma transformação não acompanhada pelo medo, devido à novidade e ao desagrado de uma ocorrência incomum. Claro que não estou falando de mim neste momento, porque estou longe de ser uma pessoa perfeita ou mesmo um homem de qualidades medianas. Refiro-me a alguém sobre quem a Fortuna perdeu o controle. Até mesmo a mente de um tal homem ficará encantada com uma emoção e ele mudará a cor de seu rosto.

04. Pois há certas emoções, meu querido Lucílio, que nenhuma coragem pode evitar. A natureza mostra como a coragem é uma coisa perecível.

E assim um homem contrairá sua testa quando a perspectiva for ameaçadora, estremecerá com aparições súbitas e ficará tonto quando estiver na borda de um precipício e olhar para baixo. Isso não é medo, é um sentimento natural que a razão não pode derrotar.

05. É por isso que certos homens corajosos, dispostos a derramar o próprio sangue, não podem suportar ver o sangue dos outros. Algumas pessoas caem e desmaiam ao ver uma ferida recentemente infligida. Outros são afetados de forma semelhante no manuseio ou visualização de uma ferida velha que está a ulcerar. E outros encontram o curso da espada mais prontamente do que veem aplicados em outros.

06. Assim, como eu disse, experimentei certa transformação, embora não pudesse ser chamada de confusão. Então, ao primeiro vislumbre da luz do dia restaurada, meus bons espíritos voltaram sem premeditação nem comando. E eu comecei a pensar e pensar como somos tolos em temer certos objetos em maior ou menor grau, já que todos terminam da mesma maneira. Pois que diferença faz se uma torre de vigia ou uma montanha desmorona sobre nós? Nenhuma diferença, você perceberá. No entanto, haverá alguns homens que temem o acidente último em maior grau, embora ambos os acidentes sejam igualmente mortais. Tão verdadeiro é que o medo não olha para o efeito, mas para a causa do efeito.

07. Você acha que eu estou me referindo agora aos estoicos, que sustentam que a alma de um homem esmagado por um grande peso não pode subsistir e é dispersa imediatamente, porque não teve a oportunidade de partir livremente?[202] Não é isso que estou dizendo, aqueles que pensam assim estão, na minha opinião, errados.

08. Assim como o fogo não pode ser esmagado, uma vez que vai escapar pelo redor das bordas do corpo que o esmaga, assim como o ar não pode ser danificado por açoites e golpes, ou mesmo fatiado, mas flui de volta sobre o objeto ao qual dá lugar, da mesma forma, a alma, que é constituída pelas partículas mais sutis, não pode ser presa ou destruída dentro do corpo, mas em virtude de sua delicada substância escapará pelo próprio objeto pelo qual está sendo esmagada. Assim como o relâmpago, não importa o quão amplamente atinja ou cintile, faz seu retorno através de uma estreita abertura, de modo que a alma, que é ainda mais sutil do que o fogo, tem uma maneira de escapar através de qualquer corpo.

09. Chegamos, portanto, a esta questão, se a alma pode ser imortal. Mas tenha certeza disto: se a alma sobrevive ao corpo depois que o corpo é esmagado, a alma não pode de modo algum ser esmagada, precisamente porque não perece, pois a regra da imortalidade nunca admite exceções e nada pode prejudicar o que é eterno.

Mantenha-se Forte. Mantenha-se Bem.

LVIII.
SOBRE SER, EXISTIR E EUTANÁSIA

Saudações de Sêneca a Lucílio.

01. Quão escassa de palavras nossa linguagem é, não, quão miserável, eu não havia entendido completamente até hoje. Passamos casualmente a falar de Platão e mil assuntos vieram à discussão, que precisavam de nomes e ainda não possuíam nenhum. E havia outros que, certa vez, possuíram, mas perderam suas palavras, porque éramos muito sutis quanto ao uso delas. Mas quem pode suportar ser agradável no meio da pobreza? Há um inseto, chamado pelos gregos de "*oestrus*"[203] que torna o gado selvagem e os põem em fuga sobre suas pastagens. Ele costumava ser chamado "*asilus*" em nossa língua, como você pode acreditar pela autoridade de Virgílio:

| Perto dos bosques de Silarus, e perto de Alburnus máscaras de carvalhos verde-folheados voa um inseto, nomeado Asilus pelos romanos; no grego a palavra usada é oestro. Com um som áspero e estridente ele zune e faz selvagens Os rebanhos aterrorizados pelo bosque. | Est lucum Silari iuxta ! ilicibusque virentem Plurimus Alburnum volitans, cui nomen asilo Romanum est, oestrum Grai vertere vocantes, Asper, acerba sonans, quo tota exterrita silvis Diffugiunt armenta.[204] |

02. Por isso eu inferi que a palavra está fora de uso. E, para não fazer você esperar muito tempo, havia certas palavras simples atuais, como na expressão "decidir (*cernere*) uma contenda pelas armas", "*cernere ferro inter se*", como será provado novamente por Virgílio:

Grandes heróis, nascidos em várias terras, tinham vindo Para decidir assuntos mutuamente com a espada	Ingentis genitos diversis partibus orbis Inter se coiisse viros et cernere ferro.[205]

Atualmente empregamos para a mesma noção o verbo *decernere*; ou seja, caiu em desuso o emprego do verbo raiz. A palavra simples tornou-se obsoleta.

03. Os antigos costumavam dizer *"si iusso"* (se eu o ordenar), em vez de *"se iussero"*, em cláusulas condicionais. Você não precisa tomar a minha palavra, mas você pode voltar-se novamente para Virgílio:

Os outros soldados conduzirão a luta Comigo, onde vou oferecer.	Cetera, qua iusso, mecum manus inferat arma.[206]

04. Não é meu propósito demonstrar, por este conjunto de exemplos, quanto tempo desperdicei no estudo da linguagem; quero apenas que você entenda quantas palavras, atuais nas obras de Ênio e Ácio se tornaram mofadas com a idade, enquanto que mesmo no caso de Virgílio, cujas obras são exploradas diariamente, algumas de suas palavras foram furtadas de nós e já saíram da moda.

05. Você vai dizer, eu suponho: "Qual é o propósito e significado deste preâmbulo?" Não te deixarei no escuro. Desejo, se possível, dizer a palavra *"essentia"* (essência) para você e obter uma compreensão favorável. Se eu não posso fazer isso, vou arriscar, mesmo que isso lhe deixe de mau humor. Eu tenho Cícero como autoridade para o uso desta palavra e eu considero-o como uma poderosa autoridade. Se você desejar testemunho de uma data posterior, citarei Fabiano,[207] cuidadoso na linguagem, refinado e tão polido em estilo que vai se adequar aos nossos finos gostos. Pois que havia eu de fazer, meu querido Lucílio? De que outra forma podemos encontrar uma palavra para aquilo que os gregos chamam de "οὐσία",[208] algo que é indispensável, algo que é o substrato natural de tudo? Peço-lhe, portanto, que me permita usar esta palavra essencial. No entanto, tomarei o cuidado de exercer o privilégio que me concedeu com a mão mais cuidadosa possível. Talvez eu me contente com o mero direito.

06. Contudo, de que me servirá a sua indulgência, se eis que não posso expressar, em latim, o significado da palavra que me deu a oportunidade de percorrer a pobreza da nossa língua? E você condenará nossos estreitos limites romanos ainda mais, quando descobrir que há uma palavra de uma sílaba que eu não posso traduzir. "O que é isso?" Você pergunta. É a palavra "ὄν" ("O ser"). Você acha que eu não tenho habilidade, você acredita que a palavra está pronta para ser traduzida por "*quod est*".[209] Noto, no entanto, uma grande diferença: você está me forçando a apresentar um substantivo por um verbo.

07. Mas se eu tiver que fazê-lo, eu o farei por *quod est*. Há seis maneiras pelas quais Platão expressa esta ideia. Isso de acordo com um amigo nosso, um homem de grande conhecimento, que mencionou o fato hoje. E vou explicá-las todas a você, se eu puder primeiro apontar que há algo chamado gênero e algo chamado espécie. Por ora, porém, buscamos a ideia primária do gênero, do qual dependem as outras, as diferentes espécies, que é a fonte de toda classificação, o termo sob o qual as ideias universais são abraçadas. E a ideia de gênero será alcançada se começarmos a considerar a partir das características. Pois assim seremos conduzidos de volta à noção principal.

08. Agora, "homem" é uma espécie, como diz Aristóteles, assim também é "cavalo" ou "cão". Devemos, portanto, descobrir algum vínculo comum para todos esses termos, um que os abrace e os mantenha subordinados a si mesmo. E o que é isso? É "animal". E assim começa a haver um gênero "animal", incluindo todos esses termos, "homem", "cavalo" e "cachorro".

09. Mas há certas coisas que têm vida (*anima*) e ainda não são "animais". Pois é pacífico que as plantas e as árvores possuem vida e é por isso que falamos deles como vivos ou moribundos. Portanto, o termo "seres vivos" ocupará um lugar ainda mais alto, porque tanto os animais como as plantas estão incluídos nessa categoria. Certos objetos, entretanto, não têm vida, tais como pedras. Haverá, portanto, outro termo para ter precedência sobre "seres vivos" e que é "substância".

Eu classificarei a "substância" dizendo que todas as substâncias são animadas ou inanimadas.

10. Mas ainda há algo superior à "substância", porque falamos de certas coisas como possuidoras de substância e de certas coisas como carentes de substância. Qual será, então, o termo a partir do qual essas coisas derivam? É aquilo a que ultimamente deram um nome impróprio, "aquilo que é".[210] Pois, usando este termo, eles serão divididos em espécies, de modo que possamos dizer: o que existe ou possui, ou não, substância.

11. Este, portanto, é o gênero que é, o primário, original e (para brincar com a palavra) "geral". Claro que existem os outros gêneros, mas eles são gêneros "especiais": "homem" é, por exemplo, um gênero. Pois "homem" abrange espécies: por nações; grego, romano, parto; por cores; branco, preto, amarelo. O termo compreende indivíduos também: Catão, Cícero, Lucrécio. Assim, o "homem" cai na categoria gênero, na medida em que inclui muitos tipos, mas na medida em que é subordinado a um outro termo, cai na categoria espécie. Mas o gênero "aquilo que é" é geral e não tem um termo superior a ele. É o primeiro termo na classificação das coisas e todas as coisas estão incluídas nele.

12. Os estoicos colocariam à frente desse gênero outro ainda mais primário a respeito do qual falarei imediatamente, depois de provar que o gênero que foi discutido acima foi corretamente colocado em primeiro lugar, sendo, como é, capaz de incluir tudo.

13. Eu, por conseguinte, distribuo "aquilo que é" nestas duas espécies, coisas com e coisas sem substância. Não há terceira classe. E como eu distribuo "substância"? Dizendo que é animado ou inanimado. E como faço para distribuir o "animado"? Ao dizer: "Certas coisas têm mente, enquanto outros têm apenas vida". Ou a ideia pode ser expressa da seguinte maneira: "Certas coisas têm o poder de movimento, de progresso, de mudança de posição, enquanto outras estão enraizadas na terra, são alimentadas e crescem somente através de suas raízes". Novamente, em quais espécies eu divido "animais"? São perecíveis ou imperecíveis.

14. Alguns estoicos consideram o gênero primário como o "algo" (*quid*). Vou acrescentar as razões que dão para a sua crença, eles dizem: "Na ordem da natureza, algumas coisas existem e outras coisas não existem. E mesmo as coisas que não existem realmente são parte da ordem da

natureza. Por exemplo, centauros, gigantes e todas as outras invenções de raciocínio falso, que começaram a ter uma forma definida, embora não tenham consistência corporal".

15. Mas eu volto agora ao assunto que eu prometi discutir para você, a saber, como é que Platão divide todas as coisas existentes em seis maneiras diferentes. A primeira classe de "ser" não pode ser alcançada pela visão ou pelo tato, ou por qualquer dos sentidos; mas pode ser alcançada pelo pensamento. Qualquer concepção genérica, tal como a ideia genérica "homem", não entra no alcance dos olhos, mas o "homem" em particular o faz, como, por exemplo, Cícero ou Catão. O termo "animal" não é objeto de visão. Ele é compreendido apenas pelo pensamento. Um animal em particular, no entanto, pode ser visto, por exemplo, um cavalo, um cão.

16. A segunda classe de "coisas que existem", de acordo com Platão, é a que é eminente e se destaca acima de tudo. Isso, diz ele, existe em um grau preeminente. A palavra "poeta" é usada indiscriminadamente, pois este termo é aplicado a todos os escritores de verso, mas entre os gregos passou a ser a marca distintiva de um único indivíduo. Você sabe que Homero é subentendido quando você ouve os homens dizerem "o poeta". Qual é, então, este "ser preeminente por excelência"? É Deus, certamente, aquele que é maior e mais poderoso do que qualquer outro.

17. A terceira classe é composta das coisas que existem no sentido próprio do termo, elas são incontáveis em número, mas estão situadas além de nossa visão. "*Quem são esses*?" Você pergunta. São os próprios mobiliários de Platão, por assim dizer; ele os chama de "ideias", e delas todas as coisas visíveis são criadas e de acordo com seu padrão todas as coisas são feitas. Elas são imortais, imutáveis, invioláveis.

18. E esta "ideia", ou melhor, a concepção de Platão sobre ela, é a seguinte: "A ideia é o molde eterno das coisas que são criadas pela natureza". Vou explicar esta definição, a fim de colocar o assunto diante de você em uma luz mais clara: suponha que eu gostaria de fazer uma semelhança de você, pintar seu retrato, eu possuo em sua própria pessoa o padrão deste quadro, do qual minha mente recebe um certo esboço, que é para incorporar em sua própria obra. Essa aparência externa, então, que me dá instrução e orientação, esse padrão para eu imitar, é a "ideia".

Tais padrões, portanto, a natureza possui em número infinito, homens, peixes, árvores, segundo cujo modelo tudo o que a natureza tem para criar é elaborado.

19. Em quarto lugar, colocaremos "εἶδος/*eidos*" (forma).[211] E se você souber o que significa "*eidos*", você deve prestar muita atenção, chamando Platão e não eu, para explicar a dificuldade do assunto. No entanto, não podemos fazer distinções finas sem encontrar dificuldades. Um momento atrás eu fiz uso do artista como uma ilustração. Quando o artista desejava reproduzir Virgílio em cores, ele olhava para o próprio Virgílio. A "ideia" era a aparência externa de Virgílio e este era o padrão do trabalho pretendido. Aquilo que o artista extrai dessa "ideia" e encarna em sua própria obra, será o "*eidos*".

20. Você me pergunta onde está a diferença. O primeiro é o padrão, enquanto a última é a forma retirada do padrão e incorporada no trabalho. Nosso artista segue um, mas cria o outro. Uma estátua tem certa aparência externa, esta aparência externa da estátua é a "forma". E o próprio padrão tem certa aparência externa, ao contemplar este, o escultor moldou sua estátua, esta é a "ideia". Se você deseja uma distinção adicional, direi que a "forma" está na obra do artista, a "ideia" fora de sua obra e não apenas fora dela, mas anterior a ela.

21. A quinta classe é composta das coisas que existem no sentido usual do termo. Essas coisas são as primeiras que têm a ver conosco. Aqui temos todas as coisas como homens, gado e objetos. Na sexta classe vai tudo o que tem uma existência fictícia, um simulacro, como vazio, ou tempo.[212] Tudo o que é concreto à visão ou ao toque, Platão não inclui entre as coisas que ele acredita serem existentes no sentido estrito do termo. Pois eles estão em um estado de fluxo, constantemente diminuindo ou aumentando. Nenhum de nós é o mesmo homem na velhice que foi na juventude, nem o mesmo no dia seguinte que no dia anterior. Nossos corpos são forjados ao longo como água fluindo, cada objeto visível acompanha o tempo em sua jornada, das coisas que vemos, nada é fixo. Até eu mesmo, ao comentar sobre essa mudança, estou mudado.

22. É exatamente o que diz Heráclito: "Entramos duas vezes no mesmo rio e, contudo, num rio diferente". Pois o curso de água ainda mantém o mesmo nome, mas a água já fluiu ao longo. Claro que isto é muito mais evidente nos rios do que nos seres humanos. Ainda assim, nós, mortais, também somos levados por caminho não menos rápido, e isso me leva a maravilhar-me com a nossa loucura em nos unir com grande afeição a uma coisa tão fugaz como o corpo, temendo que algum dia morreremos, quando cada instante significa a morte de nossa condição anterior. Você não vai parar de temer que isso aconteça, uma vez que realmente acontece todos os dias?

23. Tanto para o homem, uma substância que flui e decai, exposta a toda influência, mas também o universo, imortal e duradouro como é, muda e nunca permanece o mesmo. Pois embora tenha em si tudo o que tem, tem-no de uma maneira diferente daquela em que o tinha tido. O universo continua mudando seu arranjo.

24. "Muito bem", diz você, "de que adianta eu obter de todo este bom raciocínio?". De nada, se você deseja que eu responda a sua pergunta. No entanto, assim como um escultor repousa seus olhos quando há muito estão sob tensão, e estão cansados, e os retira de seu trabalho, e "os regala", como diz o ditado: por isso, às vezes, devemos afrouxar nossas mentes e refrescá-las com algum tipo de entretenimento. Mas deixe até nosso entretenimento ser trabalho e mesmo a partir dessas várias formas de entretenimento que você vai escolher, se você tem estado atento, será algo que pode provar salutar.

25. Esse é o meu hábito, Lucílio: eu tento extrair e tornar útil algum elemento de cada campo do pensamento, não importa quão distante possa ser da filosofia. Agora, o que poderia ser menos provável de reformar o caráter do que os assuntos que temos discutido? E como posso ser feito um homem melhor pelas "ideias" de Platão? O que posso tirar delas que ponha um controle sobre os meus apetites? Talvez o próprio pensamento de que todas estas coisas que ministram aos nossos sentidos, que nos despertam e excitam, são por Platão negadas um lugar entre as coisas que realmente existem.

26. Tais coisas são, portanto, imaginárias, e embora, por enquanto, apresentem certa aparência externa, no entanto não são em nenhum caso permanentes ou substanciais. Não obstante, nós as desejamos como se fossem existir para sempre ou como se nós pudéssemos as possuir para sempre. Somos seres fracos e aquosos em pé no meio de irrealidades, portanto voltemos nossa mente para as coisas que são eternas. Olhemos para os contornos ideais de todas as coisas que voam ao alto e para a divindade que se move entre elas e planeja como pode defender da morte o que não poderia tornar imperecível porque sua substância impede e, por raciocínio, pode assim superar os defeitos do corpo.

27. Todas as coisas permanecem, não porque sejam eternas, mas porque são protegidas pelo cuidado de quem governa todas as coisas, mas o que é imperecível não precisa de um guardião. O mestre construtor os mantém seguros, superando a fraqueza de seu tecido por seu próprio poder. Desprezemos tudo o que é tão pouco objeto de valor que nos faz duvidar se existem.

28. Reflitamos ao mesmo tempo, visto que a providência resgata de seus perigos o próprio mundo, que não é menos mortal do que nós mesmos, que até certo ponto nossos corpos mesquinhos podem ser obrigados a permanecer mais tempo na Terra por nossa própria providência, se apenas adquirimos a capacidade de controlar e reprimir os prazeres em que a maior parte da humanidade perece.

29. O próprio Platão, a todo custo, avançou para a velhice. Certamente, ele era o possuidor afortunado de um corpo forte e sadio (seu próprio nome lhe foi dado por causa de seu peito largo),[213] mas sua força foi muito prejudicada por viagens marítimas e aventuras terríveis. No entanto, por meio da vida frugal, estabelecendo um limite sobre tudo o que desperta os apetites e por uma atenção cuidadosa a si mesmo, ele alcançou essa idade avançada, apesar de muitos obstáculos.

30. Você sabe, tenho certeza, que Platão teve a sorte, graças a sua vida cuidadosa, de morrer no seu aniversário, depois de completar exatamente o seu octogésimo primeiro ano. Por esta razão, os sábios do Oriente, que por acaso estavam em Atenas naquela época, ofereceram sacrifícios a ele depois de sua morte, acreditando que sua duração de dias estava muito plena para um homem mortal, uma vez que ele havia completado o número perfeito de nove vezes nove. Eu não duvido que ele teria sido bastante disposto a renunciar a alguns dias deste total, bem como o sacrifício.

31. A vida frugal pode levar alguém à velhice, e para mim a velhice não é para ser recusada, não mais do que deve ser desejada. É um prazer estar na própria companhia o maior tempo possível, quando um homem se fez valer a pena. A questão, portanto, sobre a qual devemos registrar nosso julgamento é se alguém deve fugir da extrema velhice e deve apressar o fim artificialmente, em vez de esperar que ele venha. Um homem que espera lentamente seu destino é quase um covarde, assim como é exageradamente dado ao vinho aquele que drena o frasco e suga até mesmo a borra.

32. Mas nós faremos esta pergunta também: "A extremidade da vida é a escória, ou é a parte mais clara e pura de todas, desde que apenas a mente esteja desimpedida e os sentidos, ainda sãos, deem seu apoio ao Espírito, e o corpo não esteja desgastado e morto antes de seu tempo?" Pois faz muita diferença se um homem está alongando sua vida ou sua morte.

33. Mas se o corpo é inútil para suas tarefas, por que não deveríamos libertar a alma de seus entraves? Talvez devêssemos fazer isto um pouco antes que a dívida seja devida para que, quando vencer, possa ser capaz de executar o ato. Assim como o perigo de viver na miséria é maior do que o risco de morrer logo, é um tolo aquele que se recusa a apostar um pouco de tempo e arriscar ganhar um formidável lucro. Poucos têm durado pela extrema velhice até a morte sem prejuízo e muitos têm estado inertes, não fazendo uso de si mesmos. Quão mais cruel então você acha que realmente é ter perdido uma porção de sua vida, do que ter perdido o direito de terminar essa vida?

34. Não me ouça com relutância, como se a minha declaração se aplicasse diretamente a você, mas pondere o que tenho a dizer. É isto que eu não abandonarei na velhice, se a velhice me preservar intacto para mim e intacto quanto à melhor parte de mim mesmo; mas se a velhice começar a despedaçar a minha mente e a rasgar em pedaços as suas várias faculdades, se ela me deixar, não a vida, mas apenas o sopro da vida, sairei correndo de uma casa que está desmoronando e cambaleando.

35. Não vou evitar a doença procurando a morte, desde que a doença seja curável e não impeça minha alma. Não porei mãos violentas sobre mim só porque estou com dor, pois a morte em tais circunstâncias é a derrota por covardia. Mas se eu descobrir que a dor deve sempre ser suportada, devo partir, não por causa da dor, mas porque ela será um obstáculo para mim no que diz respeito a todas as minhas razões para viver. Aquele que morre apenas porque está com dor é um fraco, um covarde; mas aquele que vive apenas para afrontar esta dor é um tolo.

36. Mas estou discorrendo por muito tempo e, além disso, há matéria aqui para encher um dia. E como um homem pode terminar sua vida, se ele não pode terminar uma carta? Então, adeus.[214] Esta última palavra você vai ler com maior prazer do que toda minha conversa contínua sobre a morte.

Mantenha-se Forte. Mantenha-se Bem.

LIX.
SOBRE PRAZER E ALEGRIA

Saudações de Sêneca a Lucílio.

01. Recebi grande prazer de sua carta. Por gentileza, permita-me usar essas palavras em seu significado cotidiano, sem insistir em seu significado estoico. Pois nós, estoicos, sustentamos que o prazer é um vício. Muito provavelmente é um vício, mas estamos acostumados a usar a palavra quando queremos indicar um estado de espírito feliz.

02. Estou ciente de que, se testarmos as palavras pela nossa fórmula, até mesmo o prazer é uma coisa de má reputação e a alegria só pode ser alcançada pelos sábios. Pois a "alegria" é um júbilo do espírito, de um espírito que confia na bondade e na verdade de suas posses. O uso comum, entretanto, é que derivamos grande "alegria" da posição de um amigo como cônsul, ou de seu casamento ou do nascimento de seu filho. Mas esses eventos, longe de serem motivo de alegria, são mais frequentemente o começo da tristeza por vir. Não! É uma característica da alegria real que ela nunca cessa e nunca se transforma em seu oposto.

03. Assim, quando nosso Virgílio fala de

As alegrias malignas do espírito,	**Et mala mentis gaudia,**[215]

Suas palavras são eloquentes, mas não estritamente apropriadas. Pois nenhuma "alegria" pode ser maligna. Ele deu o nome de "alegria" aos prazeres e assim expressou seu significado. Pois ele transmitiu a ideia de que os homens se deleitam em seu próprio mal.

04. No entanto, eu não estava errado ao dizer que recebi grande "prazer" de sua carta, pois embora um homem ignorante possa derivar "alegria" se a causa for honrosa, contudo, uma vez que sua emoção é inconstante, e é

SOBRE PRAZER E ALEGRIA

provável que em breve tome outra direção, chamo-a de "prazer", pois é inspirada por uma opinião sobre um bem espúrio. Excede o controle e é levado ao excesso. Mas, para voltar ao assunto, deixe-me dizer-lhe o que me encantou em sua carta. Você tem suas palavras sob controle. Você não é levado por sua linguagem ou carregado além dos limites que você determinou.

05. Muitos escritores são tentados pelo encanto de alguma frase sedutora para um tópico diferente do que eles tinham se proposto a discutir. Mas não foi assim no seu caso. Todas as suas palavras são compactas e adequadas ao assunto, você diz tudo o que deseja e quer dizer ainda mais do que você diz. Esta é uma prova da importância de seu assunto, mostrando que sua mente, assim como suas palavras, não contém nada supérfluo ou empolado.

06. No entanto, encontro algumas metáforas, de fato ousadas, mas do tipo que já foi posto à prova. Também encontro analogias, é claro! Se alguém nos proíbe de usá-las, sustentando que apenas os poetas têm esse privilégio, não tem, aparentemente, lido nenhum de nossos escritores de prosa antiga que ainda não tinham aprendido a simular um estilo que pudesse ganhar aplausos. Pois aqueles escritores, cuja eloquência era simples e dirigida apenas para provar seu caso, estão cheios de comparações. Penso que estas são necessárias, não pela mesma razão que as torna necessárias para os poetas, mas para que possam servir de sustentação à nossa fraqueza, para levar o orador e o ouvinte face a face com o assunto em discussão.

07. Por exemplo, estou neste momento lendo Séxtio.[216] Ele é um homem afiado e um filósofo que, embora escrevesse em grego, tinha o padrão romano de ética. Uma de suas analogias agrada-me em especial, a de um exército marchando em um largo vazio, num lugar onde o inimigo poderia aparecer de qualquer lugar, pronto para a batalha. "Isto", disse ele, "é exatamente o que o homem sábio deve fazer, ele deve ter todas as suas qualidades de combate dispostas por todos os lados, de modo que de onde quer que o ataque ameace, lá seus suportes estarão prontos e poderão obedecer ao comando do capitão sem confusão." Isto é o que observamos em exércitos que servem sob grandes líderes, vemos como todas as tropas entendem simultaneamente as ordens de seu general, já que estão dispostas de modo que um sinal dado por um homem passe pelas fileiras da cavalaria e da infantaria no mesmo momento.

08. Isto, declara ele, é ainda mais necessário para homens como nós, pois os soldados temiam com frequência um inimigo sem terem motivo para tanto, e a marcha que julgavam mais perigosa era de fato a mais segura. Mas a insensatez não repousa, o medo assombra tanto na vanguarda como na parte de trás da coluna e ambos os flancos estão em pânico. A insensatez nos persegue e o perigo nos confronta a tal ponto que o próprio socorro nos apavora! Mas o sábio é fortificado contra todas as incursões, ele está alerta, ele não recuará frente ao ataque da pobreza ou da tristeza ou da desgraça ou da dor. Ele andará impávido tanto contra eles como entre eles.

09. Nós, seres humanos, somos agrilhoados e enfraquecidos por muitos vícios, nós temos chafurdado neles há muito tempo e é difícil para nós sermos purificados. Não estamos apenas contaminados, somos tingidos por eles. Mas, para abster-me de passar de uma figura para outra, vou levantar esta questão, que muitas vezes considero em meu próprio coração: por que é que a insensatez nos segura com um aperto tão insistente? É, principalmente, porque não a combatemos com força suficiente, porque não lutamos para a salvação com todas as nossas forças. Segundo, porque não depositamos confiança suficiente nas descobertas dos sábios e não bebemos de suas palavras com corações abertos, nós abordamos este grande problema em espírito muito frívolo.

10. Mas como um homem pode aprender o suficiente na luta contra seus vícios se o tempo que ele dedica a aprender é apenas a sobra deixada por seus vícios? Nenhum de nós vai fundo abaixo da superfície. Nós roçamos apenas o topo e consideramos o breve tempo gasto na busca de sabedoria como suficiente e de sobra para um homem ocupado.

11. O que mais nos impede é que estamos prontamente satisfeitos conosco mesmos, se nos encontrarmos com alguém que nos chama de homens bons ou homens sensatos ou homens santos. Nos vemos nessa descrição, não nos contentamos com louvor em moderação, aceitamos tudo o que a vergonhosa lisonja nos atira, como se fosse merecido. Concordamos com aqueles que nos declaram ser o melhor e o mais sábio dos homens, embora saibamos que eles são dados a muita mentira. E somos tão autocomplacentes que desejamos elogios por certas ações quando somos especialmente viciados em exatamente o oposto. A pessoa se ouve chamar de "delicado" enquanto inflige torturas ou de "generoso" quando está empenhado em pilhagem ou de "moderado" quando está no meio da embriaguez e da luxúria. Assim, segue-se que não estamos dispostos a ser reformados, apenas porque acreditamos ser o melhor dos homens.

12. Alexandre estava marchando até a Índia, devastando tribos que eram pouco conhecidas, até mesmo para seus vizinhos. Durante o cerco de certa cidade, enquanto reconhecia as muralhas e procurava o ponto mais fraco das fortificações, foi ferido por uma flecha. No entanto, ele continuou durante muito tempo montado, com a intenção de terminar o que tinha começado. A dor de sua ferida, quando a superfície ficou seca e o fluxo de sangue foi limitado, aumentou, sua perna gradualmente ficou entorpecida enquanto sentava em seu cavalo. E finalmente, quando foi forçado a retirar-se, exclamou: "Todos os homens juram que eu sou o filho de Júpiter, mas esta ferida grita que eu não passo de um mortal".[217]

13. Vamos agir da mesma maneira. Todo homem, de acordo com sua sorte na vida, é abobalhado pela lisonja. Deveríamos dizer àquele que nos lisonjeia: "Você me chama de um homem sensato, mas eu entendo quantas das coisas que eu desejo são inúteis e quantas das coisas que eu desejo me fariam mal. Não tenho sequer o conhecimento que a saciedade ensina aos animais, do que deveria ser a medida do meu alimento ou da minha bebida. Eu ainda não sei o quanto eu devo consumir".

14. Vou agora mostrar-lhe como você pode saber que não é sábio. O homem sábio é alegre, feliz e calmo, inabalável, vive num mesmo plano que os deuses. Agora vá, pergunte a si mesmo se você nunca fica abatido, se sua mente não é assediada por muita apreensão, pela antecipação do que está por vir, se dia e noite sua alma continua em seu curso único e inabalável, reta e contente consigo mesma, só aí então você terá alcançado o maior bem que os mortais podem possuir. Se, no entanto, você procura prazeres de todos os tipos em todas as direções, você deve saber que está tão longe da sabedoria quanto está aquém de alegria. A alegria é o objetivo que você deseja alcançar, mas você está errando o caminho se espera alcançar seu objetivo enquanto está no meio de riquezas e títulos oficiais – em outras palavras, se você busca a alegria no meio de preocupações, esses objetos pelos quais você se esforça tão ansiosamente, como se pudessem dar felicidade e prazer, são meras causas de dor.

15. Todos os homens desta estampa, eu sustento, estão focados na busca da alegria, mas eles não sabem onde podem obter uma alegria que é grande e duradoura. Uma pessoa procura-a no banquete e na autoindulgência, outra, em busca de honras e em ser cercado por uma multidão de clientes, outra em sua amante, outra em exibição ociosa da cultura e da literatura que não tem poder para curar; todos esses homens são desviados por delícias que são enganosas e de vida curta como a embriaguez, por exemplo, que paga por uma única hora de loucura hilariante com tédio e doença de muitos dias ou como na busca por popularidade e aplausos, à custa de grande inquietação mental.

16. Reflita, portanto, sobre isso, que o efeito da sabedoria é uma alegria ininterrupta e contínua. A mente do sábio é como o firmamento ultralunar, a eterna calma permeia essa região.[218] Você tem então, uma razão para desejar ser sábio: o sábio nunca é privado de alegria. Essa alegria brota apenas do conhecimento de que você possui virtudes. Ninguém, exceto o corajoso, o justo, o autocontido, pode ter alegria.

17. E quando você pergunta: "O que você quer dizer? Não se alegram os tolos e os ímpios?" Eu respondo, não mais do que leões que pegaram sua presa. Quando os homens se fatigarem com o vinho e a luxúria, quando a noite lhes falhar antes que a sua devassidão seja concluída, quando os prazeres que têm amontoado sobre um corpo que é pequeno demais para segurá-los começam a apodrecer, nesses momentos eles proferem em sua miséria aquelas linhas de Virgílio:

| Tu sabes como, em meio a falsas alegrias brilhantes, nós passamos aquelas últimas noites. | Namque ut supremam falsa inter gaudia noctem Egerimus, nosti.[219] |

18. Os amantes do prazer passam todas as noites entre alegrias falsas e como se fossem as suas últimas. Mas a alegria que vem aos deuses e àqueles que imitam os deuses, não é interrompida nem cessa. Mas certamente cessaria se fosse emprestada do exterior. Exatamente porque não está no poder de outro para doar, também não está sujeita aos caprichos do outro. O que a Fortuna não deu, ela não pode tirar.

Mantenha-se Forte. Mantenha-se Bem.

LX.
SOBRE ORAÇÕES PREJUDICIAIS

Saudações de Sêneca a Lucílio.

01. Eu protocolo uma queixa, eu inicio um processo, eu estou com raiva. Você ainda deseja o que seu mentor, seu guardião[220] ou sua mãe orem em seu favor? Você ainda não entende por qual mal eles oram? Quão hostis para nós são os desejos dos nossos próprios amigos! E são tanto mais hostis quanto mais plenamente se cumprem. Não é surpresa para mim, na minha idade, que nada mais do que o mal nos assiste desde a nossa juventude, pois crescemos entre as maldições invocadas por nossos pais. E que os deuses deem ouvidos ao nosso clamor e possam, de quando em quando, ouvir-nos falar sobre nós sem nada reclamarmos deles!

02. Quanto tempo continuaremos a fazer exigências aos deuses, como se ainda não pudéssemos nos sustentar sozinhos? Até quando continuaremos a encher de trigo os mercados de nossas grandes cidades? Por quanto tempo as pessoas devem juntá-lo para nós? Por quanto tempo muitos barcos trarão coisas necessárias para uma única refeição, trazendo-os de inúmeros mares? O touro é satisfeito quando se alimenta por alguns acres e uma floresta é grande o suficiente para um rebanho de elefantes. O homem, entretanto, arranca seu sustento tanto da terra como do mar.

03. O que, então? Será que a natureza nos deu barrigas tão insaciáveis quando nos deu esses corpos insignificantes, que devemos superar os animais mais vorazes em ganância? De modo nenhum. Quão pequena é a quantidade que vai satisfazer a natureza? Um pouco vai mandá-la embora satisfeita. Não é a fome natural de nossas barrigas que nos custa caro, mas nossos desejos vorazes.

04. Portanto, aqueles que, como diz Salústio, "ouvem suas barrigas",[221] devem ser contados entre os animais e não entre os homens. E certos homens, na verdade, devem ser contados, nem mesmo entre os animais, mas entre os mortos. Realmente vive quem é útil para muitos, realmente vive quem sabe fazer uso de si mesmo. Esses homens, entretanto, que se arrastam para um buraco e ficam torpes não são melhores em suas casas do que se estivessem em seus túmulos. Ali mesmo, na fachada de mármore da casa de tal homem, você pode inscrever seu nome, pois ele antecipou a própria morte![222]

Mantenha-se Forte. Mantenha-se Bem.

LXI.
SOBRE ENCONTRAR A MORTE ALEGREMENTE

Saudações de Sêneca a Lucílio.

01. Deixemos de desejar o que desejamos algum dia. Eu, pelo menos, estou fazendo isto: na minha velhice, deixei de desejar o que desejava quando era menino. A esta única extremidade meus dias e minhas noites são passados; esta é minha tarefa, este é o objeto de meus pensamentos: pôr fim aos meus males crônicos. Estou tentando viver todos os dias como se fossem uma vida completa. Mas, Hércules me valha, não me apresso a gozá-lo como se fosse o último, eu apenas o considero, entretanto, como se pudesse mesmo ser meu último.

02. A presente carta é escrita com isto em mente, como se a morte estivesse prestes a me chamar durante o próprio ato de escrever. Eu estou pronto para partir e devo gozar a vida apenas porque não sou demasiadamente ansioso quanto à data futura de minha partida. Antes de envelhecer, tentei viver bem. Agora que estou velho, vou tentar morrer bem, mas morrer bem significa morrer alegremente. Cuide para que você nunca faça nada de má vontade.

03. O que é obrigado a ser uma imprescindibilidade se você se rebelar não é uma imprescindibilidade, se você a desejar. É isso que quero dizer: aquele que acata ordens com prazer, escapa à parte mais amarga da servidão: fazer aquilo que não quer fazer. O homem que faz alguma coisa sob ordens não é infeliz. É infeliz quem faz algo contra a sua vontade. Portanto, fixemos nossas mentes para que possamos desejar tudo o que é exigido de nós pelas circunstâncias e, acima de tudo, que possamos refletir sobre o nosso fim sem amargura.

04. Devemos preparar-nos para a morte antes de nos prepararmos para a vida. A vida está bem mobiliada, mas somos muito gananciosos em relação aos seus móveis: algo sempre nos parece faltar e sempre parecerá faltar. Ter vivido o suficiente não depende nem de nossos anos, nem de nossos dias, mas de nossas mentes. Já vivi, meu caro amigo Lucílio, o suficiente. Eu tive minha satisfação, aguardo a morte plenamente saciado.

Mantenha-se Forte. Mantenha-se Bem.

LXII.
SOBRE BOA COMPANHIA

Saudações de Sêneca a Lucílio.

01. Somos enganados por aqueles que nos querem fazer crer que uma multidão de assuntos bloqueia a busca de estudos intelectuais. Eles fazem um fingimento de seus compromissos e os multiplicam, quando seus compromissos são meramente com eles. Quanto a mim, Lucílio, o meu tempo é livre. É de fato livre e onde quer que eu esteja, sou mestre de mim mesmo. Pois não me entrego a meus negócios, mas empresto-me a eles e não busco desculpas para desperdiçar meu tempo. E onde quer que eu esteja, continuo minhas próprias meditações e pondero em minha mente algum pensamento profícuo.

02. Quando me entrego a meus amigos, não me afasto da minha própria companhia, nem permaneço com aqueles que estão associados a mim por alguma ocasião especial ou alguma circunstância que surge da minha posição oficial. Mas eu passo meu tempo na companhia de todos os melhores, não importa em que terras eles possam ter vivido ou em que idade, eu deixo meu espírito e meus pensamentos voarem a eles.

03. Demétrio,[223] por exemplo, o melhor dos homens, eu levo comigo e, deixando os trajados em linho púrpura e fino,[224] falo com ele, meio nu como ele é, e o tenho em alta estima. Por que eu não deveria mantê-lo em alta estima? Descobri que ele não sente falta de nada. É possível a qualquer homem desprezar todas as coisas, mas impossível a alguém possuir todas as coisas. O caminho mais curto às riquezas é desprezar as riquezas. Nosso amigo Demétrio, no entanto, vive não apenas como se tivesse aprendido a desprezar todas as coisas, mas como se as tivesse entregue para que outras pessoas as possuíssem.[225]

Mantenha-se Forte. Mantenha-se Bem.

LXIII.
SOBRE SOFRIMENTO POR AMIGOS PERDIDOS

Saudações de Sêneca a Lucílio.

01. Estou triste por saber que seu amigo Flaco está morto, mas eu não recomendaria a você tristeza a mais do que é adequado. Que você não deva chorar eu não ousarei insistir, ainda que eu saiba que seria a melhor maneira. Mas qual homem será tão abençoado com essa firmeza ideal da alma, a menos que já tenha se elevado muito acima do alcance da Fortuna? Mesmo esse homem será atingido por um evento como este, mas será apenas uma picada. Nós, no entanto, podemos ser perdoados por nos rebentarmos em lágrimas, se apenas as nossas lágrimas não tenham fluído em excesso e se as tivermos controladas por nossos próprios esforços. Não deixemos que os olhos fiquem secos quando perdemos um amigo, nem os deixemos transbordar. Podemos chorar, mas não devemos lamuriar. Desfazermo-nos em pranto, isso não!

02. Você acha que a lei que eu estabeleço para você é dura, enquanto o maior dos poetas gregos estendeu o privilégio de chorar a um só dia, nas linhas em que ele nos diz que Níobe[226] até mesmo pensou na refeição? Você deseja saber o motivo de lamentações e choro excessivo? É porque buscamos as provas de nosso luto em nossas lágrimas e não damos lugar à tristeza, mas meramente ao seu desfilar. Nenhum homem entra em luto por seu melhor interesse. Que vergonha essa nossa insensatez inoportuna! Há um elemento de egoísmo, mesmo em nossa tristeza.

03. "O quê", você questiona, "vou esquecer meu amigo?". É seguramente uma lembrança de curta duração que você lhe concede, se é para durar apenas enquanto durar seu pesar, dentro em pouco sua sobrancelha será suavizada em risadas por alguma circunstância, por mais casual que seja. É para um tempo curto que eu coloco o calmante de cada tristeza, o abrandamento de até mesmo o mais amargo sofrimento. Assim que

SOBRE SOFRIMENTO POR AMIGOS PERDIDOS

você deixar de se vigiar, a imagem de tristeza que você contemplou desaparecerá, no momento você está vigiando seu próprio sofrimento. Mas mesmo enquanto vigia, ele escapa de você, e quanto mais agudo ele é, mais rapidamente chega ao fim.

04. Vamos cuidar para que a lembrança daqueles que perdemos se torne uma agradável lembrança para nós. Nenhum homem devolve com prazer qualquer assunto que ele não seja capaz de refletir sem dor. Assim também não pode deixar de ser que os nomes daqueles a quem amamos e perdemos voltem para nós com uma espécie de picada, mas há um prazer mesmo nesta picada.

05. Como disse nosso amigo Átalo:[227] "A lembrança de amigos perdidos é agradável, da mesma forma que certos frutos azedos têm um gosto agradável, ou como em vinhos extremamente antigos em que o próprio amargor nos agrada. Depois de um certo lapso de tempo, todo pensamento que deu dor é extinguido e o prazer nos vem sem mistura".

06. Se considerarmos a palavra de Átalo, "pensar em amigos que estão vivos e bem é como desfrutar de uma refeição de bolos e mel, a lembrança de amigos que passaram dá um prazer que não é sem um toque de amargor, no entanto, quem negará que até mesmo essas coisas, que são amargas e contêm um elemento de acidez, servem para despertar o estômago?".

07. Por minha parte, eu não concordo com ele. Para mim, o pensamento de meus amigos mortos é doce e atraente. Porque eu os tive como se eu os pudesse perder, eu perdi-os como se os ainda tivesse. Portanto, Lucílio, aja como convém a sua própria serenidade de espírito e deixe de colocar uma interpretação errada sobre os presentes da Fortuna. A Fortuna tirou, mas a Fortuna deu.

08. Vamos gozar intensamente a companhia dos nossos amigos, porque não sabemos quanto tempo esse privilégio será nosso. Pensemos quantas vezes os deixaremos quando nos colocamos em viagens distantes e quantas vezes não os veremos mesmo quando ficarmos juntos no mesmo lugar, compreenderemos assim que perdemos muito do tempo deles enquanto estavam vivos.

09. Mas irá tolerar homens que são os mais descuidados com seus amigos e depois choram por eles mais abjetamente e não amam ninguém a menos que o tenham perdido? A razão pela qual se lamentam com tanta violência nessas ocasiões é que temem que os homens duvidem se realmente amaram, muito tarde eles procuram provas de suas emoções.

10. Se tivermos outros amigos, certamente mereceremos sofrer em suas mãos e pensar mal deles, se são tão pouco considerados que não conseguem nos consolar pela perda. Se, por outro lado, não temos outros amigos, nos ferimos mais do que a Fortuna nos feriu, já que a Fortuna nos roubou um amigo, mas nós roubamos a nós mesmos de todos os amigos que não fizemos.

11. Novamente, aquele que é incapaz de amar mais do que um, não tem muito amor mesmo por este. Se um homem que perdeu sua única túnica por roubo escolher lamentar sua situação em vez de olhar em torno por alguma maneira de escapar do frio ou procurar algo com que cobrir os seus ombros, você não o consideraria um tolo absoluto? Você sepultou alguém que amava, procure alguém para amar. É mais importante encontrar um novo amigo do que chorar pelo desaparecido.

12. O que vou acrescentar é, eu sei, uma observação muito simplória, mas não a omitirei simplesmente porque é uma frase comum: um homem acaba seu pesar com o simples passar do tempo, mesmo que ele não tenha terminado por sua própria iniciativa. Mas a cura mais vergonhosa para a tristeza, no caso de um homem sensato, é se entediar da tristeza. Eu prefiro que abandone o sofrimento, em vez de deixar o sofrimento abandoná-lo. E deve parar com o luto o mais rapidamente possível, uma vez que, mesmo se quiser fazê-lo, é impossível mantê-lo por um longo tempo.

13. Nossos antepassados decretaram que, no caso das mulheres, um ano deveria ser o limite para o luto, não que elas precisassem chorar por tanto tempo, mas que elas não deviam chorar mais. No caso dos homens, não foram estabelecidas regras, porque o luto não é considerado honroso. Por tudo isso, qual mulher pode me mostrar, de todas essas pobres mulheres que dificilmente poderiam ser arrastadas para longe da pira funerária ou arrancadas do cadáver, cujas lágrimas duraram um mês inteiro? Nada se torna ofensivo tão rapidamente quanto o sofrimento: quando fresco, encontra alguém para consolá-lo e atrai um ou outro, mas depois de se tornar crônico é ridicularizado, e com razão, pois é simulado ou tolo.

14. Quem lhe escreve estas palavras não é outro senão eu, que chorou tão excessivamente pelo meu querido amigo Aneu Sereno.[228] Apesar de meus anseios, devo ser incluído entre os exemplos de homens que foram dominados pelo sofrimento. Hoje, no entanto, condeno este ato meu e entendo que a razão pela qual chorei tanto foi principalmente por nunca ter imaginado que sua morte pudesse preceder a minha. O único pensamento que me ocorreu foi que ele era o mais novo, e muito mais novo – como se o destino seguisse a ordem de nossos tempos!

15. Portanto, pensemos continuamente tanto sobre nossa própria mortalidade como sobre a de todos aqueles que amamos. Em dias anteriores, eu poderia ter dito: "Meu amigo Sereno é mais jovem do que eu, mas o que importa? Ele poderia morrer naturalmente depois de mim, mas ele também poderia me preceder". Foi apenas porque eu não fiz isso, que estava despreparado quando a Fortuna me deu o súbito golpe. Agora é o momento para refletir, não só que todas as coisas são mortais, mas também que sua mortalidade não está sujeita à lei fixa. O que quer que possa acontecer a qualquer momento, pode acontecer hoje.

16. Reflita, portanto, meu amado Lucílio, que logo chegamos à baliza que este amigo, para a nossa própria tristeza, alcançou. E talvez, se somente a fábula contada por homens sábios for verdadeira e houver um nirvana para nos receber, aquele que nós pensamos que perdemos, tenha sido somente enviado em nossa frente.

Mantenha-se Forte. Mantenha-se Bem.

LXIV.
SOBRE A TAREFA DO FILÓSOFO

Saudações de Sêneca a Lucílio.

01. Ontem você estava conosco. Você pode reclamar se eu disse *"ontem"* meramente. É por isso que acrescentei *"conosco"*. Pois, no que me diz respeito, você está sempre comigo. Certos amigos haviam aparecido, em cuja conta um fogo um pouco mais brilhante foi colocado, não o tipo que geralmente explode das chaminés da cozinha dos ricos para grande susto dos bombeiros, mas a fumaça moderada que significa que os convidados chegaram.

02. A nossa conversa decorreu em vários temas, como é natural em um jantar. Não perseguiu nenhuma corrente de pensamento até o final, mas saltou de um tópico para outro. Então, lemos para nós um livro de Quinto Séxtio, o Velho.[229] Ele é um grande homem, se tem alguma confiança na minha opinião, e também um verdadeiro estoico, embora ele mesmo o negue.

03. Oh, Deuses, que força e espírito se encontra nele! Este não é o caso de todos os filósofos, há alguns homens de nome ilustre cujos escritos não têm qualquer vigor. Eles estabelecem regras, eles argumentam e eles discutem; eles não inspiram o espírito simplesmente porque eles não têm espírito. Mas quando ler Séxtio, você dirá: "Ele está vivo, ele é forte, ele é livre, ele é mais do que um homem, ele me enche de uma confiança poderosa em mim mesmo ao fechar seu livro!"

04. Eu vou admitir a você o estado de espírito em que estou quando leio suas obras: quero desafiar todos os perigos, quero gritar: "Por que me faz esperar? Fortuna, entre no ringue, eis que estou pronto para ti!" Meu ânimo fica idêntico ao espírito de um homem que procura onde pode fazer prova de si mesmo, onde ele possa demonstrar o seu valor:

> | E se inquietando ao meio dos rebanhos não guerreiros, ele reza Algum javali listado pode cruzar seu caminho, ou então Um leão fulvo que espreita abaixo das colinas. | Spumantemque dari pecora inter inertia votis Optat aprum aut fulvum descendere monte leonem.[230] |

05. Quero algo para suplantar, algo em que possa testar minha resistência. Pois esta é outra qualidade notável que Séxtio possui: ele lhe mostrará a grandeza da vida feliz e mesmo assim não o fará desesperar-se por alcançá-la. Você vai entender que ela está alta, mas que é acessível para aquele que tem a vontade de buscá-la.

06. E a própria virtude terá o mesmo efeito sobre você, de fazê-lo admirá-la e ainda assim esperar alcançá-la. Em meu próprio caso, de qualquer modo, a própria contemplação da sabedoria toma muito do meu tempo. Olho para ela com perplexidade, assim como às vezes olho para o próprio firmamento, tanto que muitas vezes vejo como se eu o visse pela primeira vez.

07. Por isso adoro as descobertas da sabedoria e seus descobridores, pois receber, por assim dizer, a herança de muitos predecessores é uma delícia. Foi para mim que eles guardaram este tesouro, era para mim que eles trabalhavam. Mas devemos desempenhar o papel de um cuidadoso chefe de família, devemos aumentar o que herdamos. Esta herança passará de mim para os meus descendentes maior do que antes. Muito ainda resta por fazer e muito permanecerá por ser feito e aquele que nascerá em mil séculos não será impedido de acrescentar algo mais.

08. Mas mesmo que os velhos mestres tenham descoberto tudo, uma coisa será sempre nova, a aplicação e o estudo científico e classificação das descobertas feitas por outros. Suponha que prescrições foram transmitidas para nós para a cura dos olhos. Não há necessidade de minha busca por outras além dessa, mas por tudo isso, essas prescrições devem ser adaptadas à doença particular e ao estágio particular da doença. Use esta prescrição para aliviar a granulação das pálpebras, esta para reduzir o inchaço das pálpebras, aquela para evitar dor súbita ou uma onda de lágrimas, esta outra para aguçar a visão. Em seguida, combine estas várias prescrições, preste atenção no momento certo de sua aplicação e forneça o tratamento adequado em cada caso. As curas para o espírito também foram descobertas pelos antigos, mas é nossa tarefa descobrir o método e o tempo de tratamento.

09. Nossos predecessores trabalharam muito melhor, mas não resolveram o problema. Eles merecem respeito e, todavia, deveriam ser adorados com um ritual divino. Por que não deveriam existir estátuas de grandes homens para incendiar meu entusiasmo e comemorar seus aniversários? Por que não devo cumprimentá-los sempre com respeito e honra? A reverência que devo a meus próprios professores, devo em medida semelhante aos professores da raça humana, a fonte de onde os começos de tais grandes bênçãos fluíram.

10. Se eu me encontrar com um cônsul ou um pretor, eu lhe pagarei toda a honra que o seu cargo de honra é acostumado a receber: vou saltar do cavalo, descobrir a cabeça e ceder o caminho. O que, então? Devo consentir na minha alma com menos do que as mais altas marcas de respeito a Marco Catão, o Ancião e o Jovem, Lélio, o Sábio, Sócrates e Platão, Zenão e Cleantes? Ser-me-á possível pensar neles sem as maiores provas de respeito e admiração? Eu os adoro em verdade e sempre me ergo para honrar nomes tão nobres.

Mantenha-se Forte. Mantenha-se Bem.

LXV.
SOBRE A PRIMEIRA CAUSA (DEUS/LOGOS)

Saudações de Sêneca a Lucílio.

01. Eu dividi meu dia ontem com a falta de saúde; ela reivindicou para si todo o período antes do meio-dia, à tarde, porém, cedeu. Eu primeiro testei meu espírito lendo então, quando a leitura foi possível, ousei fazer mais exigências ao espírito, ou talvez eu diria, fazer mais concessões a ele. Escrevi um pouco e com mais concentração do que o habitual, porque estou lutando com um assunto difícil e não quero ser derrubado. No meio disto, alguns amigos me visitaram com o propósito de empregar força e de me conter, como se eu fosse um doente que se entregasse a algum excesso.

02. Assim, a conversa substituiu a escrita e desta conversa vou comunicar-lhe o tema que ainda é objeto de debate, pois nós o designamos árbitro. Você tem uma tarefa mais árdua em suas mãos do que imagina, pois a argumentação é tripla.[231] Nossos filósofos estoicos, como você sabe, declaram que há duas coisas no universo que são a fonte de tudo: a causa e a matéria. Matéria jaz lenta, uma substância pronta para qualquer uso, mas certa de permanecer desempregada, se ninguém a coloca em movimento. A causa, no entanto, pelo que queremos dizer a razão, molda a matéria e a transforma em qualquer direção que deseja, produzindo assim vários resultados concretos. Consequentemente, deve haver, no caso de cada coisa, aquilo de que é feita e, em seguida, um agente pelo qual ela é feita. O primeiro é o seu material, este último a sua causa.

03. Toda arte não é senão imitação da natureza, portanto, deixe-me aplicar essas declarações de princípios gerais às coisas que devem ser feitas pelo homem. Uma estátua, por exemplo, necessitou de matéria a ser tratada pelas mãos do artista e teve um artista que deu forma à matéria. Assim, no caso da estátua, o material era de bronze, a causa era o trabalhador.

E assim acontece com todas as coisas, elas consistem daquilo com que são feitas e do criador.

04. Os estoicos acreditam em uma única causa – o criador. Mas Aristóteles pensa que a palavra "causa" pode ser usada de três maneiras: "A primeira causa", diz ele, "é a matéria real, sem a qual nada pode ser criado. A segunda é o operário. A terceira é a forma, que está gravada em cada obra, uma estátua, por exemplo". Esta última é o que Aristóteles chama de *eidos*.[232] "Há, também," diz ele, "uma quarta, o propósito do trabalho como um todo, da obra acabada."[233]

05. Agora vou mostrar-lhe o que esta última significa. Bronze é a "primeira causa" da estátua, pois nunca poderia ter sido feita a menos que houvesse algo em que pudesse ser moldada. A "segunda causa" é o artista, pois sem as mãos hábeis de um trabalhador o bronze não poderia ter sido moldado para os contornos da estátua. A "terceira causa" é a forma, na medida em que a nossa estátua nunca poderia ser chamada de "O Portador da Lança" ou "O Garoto Prendendo seu Cabelo" caso não tivesse esta forma especial estampada sobre ela. A "quarta causa" é o propósito do trabalho. Pois, se este propósito não existisse, a estátua não teria sido feita.

06. Agora, qual é esse propósito? É o que atraiu o artista? O que ele seguiu quando ele fez a estátua? Pode ter sido dinheiro, se a fez para venda; ou renome, se tem trabalhado para a reputação; ou a religião, se a forjou como um presente para um templo. Portanto, esta também é uma causa contribuindo para a realização da estátua. Ou você acha que devemos evitar incluir, entre as causas de uma coisa que foi feita, esse elemento sem o qual a coisa em questão não teria sido feita?

07. A esses quatro, Platão acrescenta uma quinta causa, a matriz que ele mesmo chama de "ideia"; pois é isso que o artista olhou quando criou a obra que decidira realizar. Agora, não faz diferença se ele tem esse padrão fora de si mesmo, que ele pudesse dirigir seu olhar, ou dentro de si mesmo, concebido e colocado lá por si mesmo. Deus tem dentro de si estes padrões de todas as coisas e sua mente compreende as harmonias e as medidas da totalidade das coisas que devem ser realizadas. Ele está cheio dessas formas que Platão chama de "ideias" – imperecíveis, imutáveis, não sujeitas à decadência. E portanto, embora os homens morram, a própria humanidade, ou a ideia de homem, segundo a qual o homem é moldado, permanece e não sofre mudança, embora os homens labutem e pereçam.

08. Consequentemente, há cinco causas, como diz Platão: o material, o agente, a forma, o modelo e o fim em vista. Por último vem o resultado de todos esses, o produto acabado. Assim como no caso da estátua, para voltar à figura com a qual começamos, o material é o bronze, o agente é o artista, a forma é o que o artista pretende representar, o modelo é o padrão copiado pelo agente, o fim em vista é o propósito na mente do criador e, finalmente, o resultado de tudo isso é a própria estátua.

09. O universo também, na opinião de Platão, possui todos esses elementos. O agente é a divindade; a matéria-prima, a matéria propriamente dita; a forma, o contorno e a disposição do mundo visível. O modelo é sem dúvida o arquétipo segundo o qual a divindade fez esta grande e mais bela criação.

10. O propósito é seu objetivo ao fazê-lo. Você pergunta qual é o propósito de Deus? É bondade. Platão, pelo menos, diz: "Qual foi a razão da divindade para criar o mundo? Deus é bom e nenhuma pessoa boa é invejosa de algo que é bom. Por isso, Deus fez dele o melhor mundo possível".[234] Transmita sua opinião, então, ó juiz; declare quem lhe parece dizer o que é mais verdadeiro e não quem diz o que é absolutamente verdadeiro. Pois fazer isso está tão além da nossa compreensão quanto a própria verdade.

11. Essa multidão de causas, definida por Aristóteles e Platão, ou é demasiado vasta, ou é demasiado restrita. Pois se eles consideram como "causas" de um objeto que deve ser feito tudo sem o qual o objeto não pode ser feito, eles nomearam muito poucos. O tempo deve ser incluído entre as causas, pois nada pode ser feito sem tempo. Eles também devem incluir lugar, pois se não houver lugar onde uma coisa possa ser feita, ela não será feita. E movimento também, nada é feito ou destruído sem movimento. Não há arte sem movimento, nenhuma mudança de qualquer tipo.

12. Agora, no entanto, estou procurando a primeira, a causa geral, isso deveria ser simples, na medida em que a matéria também é simples. Perguntamos qual é a causa? É certamente a Razão Criativa, em outras palavras, Deus. Pois aqueles elementos a que você se refere não são uma grande série de causas independentes; todos dependem de um só, e essa será a causa criadora, a causa eficiente.

13. Você sustenta que a forma é uma causa? Isto é somente o que o artista carimba em seu trabalho, é parte de uma causa, mas não a causa toda. Nem o modelo é uma causa, mas um instrumento indispensável da causa. Seu modelo é tão indispensável ao artista como o cinzel ou a lixa, sem estes, a arte não pode fazer nenhum progresso. Mas, por tudo isso, essas coisas não são partes da arte, nem causas dela.

14. "Então", talvez você diga, "o propósito do artista, o que o leva a se comprometer a criar algo, é a causa". Pode ser uma causa, não é, no entanto, a causa eficiente, mas apenas uma causa acessória. Mas há inúmeras causas acessórias. O que estamos discutindo é a causa geral. Ora, a declaração de Platão e de Aristóteles não está de acordo com suas acuidades mentais usuais, quando sustentam que todo o universo, a obra perfeitamente trabalhada, é uma causa. Pois há uma grande diferença entre um trabalho e a causa de um trabalho.

15. Dê a sua opinião ou, como é mais fácil em casos deste tipo, declare que o assunto não está claro e exija outra audiência. Mas você vai responder: "Que prazer você tem de desperdiçar seu tempo nesses problemas, que não o aliviam de nenhuma de suas emoções, não derrotando nenhum de seus desejos?" No que me diz respeito, trato-os e discuto-os como assuntos que contribuem grandemente para acalmar o espírito, e eu me estudo primeiro, e depois o mundo em torno de mim.

16. E nem mesmo agora, como você pensa, estou desperdiçando meu tempo. Pois todas estas questões, desde que não sejam cortadas e despedaçadas em tais refinamentos não rentáveis, elevam e iluminam a alma, que é presa por um fardo pesado e deseja ser libertada e voltar aos elementos de que foi uma vez parte. Pois este nosso corpo é um peso sobre a alma e é seu castigo. Sob o peso desta carga a alma é esmagada e está em cativeiro, a menos que a filosofia venha em sua assistência e ofereça-lhe tomar coragem nova, contemplando o universo e transformando coisas terrenas em coisas divinas. Lá tem sua liberdade, lá pode vagar amplamente, entretanto, escapa da prisão em que está presa e renova a sua vida no firmamento.

17. Assim como os trabalhadores qualificados, que se empenham em alguma obra delicada que cansa seus olhos pelo esforço se a luz que eles têm é sovina ou incerta, ao saírem para o ar livre e em algum parque dedicado à recreação do povo deleitam seus olhos na generosa luz do dia,[235] assim a alma, aprisionada como foi nesta casa sombria e escurecida, procura o céu aberto sempre que pode e na contemplação do universo, encontra o descanso.

18. O sábio, aquele que procura sabedoria, está intimamente ligado ao seu corpo, mas a melhor parte de si mesmo está liberta e concentra seus pensamentos em coisas elevadas. Ligado, por assim dizer, ao seu juramento de lealdade, ele considera o período da vida como seu termo de serviço. É tal seu caráter que ele não ama nem odeia a vida, ele suporta uma sina mortal, embora saiba que um destino maior está guardado para ele.

19. Você me proíbe de contemplar o universo? Você me obriga a me afastar do todo e me restringir a uma parte? Não devo perguntar quais são os primórdios de todas as coisas, quem moldou o universo, quem tomou o conjunto confuso e conglomerado de matéria e a separou em suas partes? Não posso perguntar quem é o Mestre Construtor deste universo, como o poderoso volume foi trazido sob o controle da lei e da ordem, quem reuniu os átomos dispersos, quem separou os elementos desordenados e atribuiu uma forma exterior aos elementos que estavam num vasto amálgama disforme? De onde veio toda a expansão de luz? E se é fogo ou mesmo mais brilhante do que o fogo?

20. Não devo fazer essas perguntas? Devo ignorar as alturas de onde eu desci? Se vou ver este mundo só uma vez ou nascer muitas vezes? Qual é o meu destino depois? Que morada aguarda minha alma em sua libertação das leis da escravidão entre os homens? Você me proíbe de ter um quinhão do céu? Em outras palavras, você me manda viver cabisbaixo?[236]

21. Não, eu estou acima de tal existência, eu nasci para um destino maior do que para ser um mero objeto do meu corpo e eu considero este corpo como nada, mas uma corrente que restringe minha liberdade. Portanto, eu o ofereço como uma espécie de para-choques à Fortuna e não permitirei que nenhum ferimento penetre minha alma. Pois meu corpo é a única parte de mim que pode sofrer lesões. Nesta morada, que está exposta ao risco, minha alma vive livre.

22. Nunca esta carne me levará a sentir medo ou a assumir qualquer falsa aparência que seja indigna de um homem bom. Nunca vou mentir para honrar este pequeno corpo. Quando me parecer apropriado, romperei minha ligação com ele. E, no momento em que estivermos unidos, nossa aliança não será, no entanto, uma de igualdade. A alma trará todas as querelas diante de seu próprio tribunal. Desprezar nossos corpos é liberdade certa.

23. Retornando ao nosso assunto, esta liberdade será grandemente ajudada pela contemplação do que estávamos falando há pouco. Todas as coisas são feitas de matéria e do espírito da divindade. A divindade controla a matéria, que a engloba e a segue como seu guia e líder. E aquele que cria, em outras palavras, a divindade, é mais poderoso e precioso do que a matéria, que é submetida à ação da divindade.

24. O lugar da divindade no universo corresponde à relação da alma com o homem. O mundo material corresponde ao nosso corpo mortal, portanto, o inferior serve ao mais elevado. Sejamos corajosos diante dos perigos. Não temamos injustiças, nem feridas, nem amarras, nem pobreza. E o que é a morte? Ou é o termo final ou um processo de mudança![237] Não tenho medo de deixar de existir; é o mesmo que não ter começado. Nem me acovardo de mudar para outro estado porque eu, sob nenhuma circunstância, estarei tão constrangido como estou agora.

Mantenha-se Forte. Mantenha-se Bem.

NOTAS

1. Tradução, por Sêneca, de frase célebre de Hesíodo.
2. NT: Estoicismo em oposição ao Epicurismo.
3. NT: Ver *Epicuro, Cartas e Princípios*.
4. NT: Teofrasto (372 a.C. – 287 a.C.) foi um filósofo da Grécia Antiga, sucessor de Aristóteles na escola peripatética. Aristóteles, em seu testamento, nomeou-o como tutor dos filhos, legando-lhe a biblioteca e os originais dos trabalhos e designando-o como sucessor no Liceu.
5. Possivelmente Pompônio Segundo, um general e poeta trágico romano que viveu durante o reinado de Tibério, Calígula e Cláudio.
6. A toga pretexta, com uma faixa púrpura, era substituída pela toga viril, inteiramente branca, aos 16 anos, quando o jovem era apresentado à vida pública no fórum e ficavam reconhecidas a sua maioridade e sua capacidade de administrar todos os direitos plenos de um cidadão. Aqui, a substituição da toga pretexta pela toga viril é um símbolo de maturidade.
7. NT: Nome de Calígula.
8. NT: Marcus Aemilius Lepidus (6-39), casado com a irmã mais nova do futuro imperador Calígula, Julia Drusilla.
9. NT: Existem relatos que afirmam que o imperador Calígula constantemente humilhava Cássio Quereia por suas maneiras supostamente afeminadas. Como vingança, juntamente com seu colega de tribuna Cornélio Sabino, ele conspirou contra o imperador e em janeiro de 41 fez suas vítimas, assassinando também a mulher de Calígula.
10. O Jardim de Epicuro.
11. NT: Ver *Epicuro, Cartas e Princípios*. A mesma citação é repetida na carta 27, neste volume, e também na carta 119. Ver *Cartas de um Estoico, Volume III*.
12. Lema da escola estoica.
13. NT: Hecato de Rodes foi um filósofo estoico, discípulo de Panécio de Rodes. Não se conhecem outros detalhes da sua vida, mas era um filósofo eminente entre os estoicos desse período. Era um escritor prolífico, ainda que não tenha chegado nenhum escrito até os nossos dias. Diógenes Laércio menciona seis tratados de sua autoria.
14. NT: Cleantes de Assos (ca. 330 a.C. – ca. 230 a.C.) foi um filósofo estoico, discípulo e continuador de Zenão de Cítio. Tendo iniciado o estudo da filosofia aos 50 anos de idade, depois de ter sido atleta e apesar de viver na pobreza, seguiu as lições de Zenão e, após a morte deste, no ano 262 a.C., assumiu a liderança da escola, cargo que manteria por 32 anos, preservando e aprofundando as doutrinas do seu mestre e antecessor.

15. NT: Durante o intervalo do almoço, criminosos condenados eram frequentemente levados para a arena e obrigados a lutar, para a diversão dos espectadores que permaneceriam por toda a parte do dia.
16. A observação é dirigida aos espectadores brutalizados.
17. Demócrito de Abdera (ca. 460 a.C. – 370 a.C.) nasceu na cidade de Mileto, viajou pela Babilônia, Egito e Atenas e se estabeleceu em Abdera no final do século V a.C. Demócrito foi discípulo e depois sucessor de Leucipo de Mileto. A fama de Demócrito decorre do fato de ele ter sido o maior expoente da teoria atômica ou do atomismo. De acordo com essa teoria, tudo o que existe é composto por elementos indivisíveis chamados átomos.
18. Ver *Epicuro, Cartas e Princípios*.
19. Em contraste com a doutrina estoica geral de participar da política e atividades do mundo. NT: Ao contrário dos epicuristas, que defendiam uma vida à margem das obrigações políticas e sociais, os estoicos aconselhavam a participação ativa do sábio nos assuntos do Estado. Isso explica, em boa parte pelo menos, a importante carreira pública do próprio Sêneca. Ver George Stock, *Estoicismo*.
20. NT: As condições sóciopolíticas podem ser tais, contudo, que obriguem o sábio a recolher-se à vida estritamente privada, como fez Sêneca a partir de 63 quando perdeu influência sobre Nero. Ver o tratado *Sobre o Ócio* em que Sêneca aprofunda o assunto.
21. Estas Cartas!
22. NT: Ver *Epicuro, Cartas e Princípios*.
23. *"excalceatis"*, referência a comediantes ou mímicos.
24. NT: Provérbios de Publílio Siro (século I a.C.). Também conhecido como Publílio Siro, ou como Publilius Syrius ou Públio Siro. Era nativo na Síria e foi feito escravo e enviado para a Itália, mas, graças ao seu talento, ganhou o favor de seu senhor, que o libertou e o educou.
25. NT: Ver *Epicuro, Cartas e Princípios*.
26. O termo grego ἀπάθεια (Apatheia) significa literalmente "ausência de sofrimento", daí vem o termo apatia em português.
27. NT: Isto é, escola cínica.
28. Fídias foi um célebre escultor da Grécia Antiga. Sua biografia é cheia de lacunas e incertezas, e o que se tem como certo é que ele foi o autor de duas das mais famosas estátuas da Antiguidade, a Atena Partenos e o Zeus Olímpico, e que sob a proteção de Péricles encarregou-se da supervisão de um vasto programa construtivo em Atenas, concentrado na reedificação da Acrópole, devastada pelos persas em 480 a.C.
29. NT: Em latim, *quas temporarias,* tempo bom.
30. A distinção baseia-se no significado de *egeret*, "estar em falta de" algo indispensável, e *opus esse*, "ter necessidade de" algo do qual se pode prescindir.
31. NT: Ver Diógenes Laércio, *Vidas e doutrinas dos filósofos ilustres*, livro VII.
32. NT: Alusão à teoria estoica da conflagração (*ekpyrosis*). Segundo esta teoria estoica, o mundo se renovaria de tempos em tempos, o mundo se resumiria ao fogo artífice (Logos = Zeus = Inteligência universal) e todos os demais deuses seriam tragados nesta

unidade primordial. O processo cosmogônico daria origem a outro mundo que, para alguns estoicos, seria uma repetição de tudo o que vivemos. Daí que tudo aconteceria novamente, e todos renasceriam, mas (como disse Sêneca numa carta), sem qualquer lembrança de uma vida anterior. Então, se esta teoria fosse verdade, esta poderia ser nossa bilionésima vida, e para nós não faria diferença, pois não teríamos consciência disso. Essa teoria reflete a concepção grega do eterno retorno. Ver George Stock, *Estoicismo*.

33. NT: Demétrio I (337 a.C. — 283 a.C.), cognominado Poliórcetes, foi um rei da Macedônia. Seu apelido, "cidade sitiada" (Poliorketes), refere-se à sua habilidade militar em sitiar e conquistar cidades.

34. Autor desconhecido, talvez uma adaptação do grego. Alguns eruditos atribuem o verso a Publílio Siro.

35. Crates de Tebas (c. 365 a.C. – c. 285 a.C.) foi um filósofo cínico. Crates doou seu dinheiro para viver uma vida de pobreza nas ruas de Atenas. Respeitado pelo povo de Atenas, ele é lembrado por ser o professor de Zenão de Cítio, o fundador do Estoicismo. Vários fragmentos de ensinamentos de Crates sobreviveram, incluindo sua descrição de um estado cínico ideal.

36. Atenodoro de Tarso ou Atenodoro Cananita (c. 74 a.C. – 7 d.C.) foi um filósofo estoico. Nasceu em Canana, perto de Tarso (onde é hoje a Turquia), foi aluno de Posidônio de Rodes e professor de Otaviano – o futuro imperador Augusto.

37. NT: Lúcio Cornélio Sula foi um político da gente Cornélia da República Romana eleito cônsul por duas vezes. Foi também eleito ditador em 82 a.C., o primeiro desde o final do século III a.C.

38. NT: Na religião pagã romana, o gênio (*genius*) era uma das divindades domésticas individualmente associada a cada homem. Cada um possuía o seu *genius* (e a mulher seu *juno*). Especialmente venerado era o *genius* do chefe de família.

39. Uma alusão irônica ao funeral romano; os pés do cadáver apontando para a porta.

40. NT: Pequenas figuras, geralmente de terracota, eram frequentemente dadas às crianças como presente durante o festival da Saturnália. Neste festival, era costume haver troca de presentes entre amigos, e mesmo entre senhores e escravos. Nessa ocasião, os escravos gozavam de uma grande liberdade em relação aos seus senhores. Ver Horácio, *Sátiras*, livro II, 7.

41. O antigo escravo se assemelha a uma criança na medida em que está perdendo os dentes (mas pela segunda vez).

42. "*seniores*" em contraste com "*iuniores*"

43. NT: Heráclito de Éfeso (c. 535 a.C. – 475 a.C.) foi um filósofo pré-socrático considerado o "Pai da dialética". Recebeu a alcunha de "O Obscuro" principalmente em razão da obra a ele atribuída por Diógenes Laércio, *Sobre a Natureza*, em estilo obscuro, próximo ao das sentenças oraculares.

44. O texto apresenta aqui uma lacuna.

45. A Síria era legalmente governada por Élio Lâmia, nomeado por Tibério, que, impedido de sair de Roma, administrava a província por intermédio do seu legado Pacúvio. Ver Tácito, Anais.

46. Trecho de *Eneida*, de Virgílio.

47. NT: Ver *Epicuro, Cartas e Princípios*.

48. Marco Pórcio Catão Uticense, também conhecido como Catão, o Jovem (para se distinguir do seu bisavô, Marco Pórcio Catão, o Velho) (Roma, 95 a.C. – Útica, 46 a.C.), foi um político romano célebre pela sua inflexibilidade e integridade moral. Partidário da filosofia estoica, era avesso a qualquer tipo de suborno. Opunha-se, particularmente, a Júlio César. Suicidou-se depois da vitória deste na Batalha de Tapso.

49. NT: Os ganchos referidos eram usados para arrastar corpos de condenados até junto das *gemoniae scalae, isto é*, "escadas dos gemidos", de onde eram lançados ao rio Tibre.

50. Caríbdis (em grego: Χάρυβδις), na mitologia grega, era uma criatura marinha protetora de limites territoriais no mar. Em outra tradição, seria um turbilhão criado por Poseidon.

51. Ver carta XXII neste volume.

52. NT: Frase de Epicuro. Ver Diógenes Laércio, *Vidas e doutrinas dos filósofos ilustres*, livro X.

53. NT: Sêneca repete ao longo das cartas a oposição entre os adeptos da filosofia, isto é, aqueles que tentam aproximar-se do ideal do "sábio estoico", e a grande massa de *stulti*, chamando esses de "insensatos, estúpidos, incultos, dementes". Precisamos entender que ao usar o adjetivo *stultus* ("estúpido") não está avaliando a inteligência do visado, mas tão somente afirmando seu afastamento do modelo ideal.

54. NT: O óleo com que os atletas untavam o corpo antes dos exercícios físicos, especialmente nas lutas.

55. Sálio (em latim: *Salius*; pl. *Salii*), na religião da Roma Antiga, era um "sacerdote saltador" (do verbo *salio*, "pular") que realizava cultos a Marte Gradivo. Esse grupo realizava anualmente no mês de março uma procissão pelas ruas de Roma batendo em escudos sagrados, dançando um ritual e entoando em honra do deus hinos cujo texto, segundo Quintiliano, nem os próprios celebrantes compreendiam.

56. O pisoteador ou arrumador lavava as roupas pisando e pulando sobre elas em uma tina.

57. NT: Liteira é uma cadeira portátil, aberta ou fechada, suportada por duas varas laterais, carregada por escravos.

58. NT: Quirites eram cidadãos romanos com plenitude de direitos civis. A *captatio beneuolentiae* (o apelo à benevolência dos cidadãos) ocorria, por procedimento, ao final do discurso, quando o orador, depois de ter exposto sua argumentação, recorria à emoção. Ver Cícero, *Diálogo sobre as divisões da oratória*.

59. Bobos famosos em Roma no período. Sêneca faz alusão a eles em outras obras. Ver Sêneca, *A Apocoloquintose do divino Cláudio*.

60. Ou seja, apenas avançou em idade.

61. NT: Ver *Epicuro, Cartas e Princípios*.

62. NT: Ver Cícero, *Hortensius*.

63. NT: Ver ensaio "SOBRE A IRA" III, XX, 2, onde Sêneca relata como os soldados de Cambises, devido à imprudência deste soberano, se viram forçados a comer as solas de seus sapatos cozidas ao fogo.

NOTAS

64. NT: Isto é, imagine-se jovem. Outra intepretação é mude de época, verá que tem mais que seus antepassados.
65. NT: Ver *Epicuro, Cartas e Princípios*.
66. NT: Saturnália era um festival da Antiga Roma em honra ao deus Saturno, se estendendo com festividades até 23 de dezembro. O feriado era celebrado com um sacrifício no Templo de Saturno, no Fórum Romano; um banquete público, seguido de troca de presentes em privado; festa contínua e uma atmosfera de carnaval que derrubava as normas sociais romanas. As Saturnálias mesclavam elementos que em parte correspondem às nossas festas de Natal (a troca de presentes) e em parte (a licenciosidade) se aproximam do Carnaval. Na sátira *A Apocoloquintose do divino Cláudio*, Sêneca diz que Cláudio "qual príncipe de Carnaval, celebrava o mês de Saturno durante o ano inteiro" (8.2) e, mais para a frente, após sua morte, "eu bem vos dizia que o Carnaval não havia de durar sempre!" (12.2).
67. O *pilleus* era usado por escravos recém-libertados e pela população romana em ocasiões festivas. Antigamente, trocava-se a toga pelo traje militar em períodos de guerra ("agitação"), ou por roupa de luto ("calamidades"). Ver *Marcial*.
68. Tímon de Fliunte, filho de Timarco, foi um filósofo cético grego, pupilo de Pirro de Élis, célebre autor de poemas satíricos.
69. Os homens ricos às vezes instalavam em seus palácios uma imitação de "cabine de homem pobre", por contraste com os outros quartos ou como um gesto para uma vida simples.
70. NT: Ver Diógenes Laércio, *Vidas e doutrinas dos filósofos ilustres*, livro X.
71. NT: Polieno de Lâmpsaco foi anteriormente um matemático da Grécia Antiga e posteriormente um discípulo de Epicuro. Apesar de matemático, diz-se que convenceu Epicuro de que a geometria era um desperdício de tempo.
72. NT: É, como esperado, impossível uma equivalência entre as moedas romanas e moedas atuais. De qualquer modo "um asse" é um valor mínimo, poderíamos expressar por "um tostão" ou "um centavo".
73. Trecho de *Eneida*, de Virgílio, VIII, 364.
74. NT: Ver *Epicuro, Cartas e Princípios*.
75. NT: Ver tratado "Sobre a Ira".
76. NT: O "ócio" para os romanos, e principalmente Sêneca, significa o abandono das ocupações públicas e da participação na vida política. Não se confunde com "ociosidade". Ver tratado "Sobre o ócio".
77. NT: O procurador fazia o trabalho de um *questor* em uma província imperial. Posições em Roma a que Lucílio poderia ter acesso seriam as de *praefectus annonae*, encarregado do fornecimento de grãos, ou *praefectus urbi*, Diretor de Segurança Pública e outros.
78. NT: Não se sabe mais sobre esta obra.
79. NT: Ver *Epicuro, Cartas e Princípios*.
80. Sêneca aplica à sabedoria a mesma definição de amizade de Salústio, "*idem velle atque idem nolle, ea demui firma amicitia est*".
81. NT: Ver *Epicuro, Cartas e Princípios*.

82. Ver neste volume, Carta XVIII, 5.
83. Adaptado do epigrama sobre Alexandre o Grande, "*hic est quem non capit orbis*" em Plutarco.
84. NT: Idomeneu de Lâmpsaco foi um amigo e discípulo de Epicuro.
85. NT: Ver Diógenes Laércio, *Vidas e doutrinas dos filósofos ilustres*, livro X.
86. Sátrapa era o nome dado aos governadores das províncias, chamadas satrapias, nos antigos impérios Aquemênida e Sassânida da Pérsia. Cada satrapia era governada por um sátrapa, que era nomeado pelo rei.
87. NT: Tito Pompónio Ático foi um cavaleiro romano e Patrono das Letras. Ático é recordado como grande amigo e confidente de Cícero, sendo-lhe dedicado o tratado desse filósofo sobre a amizade, *De Amicitia*. A correspondência entre os dois está preservada nos dezesseis volumes das *Cartas a Ático* (*Epistulae ad Atticum*).
88. Trecho de *Eneida*, de Virgílio.
89. NT: Ver *Epicuro, Cartas e Princípios*.
90. NT: Exemplos seriam as obras "SOBRE OS BENEFÍCIOS" de Sêneca ou "SOBRE OS DEVERES" de Cícero.
91. NT: Ver Diógenes Laércio, *Vidas e doutrinas dos filósofos ilustres*, livro X.
92. NT: Ver *Epicuro, Cartas e Princípios*.
93. NT: Ver *Epicuro, Cartas e Princípios*.
94. NT: Públio Rutílio Rufo despertou o ódio da ordem equestre, à qual pertencia a maior parte dos republicanos. Em 92 a.C., foi acusado de extorsão justamente por estes provincianos que havia tentado proteger e, apesar da acusação ser amplamente tida como falsa, o júri, composto quase que inteiramente de equestres, o condenou. Rufo aceitou o veredito resignado, um comportamento estoico esperado para um discípulo de Panécio. Cícero, Lívio, Veleio Patérculo e Valério Máximo concordam em que era um homem honrado e íntegro e a sua condenação foi resultado de uma conspiração.
95. NT: Quinto Cecílio Metelo Numídico foi eleito cônsul em 109 a.C. e censor em 102 a.C. e era o líder da facção aristocrática dos *optimates* no Senado Romano. Quando Saturnino obrigou os senadores a jurarem uma lei agrária no prazo de cinco dias sob pena de multa, Metelo preferiu exilar-se voluntariamente em Rodes a se submeter ao que considerava um grande desatino, o que resultou na sua expulsão do Senado e na perda de sua cidadania romana.
96. NT: Caio Múcio Cévola (em latim: *Gaius Mucius Scaevola*). Logo depois da fundação da República Romana, Roma se viu rapidamente sob a ameaça etrusca representada por Lar Porsena. Depois de rechaçar um primeiro ataque, os romanos se refugiaram atrás das muralhas da cidade e Porsena iniciou um cerco. Conforme o cerco se prolongou, a fome começou a assolar a população romana e Múcio, um jovem patrício, decidiu se oferecer para invadir sorrateiramente o acampamento inimigo para assassinar Porsena. Disfarçado, Múcio invadiu o acampamento inimigo e se aproximou de uma multidão que se apinhava na frente do tribunal de Porsena. Porém, como ele nunca tinha visto o rei, ele se equivoca e assassina uma pessoa diferente. Imediatamente preso, foi levado perante o rei, que o interrogou. Longe de se intimidar, Múcio respondeu às perguntas

e se identificou como um cidadão romano disposto a assassiná-lo. Para demonstrar seu propósito e castigar o próprio erro, Múcio colocou a mão direita no fogo de um braseiro aceso e disse: "Veja, veja que coisa irrelevante é o corpo para os que não aspiram mais do que a glória!" Surpreso e impressionado pela cena, o rei ordenou que Múcio fosse libertado.

97. NT: Quinto Cecílio Metelo Pio Cipião Násica, conhecido como Metelo Cipião, foi um político da gente Cecília Metela da República Romana, eleito cônsul em 52 a.C. com Pompeu. Liderou tropas contra as forças de César, principalmente na Batalha de Farsalo (48 a.C.) e na Batalha de Tapso (46 a.C.) e foi derrotado.

98. NT: Cneu Pompeu, conhecido também como Pompeu, o Jovem (79 a.C. – 12 de Abril 45 a.C.), foi um político romano da segunda metade do século I a.C., no período tardio da República Romana.

99. NT: Íxion foi amarrado a uma roda em chamas. No lugar das cordas, os deuses utilizaram serpentes. Íxion foi condenado a girar eternamente no calor do inferno.

100. NT: Sísifo foi obrigado a empurrar uma pedra até o topo de uma das montanhas do submundo, sendo que toda vez que estava chegando ao cume, a rocha rolava novamente ao ponto de partida, tornando, assim, o labor de Sísifo uma punição eterna.

101. NT: Cérbero era um monstruoso cão de três cabeças que guardava a entrada do mundo inferior, o reino subterrâneo dos mortos, deixando as almas entrarem, mas jamais saírem, e despedaçando os mortais que por lá se aventurassem.

102. NT: Ver as três citações em *Epicuro, Cartas e Princípios*.

103. Veja a carta XII. Sêneca tinha por este tempo, pelo menos, sessenta e cinco anos. Quando escreveu suas cartas, Sêneca vivia os últimos anos de sua vida embora obviamente não tivesse conhecimento de que aqueles anos chegariam a um fim abrupto com a ordem de Nero para cometer suicídio.

104. NT: Ver as três citações em *Epicuro, Cartas e Princípios*.

105. NT: O nomenclador (*nomenclator*) era o escravo encarregado de lembrar ao senhor os nomes dos clientes que lhe vinham apresentar os cumprimentos matinais ou de quem eles encontravam no fórum. Juvenal descreve em detalhes suas funções.

106. Troia e Aqueus: a *Ilíada* era a leitura de matéria-prima dos estudantes romanos de elite, mas Calvísio nem conseguia lembrar seus heróis homéricos. Hesíodo era muito favorecido por suas máximas morais, mas os nove poetas líricos são muito menos propensos a fazer parte do repertório romano e a compra de nove escravos, um por cada poeta, certamente foi adicionado por Sêneca para animar a história. Os nove poetas líricos gregos do cânone alexandrino eram Álcman, Estesícoro, Íbico, Alceu, Safo, Anacreonte, Simônides, Píndaro e Baquílides.

107. NT: Ver as três citações em *Epicuro, Cartas e Princípios*.

108. Trecho de *Eneida*, de Virgílio, III, 72.

109. Trecho de *Eneida*, de Virgílio, VI, 78-9.

110. NT: Ver as três citações em *Epicuro, Cartas e Princípios*.

111. Diógenes de Sinope, também conhecido como Diógenes, o Cínico, foi um discípulo de Antístenes, antigo pupilo de Sócrates. Tornou-se um mendigo que habitava as ruas de

Atenas, fazendo da pobreza extrema uma virtude; diz-se que teria vivido num grande barril, no lugar de uma casa, e perambulava pelas ruas carregando uma lamparina durante o dia, alegando estar procurando por um homem honesto. O Cinismo foi uma corrente filosófica marcada por um ostensivo desprezo pelo conforto e prazer.

112. A Escola Peripatética foi um círculo filosófico da Grécia Antiga que basicamente seguia os ensinamentos de Aristóteles, o fundador. Fundada em c. 336 a.C., quando Aristóteles abriu a primeira escola filosófica no Liceu em Atenas, durou até o século IV. "Peripatético" (em grego clássico: περιπατητικός) é a palavra grega para "ambulante" ou "itinerante". Peripatéticos (ou "os que passeiam") eram discípulos de Aristóteles.

113. Essedário: gladiador que combatia em biga de guerra (*esseda*).

114. A Academia de Platão (também chamada de Academia Platônica, Academia de Atenas ou Academia Antiga) é uma academia fundada por Platão, aproximadamente em 384/383 a.C.

115. Aufidio Baso (Aufidius Bassus) foi um historiador romano que viveu no reinado de Tibério. Sua obra foi continuada por Plínio. Sêneca, o Velho (pai do nosso Sêneca), fala muito de Baso como historiador.

116. Até aqui, Sêneca sempre encerrou suas cartas com a citação de uma máxima de Epicuro, na convicção de que seria mais fácil converter Lucílio ao estoicismo se começasse por meditações epicuristas interpretadas em sentido estoico. Nas 94 cartas seguintes, Sêneca acredita na conversão do amigo e se considera desobrigado a recorrer à seara do antagonista.

117. NT: Ver Homero, *Odisseia*, XII, 142.

118. Trabalho pode ser entendido contemporaneamente como cargo público ou carreira profissional. O argumento é que o trabalho não é, em si mesmo, um bem; se fosse, não seria louvável a um tempo e censurável em outro. Pertence, portanto, à classe de coisa que os estoicos chamavam de indiferente (*indifferentia*).

119. "Ciência" para o estoicismo deve ser entendido como "ciência das coisas divinas e humanas", "sabedoria" ou "sagacidade".

120. NT: Os Alpes Peninos ou Graios designam ao mesmo tempo um setor dos Alpes e uma antiga província romana, mas ambas fazem referência à parte da cadeia que vai do Passo do Grande São Bernardo até ao Maciço de São Gotardo, e assim pertencendo ao cantão Valais da Suíça.

121. NT: Sêneca estende a metáfora da ascensão para incluir as cadeias de montanhas que atravessam a região montanhosa da Candávia, perto da Via Egnatia na Macedônia, depois (retornando aos perigos marítimos) os Sirtes da Líbia (bancos de areia traiçoeiros) e os dois perigos do estreito da Sicília confrontadas por Ulysses: Cila na costa da Calábria e Char Caríbdis da Sicília (ver a carta XIV.8 § (ver nota 153).

122. Trecho de *Eneida*, de Virgílio, VIII, 364.

123. NT: Tanto estoica como epicurista.

124. NT: As largas mangas da túnica de Epicuro ou as amplas vestes dos Persas e de outros povos orientais eram consideradas pelo romano Sêneca, homem de "túnica curta", indícios de personalidade afeminada e libidinosa.

125. Zenão... Posidônio: os estoicos são citados por ordem de sucessão: primeiro os três chefes da escola, então os estoicos que trouxeram o conhecimento para Roma, Panécio e Posidônio, contemporâneo de Pompeu e Cícero. Embora Sêneca classifique Posidônio com os mestres, ele não mostrará um interesse próximo na ética ou antropologia de Posidônio até a carta 83 (volume II), quando ele claramente começou a lê-lo como um estímulo para argumentação.
126. Os epicuristas.
127. Creditado a um homem, isto é, Epicuro, que se apropriou das sábias palavras de seus seguidores.
128. Trecho de *Metamorfose* de Ovídio, XIII, 824.
129. Uma *chreia* é uma breve, útil (χρεία significa "usar") anedota de um determinado personagem. Chreia consistia em uma forma de educação gramatical onde alunos tomavam um axioma de um sábio escolhido e o reformulava em diferentes padrões sintáticos.
130. Sêneca não se compara a um caminhante, mas a um construtor de estrada (o verbo é *munire*, construir uma estrada) que, portanto, criará caminhos para que os outros usem depois dele.
131. Ou seja, o provérbio pode aplicar-se a tarefas que um homem executa com as mãos, mas é uma subavaliação quando aplicado às tarefas da alma.
132. Aposentadoria no sentido de se afastar dos negócios e da vida pública. Um amigo de Lucílio quer se aposentar do serviço público e está recebendo críticas. Depois de recomendar o treinamento para enfrentar o infortúnio, Sêneca se volta para desprezar o medo da morte, uma vez que a morte é inevitável e não traz sofrimento. Mais sobre o tema no tratado de Sêneca, *Sobre o Ócio*.
133. Aríston ou Aristo de Quios foi um filósofo estoico e discípulo de Zenão de Cítio. Esboçou um sistema de filosofia estoica que esteve, em muitos aspectos, mais próximo da anterior filosofia cínica. Rejeitou o lado lógico e físico da filosofia aprovada por Zenão e enfatizou a ética.
134. NT: Ver carta LXXXVIII sobre a posição de Sêneca acerca dos estudos liberais (volume II).
135. Como depois da morte, nós não existimos, a morte não pode ser prejudicial para nós. Sêneca tem em mente o argumento de Epicuro: "Portanto, o mais pavoroso de todos os males, a morte, não é nada para nós, pois quando nós existimos, a morte não está presente para nós e quando a morte está presente, então não existimos. Portanto, não diz respeito aos vivos ou aos mortos, pois para os vivos não tem existência, e para os mortos não existe." Ver *Epicuro, Cartas e Princípios*.
136. NT: Infelizente, não existe entre as cartas preservadas nenhuma em que Sêneca aborde sistematicamente esta questão.
137. Sêneca se refere ao famoso juramento que o gladiador tomava quando em contrato com o mestre da luta; *Uri, vinciri, verberari ferroque necari patior*; o juramento é abreviado no texto, provavelmente pelo próprio Sêneca, que o parafraseia na carta 71 (volume II).
138. Trecho de *Eneida*, de Virgílio, II, 494.

139. Na linguagem do estoicismo, a estupidez, "*stultitia*", é a antítese da "*sapientia*", sabedoria. Lembre-se de que por "estupidez" não deve entender-se meramente a ausência de conhecimentos, mas antes o estado de quem vive à margem dos princípios morais estabelecidos pela filosofia.
140. O método regular de estudar filosofia era, como deduzimos desta carta, um curso de leitura dos filósofos. Sêneca deprecia o uso do "breviário" (sinopse, resumo), que é apenas uma ajuda de memória, como um substituto para a leitura, pelo fato de que, por seu uso, não se aprende o assunto em primeiro lugar e, em segundo lugar e principalmente, que alguém perca a inspiração a ser derivada do contato direto com grandes pensadores. O pedido de Lucílio por um resumo, portanto, sugere o tópico principal da carta, que é abordado no segundo parágrafo.
141. *Breviarium* e *summarium* em latim.
142. Referência a Homero, *Ilíada*, III, 222 sobre a eloquência de Ulisses, o "orador mais jovem" em comparação com I, 249, Nestor, o "orador idoso".
143. NT: Públio Vinício foi um senador romano eleito cônsul em II d.C.
144. NT: Papirio Fabiano foi um retórico e filósofo da Roma Antiga, ativo na última época de Augusto e nos tempos de Tibério e Calígula, na primeira metade do primeiro século. Foi professor de Sêneca. Suas obras são frequentemente citadas por Plínio na História Natural, e Sêneca diz que seus escritos filosóficos foram superados apenas pelos de Cícero, Pólio e Lívio.
145. Sêneca usa um neologismo "*tardiloquus*".
146. Trecho de *Eneida* de Virgílio, VIII, 352.
147. NT: "*Ratio perfecta*", isto é, a razão levada ao máximo das suas potencialidades, ou seja, a virtude.
148. Ou seja, Roma.
149. NT: Lucílio era neste momento procurador imperial na Sicília.
150. Referência à regra de assento no Coliseu: o primeiro nível, *Podium*, era reservado aos mais importantes romanos – o imperador e as virgens vestais e membros do senado. O segundo nível, *Maenianum primum*, era reservado para a classe nobre não senatorial chamada de cavaleiros ou *Equites*, consistindo de quatorze filas de assentos em mármore.
151. NT: Somente cidadãos romanos podiam participar do processo de seleção para as legiões romanas.
152. NT: Ver Platão, *Teeteto*, 174.
153. Cila ou Caríbdis: Sêneca estende a metáfora da ascensão para incluir as cadeias de montanha que atravessam a região montanhosa da Candávia, perto da Via Egnatia na Macedônia, depois (retornando aos perigos marítimos) os Sirtes da Líbia (bancos de areia traiçoeiros) e os dois perigos do estreito da Sicília confrontadas por Ulysses: Cila na costa da Calábria e Char Caríbdis da Sicília (ver a carta XIV, §8).
154. NT: Sêneca também critica certas investigações lógicas, mesmo aquelas dos próprios estoicos em outras cartas, como por exemplo XLVIII, XLIX e LXXXIII (volume II).

155. Falácia "O Mentiroso", cuja invenção é atribuída a Eubulides. Em sua forma mais simples é a seguinte: "Se você diz verdadeiramente que está dizendo uma mentira, você está mentindo ou dizendo a verdade?" Crisipo declarou isto como inexplicável. No entanto, ele estava longe de se recusar a discutir o assunto. Pois encontramos na lista de suas obras seis livros sobre o tema. Ver mais em *Estoicismo* de St. George Stock. Lógica e sofismas estoicos também são abordados em *Vidas e Doutrinas dos Filósofos Ilustres*, por Diógenes Laércio.

156. Essa observação é válida quando tal carta é escrita em pergaminho, desenrolada com a mão direita enquanto a esquerda recolhe a parte que já foi lida.

157. Tito Lívio, conhecido simplesmente como Lívio, é o autor da obra histórica intitulada *Ab urbe condita* (*Desde a fundação da cidade*), onde tenta relatar a história de Roma desde o momento tradicional da sua fundação, de 753 a.C. até o início do século I da Era Cristã.

158. NT: Infelizmente foram perdidos tanto o livro de Lucílio como a eventual carta em que Sêneca havia prometido discutir minuciosamente a obra.

159. *Glabri* (pele macia), *delicati* ou *exoleti* (catamitas) eram escravos favoritos, mantidos artificialmente jovens pelos romanos da classe mais dissoluta, onde o mestre se orgulhava da aparência elegante e gestos graciosos desses favoritos.

160. Caio Júlio Calisto foi um liberto imperial durante os reinados dos imperadores Calígula e Cláudio. Calisto era originalmente um liberto de Calígula e recebeu grande autoridade durante o reinado, a qual usou para acumular grande riqueza.

161. Como Hécuba (rainha de Troia), Sisigambis, mãe de Dario, era tecnicamente uma escrava de Alexandre, mas ele a tratou com respeito. Platão tinha cerca de quarenta anos quando visitou a Sicília, de onde foi depois deportado por Dionísio, o Ancião. Ele foi vendido como escravo na Egina e resgatado por um discípulo de Cirena. Diógenes, enquanto viaja de Atenas para Egina, foi capturado por piratas e vendido em Creta, onde foi comprado por certo coríntio e liberto.

162. NT: Mimo era uma representação teatral, comportando dança, pantomima e música. Na época de Sêneca se transformou numa espécie de teatro com crítica política e social. Entre os autores de mimos distinguiu-se Publílio Siro, citado anteriormente por Sêneca.

163. NT: Saturnália, que pode ser considerada um precursor de nossas festividades de fim de ano.

164. NT: Os epicuristas, que reduziam todos os bens a "utilidades", não podiam considerar a vantagem de um amigo como idêntica à própria vantagem. E, no entanto, colocavam grande peso na amizade como uma das principais fontes de prazer. Para uma tentativa de conciliar essas duas posições, veja Cícero, *De Finibus*. Sêneca usou uma frase que implica uma diferença entre os interesses de um amigo e o próprio. Isso o leva a reafirmar a visão estoica da amizade, que adotou como lema.

165. NT: Os lados são dados em ordem inversa nas duas cláusulas: para o estoico, os termos "amigo" e "homem" são coextensivos, pois ele é o amigo de todos e seu motivo

de amizade é ser útil; já o Epicurista, no entanto, restringe a definição de "amigo" e considera-o meramente como um instrumento para sua própria felicidade.

166. NT: Neste parágrafo, Sêneca expõe a loucura de tentar provar uma verdade por meio de truques lógicos e oferece uma caricatura daqueles que estavam atuais entre os filósofos a quem ele ridiculariza.
167. Sêneca usa o termo *sive nive*, literalmente, "ou se ou se não", palavras constantemente empregadas pelos lógicos no raciocínio silogístico e também no jargão judicial romano (daí a referência ao pretor).
168. Trecho de *Eneida*, de Virgílio, IX, 641.
169. Provavelmente o local de nascimento de Lucílio.
170. Sótion, o pitagórico. Por suas opiniões sobre vegetarianismo e sua influência para Sêneca, veja carta CVIII. Mais sobre a educação de Sêneca na biografia por Francis Holland, *Sêneca, Vida e Filosofia*.
171. Trecho de *Eneida*, de Virgílio, VIII, 385.
172. NT: Mais sobre a falácia do "Cornudo" em Diógenes Laércio, *Vidas e Doutrinas dos Filósofos Ilustres*, VII, 187. Sêneca coloca literalmente o texto original grego do silogismo.
173. NT: Ver sobre os tipos de castidade na carta XCIV (volume III).
174. Trecho de *As Fenícias,* de Eurípides.
175. NT: Baiae (italiano: Baia) foi uma estância costeira na costa noroeste do Golfo de Nápoles, na Itália antiga. Esteve em moda por séculos durante a antiguidade, particularmente no final da República Romana.
176. Etna foi de especial interesse para Lucílio. Além de ser governador na Sicília, ele pode ter escrito o poema *Aetna*. Para a curiosidade de Sêneca em relação à montanha, compare com a carta LXXIX.
177. NT: Canopus: esta cidade egípcia no delta do Nilo deve ter sido popular como um *resort*; certamente deu seu nome aos luxuosos canais das vilas romanas.
178. NT: Mais sobre Aníbal e sua vida em Cápua, ver Tito Lívio, XXIII.
179. NT: em oposição ao escravo prisioneiro de guerra. Sêneca usa o termo *"uerna"*, nascido na casa do mestre.
180. *Philetae*: a cultura do Egito romano (onde Sêneca passou alguns anos quando seu tio era governador) era predominantemente grega e *philetae*, "amantes, abraçadoras", é um jogo de palavras semelhantes na língua grega.
181. NT: Ver *Epicuro, Cartas e Princípios*.
182. NT: Hermarco (grego: Ἕρμαρχος, Hermarkhos; c. 325-c. 250 a.C.), era um filósofo epicurista. Ele foi discípulo e sucessor de Epicuro como chefe da escola. Nenhum de seus escritos sobreviveu. Ele escreveu obras dirigidas contra Platão, Aristóteles e Empédocles.
183. NT: Papirio Fabiano foi um retórico e filósofo da Roma Antiga, ativo na última época de Augusto e nos tempos de Tibério e Calígula, na primeira metade do primeiro século. Foi professor de Sêneca. Suas obras são frequentemente citadas por Plínio na *História Natural*, e Sêneca diz que seus escritos filosóficos foram superados apenas pelos de Cícero, Pólio e Lívio.

NOTAS

184. O coçar da cabeça com um dedo era, por algum motivo, considerado uma marca de afeminação ou de vício; "*scalpere caput digito*".

185. NT: Cidades na baía de Nápoles.

186. Trecho de *Eneida*, de Virgílio, VI, 3 e III, 277. Método típico, na época, para atracar uma embarcação.

187. Ver carta LXXXIII (volume II).

188. Ulisses levou dez anos em sua jornada, por causa do enjoo; Sêneca precisará duas vezes mais. Ver Homero, *Odisseia*.

189. Ou seja, eles estão tão inchados que se parecem.

190. Sêneca pensa que o nome latino é bom o bastante.

191. Ou seja, que o suspiro seja físico, um suspiro asmático e não causado por angústia de alma.

192. O argumento é: estou pronto para morrer, mas não me elogie por essa conta; reserve seu louvor para aquele que não está relutante em morrer, embora (ao contrário de mim) ele tenha prazer em viver (porque ele está em boa saúde). Sim, pois não há mais virtude na aceitação da morte quando alguém odeia a vida, do que há em deixar um lugar quando é expulso.

193. Cumas estava na costa a cerca de seis milhas ao norte de Cape Misenum. O lago Acheron era uma piscina de água salgada entre esses dois pontos, separados do mar por uma barra de areia. O Vácia mencionado aqui é desconhecido.

194. NT: Caio Asínio Galo era filho de Asínio Galo, sua franqueza o colocou em apuros e ele morreu de fome em um calabouço em 33.

195. Sejano, chefe da guarda pretoriana de Tibério foi derrubado e executado em 31.

196. NT: Sêneca narra esse caso em seu livro *Naturales Quaestiones*, IV, 2, 5: "Houve um povo lá estabelecido pelos persas que ficou com os ouvidos atordoados pelo contínuo ruído e por isso decidiu mudar-se para outro local mais tranquilo."

197. Trecho de Argonáutica de Públio Varrão.

198. Trecho de *Eneida*, de Virgílio.

199. Eneias carrega Anquises; o homem rico carrega seu ônus de riqueza.

200. Não apenas tapando as orelhas com cera, mas também lhes ordenando a remar além das sereias o mais rápido possível. Ver *Odisseia*, XII.

201. Uma figura característica. Após a unção, o lutador era polvilhado com areia, de modo que a mão do oponente não escorregasse. O túnel de Nápoles fornecia um atalho para aqueles que, como Sêneca nesta carta, não desejavam tomar o tempo para viajar pela rota costeira ao longo do promontório de Pausilipum.

202. Sêneca não atribui autoria dessa teoria a nenhum estoico em particular. O trecho consta de fragmentos de Crisipo. Cleantes admite a imortalidade de todas as almas, Crisipo, apenas das dos sábios. Ver Diógenes Laércio, *Vidas e Doutrinas dos Filósofos Ilustres*, VII.

203. A Mutuca.

204. Trecho de *Geórgicas*, de Virgílio, III, 146-50.

205. Trecho de *Eneida*, de Virgílio, XII, 708.
206. Trecho de *Eneida*, de Virgílio, XI, 467.
207. NT: Papirio Fabiano foi um retórico e filósofo da Roma Antiga, ativo na última época de Augusto e nos tempos de Tibério e Calígula, na primeira metade do primeiro século. Foi professor de Sêneca. Suas obras são frequentemente citadas por Plínio na *História Natural* e Sêneca diz que seus escritos filosóficos foram superados apenas pelos de Cícero, Pólio e Lívio.
208. Ousía (οὐσία, pronúncia moderna "ussía") é um substantivo da língua grega formado a partir do feminino do particípio presente do verbo "ser", εἶναι. A palavra é, por vezes, traduzida para português como *substância* ou *essência*, devido à sua vulgar tradução para latim como *substantia* ou *essentia*.
209. Aquilo que é.
210. *quod est.*
211. εἶδος literalmente é o "aspecto exterior de uma coisa", a sua forma.
212. O *vazio* e o *tempo* assim como o *espaço* e o *dito* constituíam para os estoicos as quatro espécies de seres incorpóreos. Ver Diógenes Laércio, *Vidas e Doutrinas dos Filósofos Ilustres*, VII, 140-144.
213. De acordo com Diógenes Laércio, o filósofo foi nomeado Arístocles, como seu avô, mas seu treinador de luta, Aristão de Argos, o apelidou de Platon, que significa "grande", por conta de sua figura robusta, ou então porque possuía a fronte (platýs) larga.
214. A palavra latina "*vale*" significa tanto adeus como "fique bem".
215. Trecho de *Eneida*, de Virgílio.
216. Quinto Séxtio, o Velho (*Quinti Sextii Patris* – c. 70 a.C.) foi um filósofo cujas ideias combinavam o pitagorismo com o estoicismo. Suas pregações são frequentemente citadas por Sêneca. Ver Carta LXIV neste volume.
217. Várias histórias semelhantes são contadas sobre Alexandre, Plutarco, onde ele diz aos seus aduladores apontando para uma ferida que acabou de receber: "Veja, isso é sangue, não ichor." (Ichor é sangue dos deuses na mitologia grega).
218. NT: Ver Cícero, *Da República*, Livro VI – O Sonho de Cipião: "Por baixo (da esfera lunar) nada há que não seja mortal e efêmero, exceto as almas concedidas pelos deuses à espécie humana; (mas) acima da Lua tudo é eterno".
219. Trecho de *Eneida*, de Virgílio, VI, 513. Sobre a noite que precedeu o saque de Troia.
220. Sêneca usa o termo *paedagogus*, o escravo incumbido de acompanhar crianças à escola.
221. Caio Salústio Crispo no livro *Catilina* descreve os romanos como escravos da gula.
222. NT: Veja carta LV a respeito de Vácia.
223. Demétrio de Corinto foi um filósofo cínico de Corinto que viveu em Roma durante os reinos de Calígula, Nero e Vespasiano. Foi amigo de Sêneca. O cinismo é uma corrente filosófica afim ao estoicismo, desenvolvida por Diógenes. Ao escrever "*Demetri nostri*", Sêneca o inclui na escola estoica.
224. NT: Referência aos nobres romanos, cujas túnicas tinham uma faixa púrpura, larga para os senadores e estreita para os equestres.

225. Isto é, ele alcançou o ideal estoico de independência de todo controle externo; ele é um rei e tem tudo para conceder aos outros, mas não precisa de nada para si mesmo.
226. Relatado por Homero. Níobe é uma personagem da Mitologia Grega, que por ser muito fértil, teve quatorze filhos (sete homens e sete mulheres). O povo de sua cidade se reuniu para render tributo à deusa Leto. Eis que Níobe aparece insultando a deusa, que só teve dois filhos, Apolo e Ártemis. Leto indignou-se com a audácia da mortal, e implorou vingança a seus filhos, que eram arqueiros. Apolo e Ártemis, então, mataram todos os sete filhos de Níobe.
227. Professor de Sêneca. Átalo foi um filósofo estoico atuante no reinado de Tibério. Ele foi defraudado de sua propriedade por Sejano e exilado, onde foi reduzido a cultivador do solo. Sêneca, o velho, o descreve como um homem de grande eloquência e, de longe, o filósofo mais perspicaz de sua época. Ele ensinou a filosofia estoica a Sêneca, que o cita com frequência e fala dele nos mais altos termos. Veja também carta CVIII (volume III).
228. NT: Um amigo íntimo de Sêneca, provavelmente um parente, que morreu no ano 63 por comer cogumelos envenenados. Sêneca dedicou a Sereno três de seus ensaios filosóficos: *Sobre a Constância do Sábio*, *Sobre o ócio* e *Sobre a tranquilidade da alma*.
229. Quinto Séxtio, o Velho (Quinti Sextii Patris – c. 70 a.C.) foi um filósofo cujas ideias combinavam o pitagorismo com o estoicismo. Suas pregações são frequentemente citadas por Sêneca. Ver Carta LIV.
230. Trecho de *Eneida*, de Virgílio.
231. O problema das causas é sucessivamente discutido pelas teses do estoicismo (§§ 2-3), de Aristóteles (§§ 4-6) e de Platão (§§ 7-10).
232. Derivação da palavra grega – ιδεῖν, "contemplar". Para uma discussão das ideias de Platão, aquelas "essências independentes, separadas, autoexistentes, perfeitas e eternas", veja *República* ,VI e VII.
233. NT: Ver carta LVIII.
234. NT: Ver Platão, *Timeu*, 29.
235. De acordo com os estoicos, a alma, que consistia em fogo ou sopro e era parte da essência divina, subia após a morte ao éter e tornava-se uma com as estrelas. Sêneca em outro texto (*Consolatio ad Marciam*) afirma que a alma passa por uma espécie de processo de purificação – uma visão que pode ter influenciado o pensamento cristão. As almas do bem, os estoicos mantinham, estavam destinadas a durar até o fim do mundo, as almas más, a serem extinguidas antes desse tempo. Ver *Consolação a Márcia*.
236. O estudo dessa classe de problemas era de extremo interesse à Sêneca. Ver prefácio do livro I das *Naturales Quaestiones*.
237. Não se trata de uma indecisão de Sêneca ou um mal falso ecletismo, a questão é apenas a obediência a um princípio da pedagogia estoica que aconselhava a não contrariar frontalmente as convicções prévias dos discípulos, mas partindo destas, levá-los aos poucos às posições da Escola.

ASSINE NOSSA NEWSLETTER E RECEBA
INFORMAÇÕES DE TODOS OS LANÇAMENTOS

WWW.FAROEDITORIAL.COM.BR

ESTA OBRA FOI IMPRESSA
EM JULHO DE 2024